U0629151

名师工程

教育管理力系列

新课程·新理念·新教学

丛书编委会主任：马立 宋乃庆

mingxiaozhang gaojixiao lingdaoli

名校长 高绩效

周辉兵◎主编

领导力

西南师范大学出版社
SOUTHWEST CHINA NORMAL UNIVERSITY PRESS

图书在版编目（CIP）数据

名校长高绩效领导力/周辉兵主编．—重庆：西南师
范大学出版社，2009.11
（名师工程系列丛书）
ISBN 978-7-5621-4797-8

Ⅰ．名… Ⅱ．陈… Ⅲ．中小学－校长－学校管理 Ⅳ.
G637.1

中国版本图书馆 CIP 数据核字（2009）第 210193 号

名师工程系列丛书
编委会主任：马　立　宋乃庆
总策划：周安平
策　划：李远毅　卢　旭　郑持军　郭德军

名校长高绩效领导力
主编　周辉兵

责任编辑：杜珍辉
封面设计：大象设计
出版发行：西南师范大学出版社
　　　　　　地址：重庆市北碚区天生路 1 号
　　　　　　邮编：400715　市场营销部电话：023-68868624
　　　　　　http://www.xscbs.com
经　销：新华书店
印　刷：九洲财鑫印刷有限公司
开　本：787mm×1092mm　1/16
印　张：17
字　数：240 千字
版　次：2009 年 11 月　第 1 版
印　次：2009 年 11 月　第 1 次印刷
书　号：ISBN 978-7-5621-4797-8

定　价：30.00 元

若有印装质量问题，请联系出版社调换
版权所有　翻印必究

《名师工程》
系列丛书

学术指导委员会

主　任	顾明远				
委　员	陶西平	李吉林	钱梦龙	朱永新	顾泠沅	马　立
	朱小蔓	张兰春	宋乃庆	陈时见	魏书生	田正平
	张斌贤	靳玉乐	石中英			

编撰委员会

主　任	马　立	宋乃庆			
编　委 （按姓氏拼音排序）	卞金祥	曹子建	陈　文	邓　涛	窦桂梅	冯增俊
	高万祥	郭元祥	贺　斌	侯一波	胡　涛	黄爱华
	蓝耿忠	李韦遴	李淑华	李远毅	李镇西	李力加
	李国汉	刘良华	刘海涛	刘世斌	刘扬云	刘正生
	林高明	鲁忠义	马艳文	缪水娟	闵乐夫	齐　欣
	沈　旎	施建平	石国兴	孙建锋	孙志毅	陶继新
	田福安	王斌兴	魏　群	魏永田	吴　勇	肖　川
	谢定兰	熊川武	徐　斌	徐　莉	徐　勇	徐学福
	徐永新	严永金	杨连山	杨志军	余文森	袁卫星
	张爱华	张化万	张瑾琳	张明礼	张文质	张晓明
	张晓沛	赵　凯	赵青文	郑忠耀	周安平	周维强
	周亚光	朱德全	朱乐平			

编者的话

当前，以人为本的教育理念正在逐步深化，素质教育以及基础教育课程改革不断推进。在这场深刻又艰苦的教育改革中，涌现了无数甘为人梯、乐于奉献的优秀教师。他们积极探索、更新观念、敢于创新、善于改革，在实践中创造性地发展、总结了很多先进的教育思想、教育理念；创造性地开发了很多新的教学模式、教学内容和教学方法。这些新思想、新模式、新方法在实践中极大地提高了教学质量，是教育改革实践中的新内涵和宝贵财富。这些优秀教师就是我们的名师，这些新内涵就是名师的核心教育力。整理、总结、发展、推广这些教育新内涵，是深化教育改革、完善教育体制、提高教育质量、提升教师水平的一件大事。

教育，是民族振兴的基石；教师，是教育发展的根基。

胡锦涛总书记在全国优秀教师代表座谈会上指出："教师是人类文明的传承者。推动教育事业又好又快发展，培养高素质人才，教师是关键。没有高水平的教师队伍，就没有高质量的教育。"十七大报告又进一步强调了必须加强教师队伍建设，不断提高教师的素质。当今世界，社会进步一日千里，科技发展日新月异，知识更新的周期越来越短。教师作为"文明的传承者"更要与时俱进，刻苦钻研、奋发进取，尽快提升自身素质和能力，为推动教育事业的健康发展贡献自己的力量。

基于以上，西南师范大学出版社策划、组织出版了大型系列教育丛书——《名师工程》。希望通过总结名师的创新经验、先进理念，宣传名师的核心教育力，为广大教师职业生涯提供精神源泉和实践动力，在教育实践层面切实推动从教者职业素养的提升。通过《名师工程》实现"打造名师的工程"。

丛书在策划、创作过程中力求实现以下特色：

一、理念创新，体现教育的人本精神

教师角色在以人为本的教育理念下发生了重大的变化，教师的素质和能力也面临更高的要求。如何弘扬、培植学生的主体性、增强学生的主体意识、发展学生的主体能力、塑造学生的主体人格等问题成为教师在目前教育中亟待解决的难题。丛书以教育管理者和教师为主要读者对象，通过教师综合素质的提高而将人本教育的思想落实到教育实践中，真正实现教育培养人、塑造人、发展人的本质要求。

二、全面构建，系统提升教师的教育能力

丛书选题的最大特点就是系统、全面地针对教师教育能力的提升而展开。施教者的能力决定教育的效果，教育改革的落实、教育效果的提高无不体现在教师身上。丛书针对不同教育能力、不同教学要求、不同教育对象，有针对性地设置选题。棘手学生、课堂切入、引导艺术、班主任的教导力、互动艺术、课堂效率、心灵教育等等，这些鲜明的主题从教育的细节出发，从教育实际情况出发，有针对性地解决问题，让教师在阅读中学有所指、读有所获。

三、科学权威，体现教育的时代前沿性

丛书邀请全国各地著名的教育工作者执笔，汇集在教育改革与实践中涌现的先进理念、成果和方法，经过专家认真遴选、评点总结而成，代表了目前教育实践中先进的教育生产力，具有时代前沿性，是广大一线教师学习、借鉴的好素材。

四、注重实践，突出施教的实用价值

丛书采用了通俗的创作方法，把死板的道理鲜活化，把教条的写法改变为以案例为主，分析、评点为辅，把最先进的教育理念和方法融入有趣的情境中。经典的案例，情境式的叙述，流畅的语言，充满感情的评述，发人深省的剖析，娓娓道来、深入浅出，让教师更充分地领会先进、有效的教育方法。

在诸多教育、出版界同仁的支持与努力下，《名师工程》陆续推出了《名师讲述系列》《教学提升系列》《教学新突破系列》《高中新课程系列》《教师成长系列》《大师讲坛系列》《教育细节系列》《创新语文教学系列》《教育管理力系列》《教师修炼系列》等系列，共60余个品种，后续图书也将陆续出版。

丛书在出版创作过程中得到各地、各级教育部门与教育工作者的大力支持与帮助，在此一并表示感谢！

教育事业是全社会共同的事业，本丛书的出版一方面希望能对广大教育工作者有所帮助，共缮先进成果；另一方面也是抛砖引玉，希望更多的教育工作者参与到出版创作中来，百家争鸣、百花齐放，为促进教育事业的发展共同努力！

前　　言

　　本书的基础为"新教育力"丛书中的《名校长的高绩效领导力》。"新教育力"丛书 2005 年由九州出版社出版，该丛书面世以来，受到了广大教师的支持与好评，也收到了许多读者对丛书提出的宝贵意见和建议。为了紧跟新课程改革的步伐，在广泛听取了众多教师意见、总结新的教育情况、吸收新的教育成果的基础上，我们对本书进行了大幅度的修改。与原书相比，本书有着翻天覆地的变化。

　　一是对全书内容的编排整理。这也是此次修订最重要的改动。在这次修订的过程中，我们删去了一些落后于时代和不适于国内教育情况的部分，增添了近 40% 的新内容，这些新内容代表了当前教育的新思想和实践成果。同时对全书的篇章结构按教育教学内容进行了整理编排，改变了原来流水账似的记录描述，使教育思想表达得更具条理性，也让读者能够清晰地看到本书的脉络。

　　二是对一些表述不妥的观点进行了修订。根据很多基层教师和专家的意见，我们对原书中一不妥的、不十分准确的表述，进行了全面的修正。我们力求能够准确、明晰地表达教育改革的新观念、新方法。

　　三是对图书的文字表述做了大量的锤炼工作，以使得语言表述更加准确、精炼。文字表述没有最好，只有更好。对于出版物，力求语言表述的尽可能完美是我们追求的目标。

　　应西南师大出版社之邀，将本书放入"名师工程"系列，希望能够对教育工作者有一些帮助。书中的不足，请广大读者为我们指出，也欢迎提出意见和建议。

目 录
CONTENTS

的领导者，他应该是一位"恩威并济"的管理者。

甘于奉献

做校长就要甘于奉献

要做有高效领导力的人，最重要的是去奉献，没有不奉献就能够做好领导的人。

以德治校

以修德为先

管理其实就是管人，而管人的关键在于对其心灵的教化，如果人人都知"道"，就自然有"德"，团队就有了凝聚力，就有了创新的原动力，团队自然就能够发展壮大。

恪守廉洁

做廉洁奉公的领导者

对校长来说，自己一个人的廉洁能促使整个教师团队的廉洁，并能激发学校教职员工的工作热情。廉洁的校长不仅对教师具有强大的领导力，还会影响全体学生，甚至影响整个社会的风气。

第二篇

名校长高绩效领导力之领导能力

高屋建瓴

统揽全局的能力

校长是学校的领头雁，一所学校能否取得长足的发展，关键在于校长是否能够以战略的眼光，从全局的高度出发，指明方向，带好头。

科学决策

具有非凡的决策力

对领导者而言，决策的成功是最大的成功，决策的失误也是最大的失误！

第一篇

名校长高绩效领导力之人格魅力

美国著名成功心理学大师拿破仑·希尔博士有句名言："真正的领导能力来自让人钦佩的人格。"有能力的人，不一定都有人格魅力，但是，缺乏优秀的品格和个性魅力，领导者的能力即便再出色，人们对他的印象也会大打折扣，他的威信和影响力也会受到负面影响。

影响一个学校管理水平和教育质量的因素很多，其中起决定作用的是作为一校之魂的校长本身的魅力。校长的人格魅力是一种活力、凝聚力和向心力，也是当好校长的关键所在。

本篇从提高校长人格魅力的角度出发，分别论述了校长的人格感召力、自律能力、气度、亲和力等，希望能为广大校长提供借鉴。

铸造高绩效领导力之人格感召力

丰沛的人格感召力

没有伟大的品格，就没有伟大的人，甚至没有伟大的艺术家、伟大的行动者。

——〔法〕罗曼·罗兰

教育家陶行知说："做一个学校校长，谈何容易！说得小些，他关系到千百人的学业前途，说得大些，他关系到国家与学术之兴衰。"

校长在学校管理中处于最高的位置，可以说，有什么样的校长就有什么样的学校。

学校的发展和校长的管理密切相关。校长的领导艺术和才能固然是多方面的，如其学识、能力都会影响到他对学校的管理，但其中的人格魅力却是影响全校教职员工积极性和创造性发挥的最重要的因素。

如果一名校长心胸宽广、性格开朗、潇洒大方、以德报怨，有着大海和蓝天一样宽广和坦荡的胸怀，就会百川归海，众望所归。反之，就会成为孤家寡人，众叛亲离。

如果一名校长谈吐高雅、彬彬有礼、举止谦恭、对内对外不卑不亢，有出色的公共关系交际能力，为教职员工做出表率，则会给社会公众和教职员工留下良好的印象，让教师愿意亲近、愿意跟随。

如果一名校长既能了解现在，又能认清趋势，能正确选择对策，为未来做好准备，则会让教职员工明确方向、团结协作、施展才干、做出成就，满足他们自我实现的需要。

如果一名校长不计较个人名利得失、不畏惧困难、积极履行职责，主动

领导力

秉公守法搞建设，并对教育事业和学校管理工作充满自信，则会让教职工的归属感自然增强，积极性和创造性随之提升。

……

这些都是校长人格的魅力，也是校长领导威望的所在。因此，校长的人格已不仅仅是个人的事，其人格威望或人格缺陷和障碍将直接影响整个学校。

孔子说："其身正，不令而行；其身不正，虽令不从。"

校长作为学校的领导者，面对的是一群活生生、各具特点的人，单靠组织手段进行管理是远远不够的，必须塑造好自身的形象，以良好的精神风貌、高尚的道德情操、高效的处事魄力来面对广大教职工，使他们感受到来自校长强大人格力量的激励和驱动，从而发挥其工作的主动性、积极性和创造性。

 经典案例

贵阳一中是贵州省唯一的省级一类示范性高中，也是一所百年名校。贵阳一中能有今天的成就在很大程度上取决于前校长、现在的名誉校长韩述明的出色领导。

作为校长，韩述明以其独特的人格魅力影响着学校的每一位教职员工、每一位学生，使贵阳一中获得了长足的发展。

1. 从严责己，体现人格魅力

韩述明在任校长期间，为自己订了"个人操守'三防''六不'"来自律。"三防"是：防骄——自强不息，永不满足贵阳一中的成绩；防惰——坚持做到勤动脑、勤动口、勤动腿；防贪——洁身自好，绝不让"贪"字和自己沾边。"六不"是：不跑官、争官、恋官；不与教师争名争利；不挪用公款公物，不占公家便宜；不做损害贵阳一中荣誉的事；不讲影响校内校际团结的话；不让学校教职工为自己拜年、祝寿、送礼。

"三防""六不"，韩校长都做到了。比如，1985年，有的学校招收"议价生"，韩校长在学校会议上表示：贵阳一中坚决不招"议价生"，一个也不招。他说："当教师的，宁有几分清高，绝不沾一身铜臭！"

韩校长的爱人林老师 1951 年就调进贵阳一中任教。她本来很喜欢这所学校，但自从韩校长任贵阳一中副校长后，为便于其工作，林老师主动要求调出了一中。韩校长有 6 个孩子，按说"近水楼台先得月"，都安排在贵阳一中就读是没有困难的，但只有 3 个就读于贵阳一中，而且都是按贵阳一中的录取标准录取的。

2. 关心教师，做教师的守护神

韩校长从不让教职工为自己拜年，他自己也不到哪一位领导家拜年。但每年过年，他都登门看望慰问几位孤老教职工。教职工生病，他也去看望。

1953 年，一位老教师因"反革命纵火案"与妻子双双被捕入狱。一开始韩校长并不清楚他们的情况，后来收到这位老教师的申诉报告，才知道他们夫妻刑满释放后返回了原籍广东依靠子女生活。韩校长本来就对这个案件存有疑虑，当时他决定无论遇到多大困难，要承受多大风险，也要把这个案件搞清楚。他约了党支部另一位同志，经过多方周折，才到有关法院查阅了这对老教师夫妇的全部案卷，并以党支部的名义写了报告和申诉送到上级有关部门。经有关部门复查，最终纠正了这桩 30 多年前的错案。贵阳一中也为这位老教师恢复了工作籍，对他作退休处理。

3. 热爱学生，把学生放在第一位

韩校长要求贵阳一中的教师要有三个热爱：热爱教育，热爱学生，热爱学校。其中，热爱学生尤为重要。他对青年教师说，凡是在教育工作上有显著成就并受到学生爱戴的老师必然有一个特点，那就是非常热爱自己的学生。他告诫教师们：如果没有教师对学生的爱，没有师生之间的感情，就谈不上有什么教育，更谈不上什么教育上的成功。

有一个学生叫小柱，品学兼优、政治进步，在全校的各项排名中都名列前茅，但家庭出身不好。在那"唯成分论"盛行的年代，他参加高考，成绩很好，就是政审通不过，已被内部确定为"不予录取"。韩校长知道这个情况后非常生气，立即找到负责政审的人员据理力争，并不顾风险，以个人名义为小柱签名担保，最终使小柱进了北京大学。后来，这个学生成为了教授、博士生导师。韩校长的这种签名担保有近 10 例。

在当时的学校中，有一部分完全靠人民助学金读书的穷学生，除伙食费外，每人每月只能领取一两元零用钱。这点钱，只能用于理发、洗澡、买肥皂和牙膏等必不可少的消费。韩校长知道这个情况后，心里很难过，决定由学校每月补助他们每人两元钱。

韩校长作风民主、为人正派、坚持原则、待人厚道、严格自律、知识广泛、业务精湛，以其巨大的人格魅力带来了贵阳一中跨越式的发展。

人格魅力，是校长的作风、道德、能力等的综合，是产生校长领导威信的重要因素。

人格魅力，是校长正确运用权力和威望的影响，是他人自愿接受领导的一种积极情感。

人格魅力，是校长积极影响学校每一位成员产生良好工作行为的有效影响力。

人格魅力，是校长各方面工作得以顺利进行的基本条件。

案例分析

一位优秀的校长一定有优秀的人格品质。他必须是一位热爱学生，热爱教师，热爱教育的人。他的心中充满着无限的爱。学生、教师、职工、家长，凡是和校长有着接触的人，无不得到校长的爱。无论何时，他总能让人激动，让人感谢，让人亲近，让人敬佩！于是，人们时时事事都关注着校长，进而从校长的身上获得教益——工作的激情、敬业的态度、奉献的精神、博爱的胸怀……一个优秀的校长，就是一个榜样、一面旗帜、一块丰碑。所以说，"一个好校长就是一所好学校"，这是千真万确的真理。贵阳一中的韩述明校长就为我们证明了这一真理。

学校是实施教育的主阵地，在教职员工中占绝大部分的教师在教育工作中处于主导地位。教师队伍的精神风貌、职业道德、工作状况、团结协作等，决定着学校的走向。

教师的劳动是复杂的脑力劳动，在很大程度上具有个性化的特征。他们担负着教书育人、培育下一代的神圣使命。教师劳动的质量取决于个人素质和其积极性、主动性、创造性发挥的程度。

面对教师群体，任何一个校长要想获得事业的成功，都需要具有吸引人、团结人、能够成功调动教职员工积极性的力量——人格魅力。

那么，校长的人格魅力来自哪里呢？

1. 公平公正

校长治校必须公正，出于公心，办事才能公平、公道。

《官箴》中有一句话："吏不畏吾严，而畏吾廉；民不服吾能，而服吾公。公则民不敢慢，廉则吏不敢欺。公生明，廉生威。"

大公无私的品德是领导者的威信所系，是事业成败的关键。对人对事，一切从工作出发，从大局出发，没有个人得失、恩怨的私心杂念，考虑问题和处理问题就能够做到不偏不倚。

学校教职工都有各自的岗位职责，如果校长不能出于公心，公正客观及时地评价他们的工作，就会挫伤他们的工作积极性，使他们心灰意冷，直接影响一个班或更多学生的教育状况。

因此，校长对于事关荣誉、奖励、职称评定、住房、工资待遇、奖金分配、人事任免等涉及教职工个人利益的问题，一定要公正对待。

2. 信誉为本

校长要充分运用管理权，制定强有力的、切合本校实际的规章制度，用制度去规范和约束师生的观念和行为，并注意在执行过程中做到言必信、行必果，奖罚分明，这样才能树立校长的威信。

3. 真情待人

当校长，要把所有的教职员工作为自己的兄弟姐妹，要爱群、乐群、利群。

所谓爱群，就是要热爱你的集体，热爱你的同事；所谓乐群，就是要把与同事共事当作一种缘分，当作一种至高的乐趣；所谓利群，就是要敢于并善于为同事排忧解难，为同事谋福利求实惠。

感人心者，莫过于情。校长要有人情味。讲规定、讲原则是对的，秉公无私、不讲情面也不能说错，但是面对教师群体这一特定对象，还要讲究领导艺术。要口勤腿勤，主动关心，走访问候，送去温暖，这样定会收到意想不到的管理效果。

4. 平等尊重

美国通用电气公司的老总韦尔奇不喜欢大家叫他老总。公司从上到下都直呼其名，大家无尊卑之分，关系融洽、亲切。公司最高首脑欢迎职工随时进入他的办公室反映情况，并对职工的来信来访进行妥善处理。

校长要尊重教职工，让教职工在学校感到生活在大家庭中，心情舒畅，从而发挥他们的积极性和聪明才智。

5. 服务大众

管理也意味着一种服务。校长应从大局出发，全心全意地为教职工服务，为他们排忧解难，尽力满足他们的愿望，取得他们的信任和支持。校长不要有对上级迎合，对下属训斥的两副面孔，否则只会引起教职工的怨恨。

6. 坦率真诚

校长待人必须真诚。坦率真诚是许多办学业绩卓著的校长所具备的特点之一。

有人曾问日本松下株式会社第一任总经理："你的经营奥秘是什么?"他回答："待人以诚。"无数事实告诉我们："巧伪不如拙诚""以诚感人，人亦诚而应"。

校长对教师实话实说，坦诚相见，使教师看到了校长的"真我"，缩短了彼此间的距离，容易取得以情感人的效果，从而产生较强的亲和力。

校长的真诚坦率，不仅是对下属，对领导工作的缺点，更要敢于直言相谏。只有校长真实、正派的作风，才能赢得社会的尊重，师生的信任，才能把学校真正办成社会需要、家长欢迎、学生喜爱的学校。

7. 兼听则明

厚德载物，宽容得众。当校长，器量须大，心胸须宽，要记人之功，容人之过，这样才能团结各种性格的人才，听得进各种不同的意见，保护好、调动好、发挥好所有人才的积极性、主动性和创造性。

8. 充满激情

一个面向世界、面向未来、面向现代化的校长，一个想干事、会干事、能干成事的校长，必是一个充满激情的校长。

校长要有做事的冲动，要有成功的渴望，要不断提出新的奋斗目标。校长的激情可以感染教师，教师的激情也可以感染学生，校长、教师、学生的激情融会在一起，校园才能充满浩然正气、蓬勃朝气、昂扬锐气，学校的事业才能永葆生机与活力。

9. 勇于承担责任

校长大胆创新地开展工作，难免会出现问题和偏差。这时，校长要主动承担责任，及时公开地改正错误。要知道，校长是学校的第一管理者，出了问题也自然是第一位的责任者。校长应推功揽过，切忌文过饰非。只有这样，教职工才会毫无顾虑地为实现学校的既定目标拼命工作，群众中蕴藏的极大热忱才会像火山一样喷发，一切困难才会迎刃而解，校长也才会在教职工心目中有无穷的魅力。

10. 懂得教育

懂教育，就是懂得教育的本质、特点和规律。校长要既具有教育科学的系统知识，又对相关科学有一定程度的了解，成为知识型、学者型的校长。校长应深入教学一线，或兼课、或参与备课、听课和评课，并给以教师指导。要知道，教师特别看重校长的参与和评价。而且，在参与的过程中，校长还可获取大量的第一手材料，经过总结、提炼、树立典型，推动工作。

校长要加强自修，努力提高自己的教育教研能力，博采众长，争做一名素质优良、业务精通的学校管理行家。

校长当得好不好，除了思想水平高低、工作能力大小的因素以外，校长本人有没有感召力和凝聚力也是一个重要因素。作为一名校长，这是必须正视的问题。

作为一名校长，必须提高自己的修养，增强自己的人格魅力。因为，当他将真理的力量和人格的力量结合起来时，他就一定能团结和带领一大批优秀人才，在事业上无往而不胜！

铸造高绩效领导力之廉洁自律

强化领导者的自律能力

> 不能克服自己的人，便没有自由。
>
> ——〔古希腊〕毕达哥拉斯

在宋末元初之时，战争频繁，世道纷乱。

一天，学者许衡外出，天气炎热，口渴难忍。路边正好有棵梨树，行人都去摘梨，唯独许衡不为所动。

有人便问："你何不摘梨解渴？"

他回答："不是自己的梨，岂能乱摘？"

那人笑其迂腐："世道这样乱，管它是谁的梨！"

许衡正色道："梨虽无主，我心有主。"

梨可以缺少管理它的主人，但是人不能不约束自己的"心"。许衡的做法告诉世人，无论身处任何环境，都需要有极强的自律能力。

自律能力强的人可以摆脱社会上的种种诱惑，在敬业和道德之路上稳步前行，而那些缺乏自律能力，经不住诱惑的人，不但达不到自己所设立的目标或完不成上级规定的任务，而且有可能堕落腐化，受到法律的制裁，留下终生的悔恨。

自古以来，凡是成就大业的人，无不把自省、自律作为自我修养的重要手段。

早在两千多年前的越王勾践就以"卧薪尝胆"的方式进行自省、自律，刘少奇同志在《论共产党员的修养》一文中提出的"慎独"思想，也就是要求共产党员能够自律。

作为一校之首的校长，集制度的制定者、执行者和决策者于一身，因而在他所处的环境中，能够直接监督他的人很少，而他面临的诱惑又有很多。特别是那些名校的校长，更是如此。譬如，家长为了孩子的前途，带好礼物请求他通融一下进入这个学校；学校筹集资金的过程中，他基本上是大笔资金的全权负责者等。因此，校长若想避开这些诱惑，洁身自好，就必须具备较强的自律能力。

孔子曰："吾日三省吾身。"大千世界，问题万千，即便是圣人也会由于各种各样的原因在不经意间犯一些错误，带来不好的影响，更何况校长并非圣人。

校长在管理学校的过程中会遇到许多的问题，在处理这些问题的过程中，有哪一位校长敢保证自己的决策都没有丝毫错误？特别是现代社会的发展瞬息万变，而学校中出现的一些管理问题又与社会的发展有着千丝万缕的联系。因此，校长在处理问题时出现错误也是在所难免的。

所以，这就要求校长懂得自省，无论是否有人监督，都要做到知错就改，这样才能使学校的管理顺利地进行下去。

而且，自省不仅可以帮助校长找出自己的弱点、缺点，还可以使校长加倍爱惜自己的名誉。校长的好名誉，不仅是校长个人获取成功的有利因素，也是他所在学校声誉的一个重要组成部分。一位不懂自爱的校长，带来的不单是个人的丢官罢职，还有学校因他的作为而受到的声誉损害，那样的损失有时花费大量的人力、物力和时间都难以弥补……

然而，校长在领导学校不断地向前迈进的过程中，仅仅懂得自爱、勇于自省还不够，他还应该在行使职权的过程中学会自控和自律，把自己的欲望降到最低限度，并不断提升自己的奉献精神。只有如此，学校才会在自己的决策、领导下蓬勃发展。

因此，校长无论处于发展中的坦途，还是逆境，都要坚持严于律己。这样，校长们才能避免身处顺境时得意忘形，经得住"糖衣炮弹"的考验；才能在身处逆境时冷静思考，为学校积极寻找发展的出路。

经典案例

下面我们从廉洁奉公方面来探讨一下校长的自律：

张伯苓作为以前南开中学和大学的校长，对南开的巨大贡献和他的高尚品格，足以使后人钦敬不已，永世难忘。

赋予张伯苓崇高威望、强大的感召力和人格魅力，并使他成为教育家楷模的原因固然很多，但他毕生不谋官，不图利，只为南开的发展壮大和国家的富强昌盛而奉献一切的大公无私的伟大精神，无疑是最重要的原因。

张伯苓作为一个缺少监督的私立学校的校长，能够毕生做到"公而无私"，是因为他具备很强的自律能力。

张伯苓的生活和他的为人一样，始终朴实无华，老舍和曹禺称赞他"不吸烟，不喝酒，一辈子也不摸麻将和牌九"，始终过着布衣素食的生活。

他深知俭可养廉，婚后曾对夫人说："教育清苦事业，所入无多，当量入以为出，家中事悉以累汝。"所以，他的一切家务均由夫人亲自料理，而从无仆役。

虽然身为南开的校长，但张伯苓每次去北京办事，永远坐三等车厢，每次都住在一家一天一元钱、管吃管住的小店。

张伯苓性喜安静，从不刻意追求居住的舒适与安逸，当时他的名气已经很大，可是仍然居住在西南角平民区的简陋住宅里。

有一次，张学良将军慕名来访，汽车在土路上跑了几趟也没找到"校长公寓"。事后，张学良惊叹说："偌大大学校长居此陋室，非为始料，令人敬佩！"

但是，张伯苓十分注意个人仪表，衣着整洁，朴素大方。他在嘴边上常挂着一句玩笑式的"名言"，叫做："勤梳头，勤洗脸，就是倒霉也不显。"

虽然张伯苓的自律给自己带来的是物质生活上的拮据，但是却保障了南开的兴盛。

张伯苓从办学之日起，就为了南开的发展，不顾一切，甚至不怕赤字，不怕超支。在南开学校的附近，有历史悠久的北大，有经济充裕的清华，而南开是个私立学校，两者皆无。

然而，南开有一位清廉刚正的张校长，他能用很少的钱，办很多的事，经济的短缺并不能阻碍他发展南开的雄心壮志。正是由于他那"清逸的风度，敏感的观察，永恒不息的热心与毫无污点的人格"，终使南开成为名噪寰宇的学府。

1951年，张伯苓在天津病逝，留在他身上的只有几元准备乘电车的零用钱。至死，张伯苓一贫如洗，但在后继者的心目中他却是最富有的。

在对待物质利益上，他没有丧失良知；生活在功利社会中，他没有人格的残缺，他的生命是完美的。

在他的身上，时间和空间相聚得那样和谐，过去和未来结合得如此神圣。他的贡献，永远经得住时间的考验。

人，所能享受的，只是短暂的一生，而能留给后人的，才叫永世不绝。

因此，作为校长，为国、为校、为自己都应该做到自律。

自律是校长清廉守节的需要，也是尽职尽责的需要。

许多校长虽然能做到守节的底线，也想做个优秀校长，但如果只做到表面的自律，而不能自省的话，对上不知道组织的要求，对下不明确师生的愿望，就很容易忘记自己所担当的学校角色，就会迷失在自己应该做什么，怎样做的困惑中。

这样的校长即使再怎样标新立异，再怎么忙忙碌碌，最终也还是会沦为一事无成的庸俗之人，对学校、对自己、对社会，都毫无贡献可言！

因此，自律是校长不断学习、实践，以求不断提高自己的领导水平和表率作用的需要。

 **案例分析**

我国有一个关于自律的小典故：

东汉时期的杨震是一位高官，好学，博览群经，被称为"关西孔子"。历任荆州刺史、涿郡太守、司徒、太尉等职。杨震以为官廉洁自律名闻天下。

公元110年，杨震从荆州刺史升任东莱太守，赴任途中，经过昌邑。他先前任荆州刺史时所举荐的茂才王密正担任昌邑县令。杨震觉得在熟人的辖区住宿比较方便，就住在了昌邑。

夜里，王密揣着十来斤黄金送到杨震的住处。一来感谢杨震从前的举荐，二来觉得今后还有需要杨震提拔的时候，想进一步密切关系。

杨震曰："故人知君，君不知故人，何也?"

密曰："暮夜无知者。"

震曰："天知，地知，子知，我知，何为无知者?"

王密惭愧而出。

杨震做官，清正廉明，子孙常常以蔬菜为食，徒步出行。有的老朋友见杨震做了那么大的官，家里还那么清苦，劝他为子孙置办点产业。

他却说："使后世称为清白吏给子孙，以此遗之，不亦厚乎?"

自律与他律，最大的不同是他律的规矩是别人制定的，而且是领导者身处其位，必须遵守的，时刻被人监督着；而自律是领导者依据他律，为规范自己的行为，为自己和家人所制定的更高规则，领导者是否遵守是没有人监督的。

因此，一个管理者管理他人是简单的，而管理自己则是一件相当困难的事情，它要求管理者必须拥有高尚的道德，具有抵御诱惑的免疫能力。

张伯苓虽为南开募资千万，可是他依然粗茶淡饭，严格要求自己的子女生活一定简朴。正是因为他严格要求自己，才能把自己融入学生中去，融入当时的社会中去，才能够清醒地认识当时的社会现状，为南开作出自己的贡献，也为中国教育事业的发展和人才的培养奉献其毕生的精力。

南开为张伯苓增加百元的工资被他拒绝。如果说所募集资金是应该全部归于南开学校所用，而这百元则是慰劳他的辛苦费，他应该拿着，但是他依然固守着一位从事教育的人所固有的清贫。他的那句名言"不要爱钱，够用了就行了"，不但警醒着自己，也教育着南开的师生，既让他们懂得"钱"对学校的重要性，也让他们学会控制自身对"钱"的贪念。

一个人在一时一事上做到自律并不难，难的是持之以恒，无论大小事，一样坚持自律，丝毫不放纵自己的欲念。

张伯苓把自律贯彻始终，为了约束学生，他可以撅断陪了他几十年的烟杆；为了减少南开的开支，他带领一家人住在平民区，把自己兼职的报酬补贴给南开的老职工。

一位校长要做到自律，就应在以下几个方面上下工夫：

首先，必须坚持不懈地学习，"加固"思想道德和党纪国法的两道防线。

要牢记党的宗旨，全心全意为人民服务，切实解决好"参加工作为什么，当了校长做什么，身后留下什么"这一系列的重要问题。

要不断加强自身的修养，培养为学校积极奉献的精神，做到"身在其位，力谋其事"，为了学校整体风气的不断提升，严格要求自己。

由此，在社会活动中，校长们应该以自己良好的行为举止、高尚的思想道德赢得社会的尊敬，为学校赢得良好的声誉，使学校在名校之途上越走越顺。

其次，要树立正确的权力观，正确行使手中的权力。

要充分认识到校长的权力是国家和人民赋予的，必须用来为学校谋利益，绝不能把权力私有化、商品化。

因此，作为校长，坚决不能以权谋私，把学校的名誉和信誉当成可以出售的商品，不管所要接受的学生基础如何，只要"赞助费"丰厚，就一律接收进来。这种情况很容易导致学校入学的学生质量下降，为学校的严格管理带来困难，延缓学校发展的脚步，甚至使学校出现倒退的现象。

再次，要牢固树立监督意识，自觉接受监督。

失去监督的权力必然导致腐败，不受监督的校长最容易出问题。

因此，各校的校长必须进一步强化监督意识，认真对待监督，自觉接受师生监督，始终将自己置于相关教育部门和学校师生的监督之下，并自我监督。

最后，要坚持以身作则，模范地执行学校制度的各项规定。

校长要把握好自律的主动权，坚持自我约束、自查自纠、防微杜渐，不断增强免疫力，真正做到廉洁、奉公、守法，堂堂正正做人，清清白白从政，扎扎实实办事，不为名利所累，不为物欲所惑，不为人情所扰。

闻一多说过："我们倒不怕承认自身的'弱'，愈知道自身的弱在哪里，

愈好在各人自己的岗位上来尽力加强它。"

自律能力就是要求各位校长承认自己本身所具有的弱点，也就是要求各位校长在领导学校的建设中能够正视自己的弱点，加强自我约束。

校长是国家教育事业的中坚力量，只有他们不断提高自律能力，并把这种自律的品格落实在行动上，才能使得学校兴旺发达，为国家培养更多的有用之才。

铸造高绩效领导力之责任意识

心头永存使命感

> 责任并不是一种由外部强加在人身上的义务，而是我需要对我所关心的事件作出反应。
>
> ——〔美〕弗洛姆

有人曾经问过微软总裁比尔·盖茨："是什么让今天成绩如此辉煌的你，依然不知疲倦地拼命工作呢？"

比尔·盖茨微笑着回答："因为我有一个想让每一个家庭的桌子上都有一台电脑的工作使命。"

是的，如果说当年只有 19 岁的比尔·盖茨创办微软公司时，拼命地工作是为了金钱，那么今天他的财产已经多到他怎么花都花不完的地步，他还肯拿出那么多的时间去工作，那是因为他要完成他的工作使命。

世界上，每一个社会机构都有它的社会功能，自然也会承担社会发展赋予它的社会责任和社会使命。

而在这些机构中的领导者都是这些社会责任和社会使命最直接的承担者，只有他们有明确的使命感，并透过使命感原动力的发挥，把自己和员工紧密地结合起来，才能尽心尽力地担负起自己所在机构的社会责任。而且，这样一来，领导者不但完成了社会赋予该机构的任务，还完成了社会赋予其个人的大部分使命。

校长作为学校的领导者，社会赋予了他管理学校、为学校规划未来、培养国家未来栋梁之才的使命，而在完成这些使命的过程中，校长必须承受来自各方面的压力。

17

　　而使命感则是校长这架战斗机的原动力,只有具有充足的原动力,校长才可以载上自己的压力和社会所赋予的责任,在通向成功的航线上,飞得更快、更稳,使自己带领学校的全体师生在各种各样的竞争中,攻无不克、战无不胜。

　　如果校长缺乏了这种原动力,即使他高瞻远瞩地为学校设计出无懈可击的长远目标,也会很难承受在通往这一长远目标路上的狂风暴雨,甚至可能刚刚起步就会因为脚下的一棵荆棘而放弃所有的努力,也会因此而无法完成属于自己的使命。

　　这样的校长就像一只失去了使命感的鸿鹄,只能望着广阔的蓝天发出无限的感叹。之后,他只能与燕雀在蓬草之间争夺狭窄的生存空间。

　　一位优秀的校长应该带上使命感与他一起在为学校进行规划和管理的道路上同行。而无限的使命感,则会有助于校长实现自己已设定的伟大目标,使他走向成功的彼岸,使学校永远具备前进的动力。

 经典案例

　　每一所学校的校长都要承受着来自各个方面的压力,而作为一所名校的校长则会承受更为巨大的压力。

　　北京四中前校长——全国十佳校长的邱济隆就是这样一位顶着压力前行的校长,他于1990年任北京四中校长,2003年卸任。

　　这十几年时间,正是中国教育积极改革、蓬勃进取的时期。在这样一个时期,是什么让邱济隆校长能够顶住巨大的压力,尽忠职守,完成四中交与他的重大责任的呢?是他那高度的使命感。

　　他曾经感慨道:"刘秀莹校长是我的前任,为四中作出了非常大的贡献。这么能干,而且德高望重的一位老校长,把担子交给了我,我确实感到了压力。那个时候,我就像是个举重运动员,面对杠铃,不管举不举得起,总要举一下。一定要把压力转化为动力,是我当时唯一的想法。"

　　北京四中是一所历史比较悠久的名校,建于1906年,早在二十世纪的二三十年代,四中就以高质量的教学成绩,成为学生求学的首选之地。能被四中录取的学生,无一不被家长和原先的母校引以为荣,这种情况至今未变。

生源如此优秀，教师更是不一般。从建校初期到现在，四中所聘请的教师都是国内最著名的大学的毕业生，其中不乏知名学者、作家。

面对一流生源和一流师资，就要求学校有与之相称的管理者，历任校长为造就百年名校各自作出了自己应有的贡献。

当接力棒到了邱济隆手里时，他不能不感到巨大的压力，但同时他也深知四中是片沃土。他面临的使命就是：成为一名合格的校长，从这片沃土中吸收营养，并在沃土上耕耘，以期望收到丰硕的成果。

他抱着这种使命感，从上任伊始，就认真拜读了历任校长的有关资料，研究、挖掘前辈们的思想观念，并结合当时形势，充实自己的头脑。

他说："像齐树耘先生，他的教育观点即使放在现在也不过时。

"比如，他对如何教导学生做人提出了很高的要求；他鼓励学生开展课外活动，他认为参加社团活动是为他们走向社会铺了一个台阶；对体育运动，他也非常重视，这些也都是我们现在依然要做的。

"至于我们熟悉的刘铁岭校长，从青年时代起就献身党的教育事业，为四中付出了自己一生的心血。

"刘秀莹校长在四中处于低谷时以极大的魄力进行改革，迅速地开创了新的局面。他们的思想、作风都是我学习的榜样。"

四中的教师们有一次对他说："你在外边讲话，可别把计划当总结说。"自此之后，他总是把四中严谨扎实的一贯作风记在心里，不敢忘记，在外出办事或开会讲话时，始终注意自己的讲话分寸。

作为一位好校长，其使命不仅仅是当一个虚心受教的人，而且还要当一位时刻催促自己带领学校在改革中快速前进的领导者。

中国有一句古语叫做："创业难，守业更难。"作为一个守业者，邱校长要守住的是四中的百年基业，为四中的千秋大计做一块坚实的垫脚石。

1995年11月7日，江泽民同志到四中视察，落座之后对邱济隆校长讲的第一句话就是："久闻大名，不，不，不，是久仰大名，如雷贯耳。来到四中，三生有幸。"四中名气之大，由此可见。

要把这块名牌保住，不能出半点差错，邱校长肩上的压力始终不小。正如邱校长自己所说："在四中干好了是应该的，干不好是不得了的。社会不答应，领导不答应，师生们不答应，广大校友更不答应。"

在这些压力下，他用坚实的臂膀担起了四中，为四中未来的发展打下了雄厚的基础。也正是这种强烈的使命感，使他自上任开始，就为自己设定好了一个重要的任务——打造四中的教师队伍。

要实现四中的可持续发展，保持百年名校的声望，全在于是否有一支能坚持四中办学理念的干部、教师队伍，这远比硬件建设重要得多。为此，他多次对年轻教师们讲："教育要与科研相结合，四中的老师不是教书匠，你们要成为教育家，要体现自我价值，作出一番贡献，我这个当校长的要给你们搭桥铺路。"

他为四中的教师指明了前进的方向，从而激发出了四中教师们的教育使命感。

为了创造四中明天的辉煌，上任后不久，他就为每一位外语教师创造了到国外培训的机会，一些非外语学科的老师，邱校长也联系了美国的一些大学，轮流送去培训。

也是因为有了为四中奉献的使命感，他更加关心、尊重教师，重奖鼓励业绩突出的教师。而调动他们的积极性，是邱校长做得最多的事情。即便是在老师兼职做家教这样敏感的问题上，也是因势利导，并不强行禁止。因为四中有四中的制度，教师不违纪，校长就不管。

他对此笑言："我不能当个英明校长，就当个开明校长吧。"

为了不辱使命，用科学化和人文化相结合的方法管理四中这支教师队伍，是邱校长一向坚持的原则。

进入 20 世纪 80 年代后，面对新旧思潮的替换过程，很多校长都感叹："教育可是越来越难干了。"当校长实属不易，这里面苦辣酸甜，都要品尝。

如果没有为祖国培养未来优秀人才的使命感，还有什么能让这些学识渊博、能力卓越的校长守在这个压力巨大的位置之上呢？

邱校长一方面要保住百年名校的牌子不倒，另一方面要让学校跟上时代的步伐。当人问起他对此的感受，他的回答是："苦中有乐。"

在四中 10 多年，邱校长圆满地完成了国家交给他的任务。守业有成，邱校长当之无愧。而我们从他说的"苦中有乐"中，也体会到了他身为校长的神圣使命感。

当《纽约时报》记者问通用公司前总裁杰克·韦尔奇："是什么原因促成了你的成功？"他不无骄傲地回答道："是造就伟大领导者的使命感。"

校长只有具备高度的使命感，才能从内心深处召唤出工作的积极性，即使是面临着再苦、再累的工作，对其来说，都是必要的、快乐的。

案例分析

使命感可以帮助领导者克服意想不到的困难，并竭尽全力争取到达成功的彼岸。

一次，松下集团为了选拔一位南美区的总负责人，在全世界的各个部门内寻找最优秀的人才。

经过激烈的竞争和层层选拔之后，只有美国松下公司客服部的经理马克·戴维和马来西亚松下公司产品开发部的负责人阿巴蒂姆有幸接受松下幸之助总裁的考核。

这两个人都在松下公司任职多年，并且各自都有过辉煌的成绩。不凡的实力能让他们经受得住各种考验。

但是，松下总裁为他们出了一个别出心裁的题目：让他们先到东京帝国酒店把马桶清洗得"光洁如新"。

这对身为松下精英的他们来说是个难题，但是"既来之，则安之"。他们分别进入了不同的洗手间。

片刻之后，戴维冲出了洗手间对酒店经理说："上帝，我干不了这个。"

酒店经理微笑着对戴维说："那你去看看阿巴蒂姆是怎么做的吧。"

戴维来到阿巴蒂姆擦洗的那个洗手间，只见阿巴蒂姆高高地挽起他那洁白的衣袖，拿着抹布一遍一遍地、认真地擦洗着马桶，直到擦洗得"光洁如新"。然后从马桶里盛了一杯水，毫不犹豫地喝了下去。

阿巴蒂姆拿着空杯子微笑着对皱着眉头的戴维说："'光洁如新'，要点就在于那个'新'字，'新'则不脏，因为不会有人认为新马桶是脏的。反过来讲，只有马桶中的水达到可以喝的洁净程度，才算是把马桶擦洗得'光洁如新'了，而这一点已被证明是可以办到的！"

戴维听了他的话，目瞪口呆，惊讶地问道："你是如何让自己做到这一点的？"

阿巴蒂姆严肃地说："使命感，当你工作时带上使命感，对于任何的工作你都会觉得是必须认真去完成的，就好比是带着使命高飞的鸿鹄，它们是不会惧怕任何风雨的，甚至是丢了性命也在所不惜，更何况是擦洗马桶这一点点小事！"

阿巴蒂姆高度的使命感让他在这次选拔中拔得了头筹。

由此可见，使命感就是人们对于自己理想的忠诚、执著、热爱和传道士般的狂热，以及把理想的信条贯穿于自己生命全部的信念。

北京四中的毕业生进入重点院校的升学率始终在95％以上，这虽然是一个令其他中学羡慕不已的数字，但是对于四中的邱校长来说却是一种无形的压力，怎样保持住这一记录是他时刻挂心的问题。

面对这样的压力，邱校长将他的使命感发挥得淋漓尽致，他不但沿承派遣英语教师培训的传统，而且还尽最大的努力为非英语教师寻求学习世界先进经验的机会，为四中拥有更多的教育家打下坚实的基础。

在管理中，邱校长通过与教师谈话，激发出教师的使命感，使四中的教师虽然身处优越的环境，面对压力也是时刻不敢松懈，始终兢兢业业地为四中贡献着自己的力量。

因为有了这种使命感，邱校长和四中的教师们无论面对怎样的压力，依然干劲十足，笑对工作中的困难。

使命感是校长努力实现目标的基石。不论过去、现在还是将来，卓越的校长都肩负着整个学校成功运作的重大职责。只有认清这一点，校长才能在进行领导活动中全力以赴，投入极大的热情，在学校的建设中作出重大的贡献。

那么，校长如何才能具备这种立身风雨之中，依然能够快乐前行的使命感呢？

首先，具备较强使命感的校长必须是一位明确自己责任，能够进行有效规划的人。

"当一天和尚撞一天钟"的人不会拥有使命感，因为他从没弄明白撞钟的意义，所以也没弄明白自己的责任，一个不明确自己责任的人怎么会有目标？没有目标，又何谈使命感？而具备使命感的校长在没有开始撞钟之时，已经为自己设定了撞钟之后的计划，从而为自己找出履行使命的出发点。

其次，具备较强使命感的校长必须是一位道德高尚的人，能够时刻自省。

因为只有一个道德高尚的人才勇于承担自己的责任。而且，一位领导者只有始终保持高尚的道德，才能走出自我利益的小圈子，才能够具备为学校、为国家贡献自己力量的使命感。

然而，校长要做到道德高尚，必须能够察觉自己思想中的错误，积极改正。

再次，具备较强使命感的校长必须是一位执行力很强的人。

在一所学校里，校长是一位领导者。而在整个教育系统之中，他是教育改革的承受者和执行者。一位校长如果没有出色的执行力，上级部门布置下来的任务，就会拖拖拉拉完不成，那他就称不上是一位具有使命感的校长。

在校长完成任务的过程中，使命感和执行力是相辅相成的。因此，校长应有意识地在执行任务的过程中激发自己的使命感。

中国的教育事业正逐步与世界的教育接轨，校长作为中国教育事业的中流砥柱，对教育事业的成败具有至关重要的影响。因此，要承担这个鸿担巨任，无论从哪个方面来说，强烈的使命感对校长而言都是必不可少的。

只有具备这种高度的使命感，校长们才能积极地置身于教育改革之中，并为中国打造出更多的名校。

名校长高绩效

做一个有气度的领导者

> 测验一个人的智力是否属于上乘，只看脑子里能否同时容纳两种相反的思想，而无碍于其处世行事。
>
> ——〔法〕H. M. 托利得

气度，是气概与风度的总称，是人的风格、襟怀和敏慧的体现。气度需要虚怀若谷，气度需有纳人之心，气度需宽容于人。气度小者，胸有城府；气度大者，胸有丘壑。

气度是可以后天培养的。一个优秀的领导人必须做到胸有丘壑，能够接纳别人的意见，能够宽容对待虽然犯了错误但愿意改进的人，能够以公为己任，不自私自利，能够通过自己的气度，让团队上下所有人凝聚在一起，为共同的目标去奋斗。

在一位著名哲学家的众多弟子中，有一个弟子经常牢骚满腹，怨天尤人。哲学家为了开导这个小肚鸡肠的弟子，就叫他到市场中去买盐。

买回盐之后，哲学家叫他抓一把兑一杯水喝，然后问他味道怎样，这位弟子皱着眉头说："咸得发苦"。

哲学家又叫他抓一把放在缸中，再叫他尝尝味道，弟子说："有一点点咸"。

哲学家再叫他把买回来的整包盐撒在一个大水塘中，然后又叫这位弟子去尝，这位弟子说："一点咸味也没有"。

这时，哲学家教导这位弟子说："一个人生活中的不快和痛苦，就像这盐的咸味。我们所能感觉和体验的程度取决于我们将它放在多大的容器里。"

我们生活的容器，就是自己的胸怀。当你感到生活不尽如人意的时候，当你在工作中感到烦恼不顺的时候，当你慨叹人生世态炎凉的时候，你就应尽量使自己的胸怀博大起来，因为在宽广的胸怀里，一切不快和痛苦都将显得微不足道。

学校的管理，一是对学校所处的社会环境的管理，二是对学生的管理，三是对教职工的管理。校长作为学校的管理核心，他所面对的被管理者具有特殊性，如果没有宽广的心胸，面对这样一个复杂的群体，他很难成为一个有效的管理者。

有气度的人才能和校长的职位相匹配，也才能扮演好校长这个角色。

有气度的校长，可以做到有教无类，对"差学生""坏学生"有极大的耐心；有气度的校长，可以管理好教师群体，赢得下属的尊重。

气度，是人的一种内在品德，是个人魅力的展现。校长是多种社会角色的集合体，他既是普通的人，又是教育者，同时还是领导者。角色的复杂性决定他面对的是一个复杂的群体。这种情况就要求校长有海纳百川的胸怀。在这样一位具有博大胸怀的校长的领导下，学校才会变成最佳的育人殿堂。

 经典案例

与儿街中学是皖西中学教育教学研究中心，在整个"十五"期间，学校总投入达 1.1 亿元用于现代化教学建设，兴建校园设施总面积达 6 万多平方米，校容校貌发生巨大变化，办学条件得到根本改善。

如今，一流的硬件设施，为师生提供了优越的工作、学习条件；优美的校园环境，给学生提供了一个最佳的成长场所。学校本着"对学生一生幸福负责，为学生终身发展奠基"的办学宗旨，在短短的十年内，从一个名不见经传的普通中学奇迹般地发展成了一所现代化、有特色、高质量的研究型省级重点学校。

不敢想象，在十几年前，与儿街中学全校面积仅有十来亩，只有六七排破旧的平房，三十个教师，六七百个学生。今天，学校之所以能发生这样巨大的变化，最大的功臣要算是现任校长王二宝，是王校长把一个不入流的学校变成了国内一流的名校。

而要从根本上改变一个学校，仅仅有资金和国家对教育的扶持政策是不够的，有人问王校长为什么能取得这样的成就时，王校长的回答只有两个字："气度"。

是呀，无论是与儿街中学的教师，还是与儿街中学周围的群众，都说王二宝是位有度量的好校长。

众所周知，学校的周边环境对学校的教学和发展有很大的影响。与儿街中学地处城乡结合处，十年前由于学校管理力度不够，周边的小商小贩都把生意做进了校园，向学生兜售零食、小物件等，这使得学校的外部环境非常混乱，严重影响学校的教学工作。

王校长上任后，禁止校外人员进入学校做买卖，并按有关法规，禁止小商小贩在学校周边摆摊设点。但以此为生计的周边群众不但不听劝阻，还当面责骂王校长。更过分的是，一些群众还砸坏了王校长的摩托车。

面对这样的局面，王校长没有通过行政手段对乡亲们制裁，但也没有退让。他利用双休日，亲自走访周边群众，耐心地向他们讲政策、说道理。通过他对乡亲们无数次耐心地劝导，小商小贩再也没有进过学校。

为了和周边群众搞好关系，每逢岁末，王校长还组织几个书法较好的老师，义务为乡亲们写对联——这一写就是十年。春种秋收时节，王校长还组织学生到家里缺乏劳力的老乡家做义工，为周边的群众解决实际问题。乡亲们都说，王校长心胸宽广，不和群众一般见识。

在 2003 年暑期，学校因扩建需要周围几家住户搬迁，搬迁的事由当地政府负责，但因为搬迁补偿不足问题，住户拒绝搬迁。按道理这件事不由王校长分管，但王校长考虑到工程进度问题，还是亲自出面协调此事。出于对王校长的尊重，几家住户降低了补偿标准，很快搬了出去。工程如期完工，学校的教学没有因此受到任何影响。

王校长不仅"不和群众一般见识"，对同事更是宽以待人。有时教职工因某种原因说了过头话，做了过分的事，王校长总不计前嫌，主动沟通，打破隔膜。

在紧抓教学工作之初，一些平时散漫惯了的教师很难适应王校长新的管理制度。某老师毕业于北大中文系，是学校学历最高的教师。对于王校长的管理，他不仅不接受，还责骂王校长。王校长多次登门耐心劝说、开导，但他一直不肯遵守学校的规章制度。一年过后，因为年终考核不合格，被教育主管部门调到乡下一所条件不好的初中任教。这时的他对王校长的意见更大了，认为这是王校长在公报私仇。面对这样的误解，王校长没有说一句埋怨他的话。

在王校长的管理下，只用了两年时间，学校升学率节节攀升，生源充足，在皖西，与儿街中学已经颇具影响力了。

随着规模的扩大，学校紧缺各科教师。因为条件好了，很多教师为能进与儿街中学工作，想尽了办法。

这时，王校长向教育主管部门提出：要那位到乡下的教师回来！

教育主管部门的领导很不解，而王校长解释道："我有让他回来的理由：一是他是北大高材生，具有很高的教学水平是毋庸置疑的，我们需要这样的人才；二是他以前不好好工作，是因为他家庭负担重，加上学校环境又不好，工作有些懈怠是可以理解的；三是现在学校条件好了，他能找到自己的舞台，一定会努力工作的。"在王校长的要求下，教育主管部门的领导同意了将该教师调回与儿街中学。

谁也没想到，王校长会亲自去接他回校，并给他安排了欢迎晚宴。面对王校长的热情，这位教师很感动。

就这样，这位教师又回到了与儿街中学。果然不出王校长所料，回来后的他就兢兢业业地工作，很快做出了成果。

现在，这位教师成了学校的骨干教师、省级教坛新星、皖西语文学科带头人，享受国务院特殊津贴。有人问他取得如此成就的关键，他说，自己成功的最重要的原因就是自己"遇到了一个有气度的校长"。

王校长放下个人恩怨把这位教师请回来，既让"英雄有了用武之地"，又让自己多了一个得力的干将。当初，因为王校长的管理而"得罪"王校长的教师不在少数，但王校长对其都抱以宽容、谅解和包涵的态度。而这些教师，后来大都不是成了领导者，就是成了教学骨干。

古人云："惟宽可以容人，惟厚可以载物。"这个古训告诉我们，在为人处事的过程中，只有心胸宽广，才会对他人给以宽容，也只有宽广的胸怀，才能接纳和容忍别人。

王校长的故事告诉我们，作为一个管理者，如果没有博大的胸怀，不能容人、容事、容言，就注定不会有所作为。

 **案例分析**

有作为的人，往往都是有气度的。那些成功的校长、学者等，大都气度不凡。非凡的气度让他们腹中有底气，胸中有大气，身上有锐气。其中，学人吴宓就有非凡的气度。

钱钟书是吴宓的学生，1929 年，钱钟书考入清华大学外文系，成为吴宓的门生。因为成绩非常优异，即将大学毕业时，校长冯友兰告知他，清华将破格录取他为研究生。钱钟书却一口回绝说："整个清华，叶公超太懒，吴宓太笨，陈福田太俗！没有一个教授有资格充当钱某人的导师！"

有人将这话转告吴宓，吴宓笑着说："钱钟书的狂，并非孔雀亮屏般的个体炫耀，只是文人骨子里的一种高尚的傲慢，这没啥。"吴宓对这件事只是这样轻描淡写地说了几句。

1940 年春，钱钟书学成回国，清华大学打算聘他任教，时任外文系主任的陈福田、叶公超竭力反对。吴宓得知这件事后，四处为钱钟书说情。后来，陈福田请吴宓吃饭，吴宓特意叫上陈寅恪做说客，要求清华大学外文系聘任钱钟书。经过他的一番努力，钱钟书才得以到清华任教。

年轻的钱钟书做事比较离谱，一般人很难容忍，假如吴宓在清华大学外文系是否聘请钱钟书的问题上保持沉默，绝对不会有人指责他。然而，吴宓却能超越个人恩怨，为学生争取事业的舞台，其大度是常人不能做到的。钱钟书晚年也意识到年轻时对老师的刻薄和不敬，曾经真诚地表示悔意。

在当代教育界，其地位能超过吴宓的人不多，既然吴宓都能够对那个"狂得要命"的学生钱钟书释怀，我们的教育领导者又为什么不能大度一些呢？

作为普通百姓，如果小肚鸡肠顶多也就是影响自己的为人，危害性还不是很大；但作为一校之长，如果小肚鸡肠，那就很可能影响到整个教师团队，乃至学校的整体发展。

王校长就是用宽容征服了周围的群众，使得在学校扩建的时候，一个辣手的问题在他面前迎刃而解。

当初，王校长要是"不把群众当回事"，群众和学校的关系肯定会紧张，在搬迁的问题上，二者的矛盾就会更加突出，这必然会影响学校的扩建与发展。很显然，王校长用宽容的心包容了他人的过错，为自己赢得了更广阔的天地。

现在的与儿街中学，占地8万平方米，有近6万平方米的土地是从拆迁中获得的，而拆迁中所花的费用在整个工程的费用中却是最低的，这让王校长能有更多的资金投入教学设施建设中。可以说，与儿街中学的发展，离不开周边群众的支持，而这很大程度上都是王校长用气度赢得的。

校长的气度，外可以为学校树形象、和谐周边关系，内可以强化凝聚力、领导力。

校长的高效领导力如何体现出来？最关键的一点就是教学质量；教学质量又从哪里来？最重要的一点是有高素质的教师。

人才在心胸狭隘的领导面前往往觉得英雄无用武之地，表现就是：应付工作，或卷铺盖走人。领导不能容人，人才也不会屈就。但是，如果领导有容人之量，就能把人才团结在自己周围，为事业的发展贡献力量。

美国第十六任总统林肯，在确定陆军部长职务时，选中了斯坦顿。斯坦顿在两年前办一案件时，曾称林肯为"乡下律师"，拒绝与林肯合作。但是林肯知道，斯坦顿是忠于联邦事业的，因而仍任用了他，并支持他改组陆军部。

后来斯坦顿竭诚相报，在南北战争期间与林肯合作得很好。这就像范仲淹说的那样："用人者莫不欲尽天下之才，常患近己之好恶而不自知也。能用度外人，然后能周大事。"否则，心胸狭窄，不能容忍反对意见，对与自己有点矛盾和过节的人动辄打击报复，唯我独尊，这样的人就难有什么大成就。

作为一名校长，要是一遇到与自己"顶牛"的教师就给予开除、打击，不仅影响教师的积极性，更难以招揽和留住人才，王校长深知其中的道理。于是，在对待北大毕业的那位教师的问题上，尽管错不在自己，但他还是捐弃前嫌，唯才是举。学校因此多了一位明星老师。如果王校长是个睚眦必报的人，那位教师的才华就会因此被埋没，与儿街中学也就不会拥有这样一位

领导力

优秀教师，其损失是无形的、巨大的。

大凡一位好的校长，胸怀首先要宽广。历史经验告诉我们，小肚鸡肠的人大都成不了气候。心胸的宽广与狭窄，对于一位校长来说，绝不是一件小事，所以万不可等闲视之。那么，要做一个有气度的校长，需要哪些修炼呢？

1. 腹中有底气

底气是校长最基本的气度，表现为刚直、智慧，是素质上的实力。底气首先是正气。正气的表现一是克己奉公，为人师表；二是安心教学，潜心管理。只有这样，校长才有资格号令教师认真工作；三是才气，校长要有比较深厚的文化功底、扎实的基本功和不断充实的现代教育理念。这样，才能让教师学生信服，起到引领师生的作用。有了底气，就有了非凡的气度，这样才是位好校长。

2. 胸中有大气

大气就是豁达、沉稳，是涵养上的功力。大气来自大爱。"春蚕到死丝方尽，蜡炬成灰泪始干"是校长大爱的境界。面对难题，校长应有"我不入地狱，谁入地狱"的大义。面对问题，校长要有集体的稳定和谐高于一切的胸怀，任何时候都不要意气用事，影响团队的心态。

面对教师和学生的各种不尽如人意的表现，要认识到人与人是有差异的；认识到"人非圣贤，孰能无过"；认识到看人应该看他最好的部分，而不应该挑剔缺点。要坦然接受师生的不足，而不是刻意忍受。当然也不能过度宽容，以至纵容；要把握教育的时机、角度和分寸适度批评。

大气的校长肯花心血去关心爱护每个人，他们知道感情投资永远是所有投资中回报最高的。有了大气，才能让教师有亲切感、安全感和幸福感；有了大气，才有稳健的气度，才能稳得住有能力的教师。

3. 身上有锐气

锐气就是无畏、开拓，是行动上的魄力。有锐气的校长，能牢牢把握发展方向，科学实施发展战略。他们会用制度建设、教育感化、人文关怀去塑造群体，造就和谐向上的校园。

一位成功的校长一定要有这三种"气"。底气不足，校长往往是有权无威；大气不够，校长往往会管而难理；锐气缺乏，校长也许能领着大家

"走"，但不能领着大家"跑"。

愿我们的校长，都同时拥有底气、大气和锐气。那样，校长不仅气度非凡，更会赢得人气，我们的学校、我们的教育才会更景气。

气度是有怨不计较，有错能容忍，是一种待人以宽、律己以严的雍容大度的态度。有人说，气度是一种看不见但感受得到的特质，像胸襟、雍容大度形容的就是这种特质。有气度的人正直、无私、谦逊，而且待人宽厚、懂得尊重、愿意听不同的意见。要做到这些，就要靠平时自身的修养，要自觉做到谦逊好学，因为渊博的知识对人的气度的培养有重要作用。同时，校长要学会调节自己的情绪，在浮躁和充满诱惑的年代，以安静的心态应对外界的嘈杂，以平和的心境处理世态的变迁，以宁静的心情教书育人，凝神静气地管理好学校。

铸造高绩效领导力之平易近人

亲和力就是影响力

> 处人不可任己意，要悉人之情；处事不可任己见，要悉事之理。
>
> ——吕　坤

一位领导者缺乏应有的亲和力会产生什么样的后果？

在滑铁卢之战失败之后，一代枭雄拿破仑被流放到圣赫勒那岛，在总结打败仗的教训时，拿破仑既未谈战略战术，也未谈武器装备，只是意味深长地说道："这是因为我好久没有和士兵一起喝汤了。"

拿破仑这句话不是故意矫情，亦不是故作轻松幽默，而是发自内心的由衷感叹！

拿破仑之所以能在几十年军事生涯中叱咤风云、所向披靡，打败天下无敌手，除了他的杰出军事才能和使用新武器、运用新战术之外，还与他独特的亲和力密切相关。他平时关心士兵，平等对待士兵；战时身先士卒，与士兵共甘苦，从而在士兵中享有崇高的威望。

亲和力是英勇善战的拿破仑不可或缺的领导魅力，当然也是主持校务的校长们不能缺少的领导魅力。

一位优秀的校长不能是像冷面阎罗一样严厉的领导者，他应该是一位"恩威并济"的管理者。讲原则时丝毫不能放松，但是与人相处时，应该平易近人，温和如春；与人交谈时平心静气、循循善诱、以理服人、以情感人，从而达到与人为善，与广大师生交朋友的目的。

当然，仅有这些是不够的，校长还必须有一定的知识品位，对教育内行，才能让人佩服，让人钦敬。

学校是育人的地方，教师的思想问题或工作问题，不是一个行政命令就能解决好的，需要有一个转变和接受的过程。可是有些校长喜欢用急风暴雨式的管理模式、工作方式采用行政命令或经济处罚那一套，简单机械，完全不符合学校的实际。这些做法从表面上看似大刀阔斧，似乎也立竿见影，而实际结果则是弄得人人自危、草木皆兵，还容易引起教师的抵触情绪。

其实，校长一张和气的笑脸，可以为教师减轻不少压力，使学校教学环境变得更加和谐、宁静，师生们能散发出青春的活力，从而提高教与学的激情。

另一方面，学校还是教师、学生、家长交互影响下的各种矛盾的汇集处。如果校长没有与人为善的亲和力、很难做到处事不惊，那么，他不但很难从容不迫地解决各种矛盾，还可能会增添新的矛盾，甚至造成火上浇油的后果，使矛盾更难解决。

因此，校长要把亲和力表现在思想政治工作的艺术上，表现在与老师的交心沟通上。只有教师愿意听，并且愿意接受你中肯和善意的批评，才说明你采取的方式是对的，才能收到理想的效果。

这时不是你显示校长权威的时候，如果你一味地端着校长的架子，那么这次谈话的效果可想而知：既伤害了老师的自尊心，又损害了你的个人形象，最后是得不偿失。

在跟家长的谈话中，校长更应该保持应有的礼貌，因为好的修养是校长和家长沟通的基础。两者共同的目标是教育好学生，因此，校长平易近人的态度，更能赢得家长的尊敬，达到有效沟通的目的，进而促进对学生的综合管理。

因此，具有亲和力的校长才具有影响力，才能成为学校的一面旗帜，才能够领导全校师生在宽松和谐的环境中，创造学校光明的未来。

 经典案例

一位具有亲和力的校长应该是与教师和学生打成一片的，他应该是教师的知心朋友，是学生的贴心师长。成仿吾正是这样一位和蔼可亲的校长。

早年抱有"科学救国"思想的他，13岁东渡日本求学，后来因看到国民愚昧，便改志以求用文学艺术唤醒民众，从而走上了革命文艺的道路。后因其出众的才华，1937年被党中央任命为陕北公学的校长。

成仿吾非常关心学生的生活，每到学生的宿舍，总是摸摸床铺，问寒问暖，而到了食堂，总是尝尝饭菜，品评伙食的质量。

对此，学生们倍感温暖，一位女学生上课时递条子给他说："你就是我们的妈妈。"

1939年初，党中央决定由陕北公学和鲁迅艺术学院等四院校联合成立华北联合大学，任命成仿吾为联大的校长。

这正是抗战相持阶段。1940年之后，日寇对抗日根据地展开多次大扫荡。成仿吾率领广大师生数千人挺进敌后，先后于晋察冀根据地的阜平、正定、张家口等地，一面坚持抗日斗争，一面坚持办学。他和华北联大成为了"插在敌人心脏上的一把利刃"。

他亲自安排好专家教授的"坚壁"地点后，每隔几日，便骑马前往分散隐蔽的师生处去送银元，叮嘱要注意安全，不要扰民。他爱学生如子弟，和学生一起上早操，一起参加讨论，到了夜晚，总忘不了到学生宿舍去转转看看。

在转移保存实力的过程中，成仿吾与教师们一起商谈教学计划和教学科目的设置，欢迎教师们指出他的错误，遇到不懂的地方，他就虚心请教别人。

在对学生的管理上，他虽然一直坚持严格的纪律，但是他并不端着校长的架子，而是用亲切的话语，温馨的关怀，驱走学生离家的乡愁。

他具有亲和力的领导作风，不但让师生非常喜欢他，还非常信任他。因此，虽然当时的教学条件和学习环境十分艰苦，但是联大的师生在他的影响下，依然乐观豁达，无论走到哪里都能融入当地老百姓中去。

新中国成立后，他又历任中国人民大学副校长、东北师范大学校长和山东大学校长。无论他走到哪里，都会把他和蔼的笑容，亲切的话语带到那里。

他在为《工作研究》杂志所写的发刊词《了解情况，钻研工作》中说："我们学校各级领导的主要缺点之一在于对情况深入了解不够。如校部对各系与各教研室、各系对教研室与学生班级的情况往往是心中无数，或者了解不具体。遇到具体材料的时候，就只有逐级往下边要，临时抱佛脚。这种领导方法在作风上是官僚主义，而在思想上是唯心主义。"

在长期的工作中，成仿吾始终以身作则，经常深入各系、教研室、实验室、学生宿舍和食堂，以及附中、附小、幼儿园等单位，检查了解情况，掌握第一手材料。

在东北师大的时候，学生对成仿吾的评价是："成校长对我们生活上的关怀如同慈母，对我们学习上的要求又如严师。"

东北师大的领导在成仿吾的影响下，经常深入调查，要求严格，但是在管理中又能够做到放下架子，真正深入师生中去，成为他们中的一员。这种得当的工作方法使广大教职工的积极性被调动起来，服务质量不断地提高，为学校的发展发挥了重要的作用。

1958年8月，中央教育部发令调成仿吾到山东大学工作，这个突然传来的消息搅动了东北师大所有师生员工的心。人们不禁想起成校长高瞻远瞩、脚踏实地、大胆创造、不断开拓高等师范院校新局面的丰功伟绩；更想起了他平易近人、无微不至地关心师生员工的种种动人情景。因而在送别时，出现了全校人员与他依依惜别的动人场景。当他同很早就等候在站台上的师生一一握别时，人群中突然有人哭出了声音，引动许多人都流出了热泪。火车启动了，有些人还在扒着车门不肯离开。

当他频频挥手向欢送的人群致谢、告别时，人们还在那里望着他离别的身影，仿佛还有千言万语想向老校长倾诉。

对于管理学校来说，一位平易近人的领导者比起一位始终言辞俱厉的校长，更能令人尊敬、信服，也更有凝聚力。

校长温馨的笑容、贴心的话语，在师生的心中犹如冬日中的暖阳，能融化他们心头的积雪。当师生心中的积雪融化时，将自动开启他们的心门。

因此，校长们扔掉那些管理中锐利的锹镐，捧起阳光，更能走近师生和学校的其他员工，而由此得来的信任和凝聚力，更能使得政令畅通，管理更为有序、有效。

 **案例分析**

世界上没有任何人愿意与没有亲和力的人共事，因为这样的人即使才华

横溢，也缺乏合作能力，使得与他共事的人感到无比厌烦。

美国航天工业巨子休斯公司的副总裁艾登·科林斯曾对一个人做过这样的评价："我们就像小杂货店的店主，一年到头拼命干，才攒那么一点钱，而他几乎一夜之间就赶上了。"

他，到底是谁呢？

他就是史蒂夫·乔布斯，一位"种苹果"的人——苹果公司的创始人。他22岁时开始创业，白手起家建造属于自己的王国，仅仅用了4年的时间，他就拥有了2亿多美元的财富。

这样的资本对于任何一名创业者而言，都足以令他扬起更大的风帆去闯荡更为广阔的海洋。但是，就在史蒂夫春风得意之时，却迎来了他一生中致命的一击，让他自此沉默十几年。

是什么让这位商场上的少年英雄跌下了他的领导者职位呢？

原因就在于，他是一个脾气暴躁的、过分苛刻的、缺乏亲和力的领导者。过分严厉的态度，使他手下的员工就像避瘟疫一样躲着他，很多员工不敢和他同乘一部电梯，因为害怕还没出电梯就被他炒了鱿鱼。

就连他亲自聘请的高级主管——原百事可乐公司国内饮料部总经理斯卡利都公然说："苹果公司有乔布斯在，我就无法工作。"

对于乔布斯这种不受欢迎的局面，董事会不得不作出决议：解除乔布斯的行政职务，包括他的部门职务，让他今后只任董事长一职。

不知悔改的乔布斯因此负气离开了自己一手创建的苹果公司，以至从人们的视线中逐渐退隐。

单从个人的角度而论，人们不得不承认乔布斯是一个天才。可是，作为一个领导者，他却成了一个失败的光杆司令。

因为一个身处领导者位置的人，不但需要出众的才华、敏锐的目光，更需要能够与下属和谐相处的能力。如此一来，下属才能信任你，敢于对你讲真话，指出你决策中的错误，减少工作中不必要的损失。

在十年内战时期，一个人创办一所平民师范学校并能维持下去谈何容易，但是大教育家陶行知就做到了。在艰难中，他在南京创办了晓庄师范，并且维持到1931年被国民党查封。

晓庄的师生愿意跟着他一起度过那些艰苦岁月，与他具有亲和力的领导作风不无关系。他带领晓庄师范的全体师生共同建设校舍，一起深入农村，共同学习。

在"学农"的挑粪体育比赛之中，陶行知更是与学生赛在一起、乐在一起，完全没有任何的隔阂。这时，他不再是他们严厉的校长，而是与他们一起欢乐的大朋友。这样的气氛感染着所有的师生，使他们在苦难中寻找到了甘甜的果实。

"亲其师，信其道"，一位凶神恶煞般的校长，师生们惧怕还来不及呢，怎可能去亲近他？更别提信任他了。而一位脸上总是挂着和蔼的微笑的校长，在生活中以诚待人，对师生关怀备至，师生自然就能够心悦诚服地执行他的指令，而在他或是学校面临困难时，师生们也会尽其所能地帮助他，和他一起共渡难关。

校长不是一位独行侠，而是一所学校的带头人。如果他对学校其他人的意见视而不见，始终是一副傲视天下的样子，那么，他就很难听到下面的声音。

而一所学校的发展是依据学校的具体情况而定的，校长没有近人之心，怎么才能沉得下去，了解到真实的情况呢？不知道学校的具体情况，不和师生团结一致、同心同德，即使他能为学校制订出完美无缺的计划，那一切也是空谈。

成仿吾在陕北公学任校长时，学校是为抗日根据地培养干部，这些人将代表党成为最贴近老百姓的人。

如果成仿吾在从事校长工作中，始终板着脸教训教师，会使教师把这些压力转嫁到学生身上，而学生在这种高压的气氛中完成学业，将会成长为什么样的领导干部？在工作中又会用怎样的态度对待老百姓？那将会给当时还不是非常强大的共产党带来什么样的打击？

这一切问题都因为成仿吾在领导中注入了亲和力而迎刃而解了。而且他和蔼可亲的态度，使联大很多师生愿意与他亲近，与他共同解决转战中所出现的各种难题。

新中国成立后，他把工作中的这种亲和力，带到了他工作的每一个单位，而且要求他的下属也要学会与人亲近的本领，把自己的心沉入学校的基层，沉入师生之间，沉入百姓之中。他告诫师生们，只有这样才能获得真实的情况，在管理中，才能形成真正的凝聚力。

那么，作为一校之首的校长要怎样才能不断地提升自己的亲和力呢？

第一，校长应在保持自身应有原则的情况下讲亲和力。

亲和力虽然是校长在管理工作中必备的能力，可是丧失原则的亲和力，将不再是亲和力，而是对学校师生的纵容。这样容易失掉威信，将在管理中出现没有人听从指挥的现象，有令不行、有禁不止，将会使学校的发展失去约束力。

因此，该讲原则的地方，校长绝不能放松。

第二，校长作为学校的领导者即管理者，应该把原来裁判的角色转变为"拉拉队长"，要善于激励教师和学生。裁判开口讲话一定是有人违反了规则，而"拉拉队长"更多的时候则是激励别人。教师工作本身的压力就很大，时刻批评他们所犯的错误，将会使学校的管理很难达到融洽和谐。而教师很多时候的工作是很辛苦的，这时校长诚恳的鼓励，会让教师更容易获得成就感，使教学工作取得更高的质量。

第三，校长在跟教师和学生谈话时，要注重讲话效果，注意有效倾听。语言是人与人之间沟通的媒介，校长的口语表达能力与其他方面的修养和能力是相联系的。校长带着饱满的热情和平易近人的口吻讲话，能使与其谈话的师生没有心理压力，进而畅所欲言。而集中注意力，专心倾听对方的讲话，是对讲话人基本的尊重。而且用心倾听，才能积极思考，从而帮助教师和学生认真地解决遇到的难题。

亲和力是校长树立"以人为本"的管理理念所必备的能力，而具有亲和力的校长像一块磁石，能紧紧地吸引学校的全体师生，使整个学校形成一个较大的磁场，具备较强的向心力、凝聚力。

而全校师生在这种融洽的气氛里，知无不言、言无不尽，自然而然地就会成为学校管理的"晴雨表"，校长完全可以通过各种方式，高效而准确地了解学校管理中所出现的各种问题，进而改善这些问题，为学校打造一个更瑰丽灿烂的明天。

铸造高绩效领导力之甘于奉献

做校长就要甘于奉献

> 我的经营理论是要让每个人都能感觉到自己的贡献，这种贡献看得见，摸得着，还能数得清。
>
> ——〔美〕杰克·韦尔奇

一个大户人家的院子里长了一棵树苗。开始，一家十几口都以为这棵树苗是枣树，就都积极地给它施肥、浇水，想着将来会有枣子吃。后来有人说这是棵桃树，因为家里已有好几棵桃树，大家就不再精心照顾那棵树苗了。过了很久，家人意外地发现树上结了一颗李子。这时，这棵树才最终被确认是一棵李子树。

一个团队的领导者，特别是刚走上领导岗位的领导者，在被领导者可能不知道他究竟是棵什么"树"时，必须尽快付出努力，做出成绩，奉献出自己的"果实"，否则就不会很快被人认可，更不要提拥有高效领导力了。

要做有高效领导力的人，最重要的是去奉献，没有不奉献就能够做好领导的人。

日本的丰臣秀吉，本是贫农之子，后来却成了统一全国的武将。据说，丰臣秀吉的崛起，就与他甘于奉献的精神分不开。

当初，丰臣秀吉是织田的仆人，非常爱戴织田，寒冬时常常将草鞋藏在怀中温暖后再交给织田。后来丰臣秀吉当了马夫，他又非常疼爱马匹，除日常饲养外，还会自掏腰包买胡萝卜喂马。因为丰臣秀吉的收入本来就少，所以妻子看他这样就很生气："马吃的胡萝卜应由主人付钱，而你却自己掏钱买。你舍得给马买胡萝卜，怎么舍不得给我买衣服呢？"于是就抛弃他离家

39

出走了。可是，丰臣秀吉却凭借这种惊人的服务和奉献精神，最终确立了自己的领导地位，创下了统一日本的丰功伟绩。

任何岗位都离不开奉献精神，像孔繁森在高原地带苦苦地耕耘，李素丽在公交车上默默地挥洒汗水，奥运期间无数志愿者默默地服务……作为校长，我们应该将自己的毕生都献给教育事业。这样的领导者才是令人敬佩的。

不可否认，有小部分学校领导者艰苦奋斗的精神少了，向组织要名誉和待遇的想法多了；关心团队和学生的少了，为自己奋斗的想法多了；平常心少了，功利心多了。这样一心为己的领导者，在集体中的领导力值得我们商榷。

作为新时期的教育领导者，要能在任何时候都保持清醒的头脑，甄别、选择、判断正确的价值观和人生观，坚持独立人格，把教育作为一生的追求，有俯首甘为孺子牛的奉献精神。

真正理解奉献意义的领导者，他的力量是向上的，他的品质是谦逊的，他的斗志是忘我的。同时，他还具有淡泊的心境、刚毅的精神和壁立千仞、无欲则刚的节操。这都是有卓越领导力的领导者所应具备的精神与气质。

 经典案例

漫步在安徽省铜陵市第一中学的林间小道上，绿草如茵，杨柳依依，书声琅琅……不由让人从内心发出一声赞叹：铜陵一中，真美！

驻足于铜陵一中校园的文化长廊，"全国百佳校园""全国花园学校"和"绿色学校"等，一个个闪着金光的奖牌、一张张飘着墨香的奖状，又不由让人从内心发出一声赞叹：铜陵一中，真棒！

铜陵一中，创办于1938年春，原址在今重庆永川市，原名"国立第十六中学"。1946年秋，学校迁至铜陵县和悦洲，易名为"省立铜陵中学"。1958年更名为"铜陵市第一中学"。

70余年，铜陵一中四次搬迁，四易校名，走的是一条坎坷不平、艰难曲折的道路，同时，也是一条自强不息、不断发展的道路。而今，铜陵一中是全国体育卫生工作先进单位、全国现代教育技术实验学校、省文明单位、省爱国主义教育示范学校、省绿色学校，1997年被接纳为"联合国教科文组织俱乐部"成员，2001年被中科大授予"基础教育理科实验基地"。

其实，铜陵一中的跨越式发展，只是近十几年间的事情，是在许少明校长手中实现的。

1995年，许校长上任了。他在心里暗暗下定决心：作为一名共产党员，我一定不辜负组织的期望，要在最短的时间内让铜陵一中大变样！

为了优化校园育人环境，学校需要重新规划。为了合理布局，他常痴迷地游走于学校的各个角落，亲自动手，量量算算。在学校建设期间，没有钱，他就想尽一切办法筹措资金。为了争取建设资金，他不知向有关部门跑了多少回，而没有向学校报销一分钱路费。建设资金到位以后，为了少花钱多办事，他亲自和总务主任一道南下北上，买建材、购花草，争取用最便宜的价格采购建设用料。

有一回买材料，为了节省运费，他们搭了一家工厂的顺路车，等人家的货卸完再送他们回校卸货时，已是晚上10点钟了！但劳累一天的许校长还是空着肚子回家，是妻子为他煮了一碗鸡蛋面。在工作中，他从来没有为自己准备过一份工作餐。在他心里，能为学校省一点就省一点。

就这样，经过四年的时间，原先的垃圾场变成了柳树成荫的绿化带，原先的臭水塘变成了荷花盛开的清水池，原先坑坑洼洼的荒地变成了绿草萋萋的足球场……

人们常说"家和万事兴""天时不如地利，地利不如人和"，许校长深深懂得，教育管理要以人为本！为此，他努力营造优良的人文环境，想办法激发教师的工作热情。

教育离不开人才，如何才能留住人才呢？许校长觉得，只有留住了心才能真正留住人。

青年教师朱彩云，原是合肥六中从陕西引进的外语教师，他爱人原来在六安一中教英语，许校长希望他们能到铜陵一中任教。但是两个人对许校长的邀请犹豫不决。当时，他们也正因没有房子结婚着急呢！

许校长了解了这一情况后，就以解决住房为条件，把朱老师延揽到了铜陵一中。可是，学校哪有现成的房子呀？许校长就硬是说服妻子，毅然决定为他们让出自己家里的住房，并亲自出面为朱老师装修结婚新房。这对青年教师也因此双双来到铜陵一中任教。

不仅如此,1998年,在许校长的多方努力下,铜陵一中的教师安居工程楼建成了,为一大批教师解决了住房问题。很多教师都住进了宽敞的三居室,而许校长依然住着教师宿舍,因为他把学校最好的住房都让给了教职工。许校长到铜陵一中快14年了,他十几年如一日,兢兢业业、默默无闻地奉献着自己的智慧和心血,却从不向学校提个人的要求。

人心齐,泰山移。在许校长奉献精神的感召下,铜陵一中的教师们开始奋发了!同样的教师,同样的生源,连续几年高考,铜陵一中一跃成为全省高考成绩最好的学校。

有人说,教师是蜡烛,燃烧自己,照亮别人。是啊,许校长不正是一支烈烈燃烧的红烛吗?他把一切都奉献给了教育事业——这就是一名优秀的共产党员、一位优秀的校长、一支默默燃烧的"红烛"的教育情怀!

"奉"的本意是双手捧着的意思,并由此推出"奉献"一词的含义就该是"双手捧着把某种东西拿出来"。也许这种推测是不确切的,但它却道出了奉献者的精神实质。

"双手捧着把某种东西拿出来",究竟拿出什么来,虽然不同的奉献者各有不同,但有一点是相同的,那就是他们都是牺牲了自己的利益,成就了国家、人民或集体的利益。

许校长为了教育事业,牺牲了自己很多东西。从小处看,他用该有的休息时间、自己的住房等换来了学校的发展;从大处看,他把自己的一生都倾注在人民的教育事业上了。

奉献,就是做分外之事时依然甘于付出;奉献,就是"落红不是无情物,化作春泥更护花";奉献,就是"吃的是草,挤出的是奶"。许校长用行动很好地诠释了什么是奉献精神的真谛。

案例分析

按规章制度办事,该上班时上班,把属于自己的工作做好——本着这样的心态做事,也许无可厚非。但是,一个人把该做的工作做好,那只能算是尽了本分，如果能继续做一些本分工作之外的事，那就是奉献了。

任何岗位都离不开奉献精神，因为任何规章制度都不可能把工作分配得那么全面、细致，更多的时候需要工作的执行者自动自发地做一些分外事。这样才能真正把工作做好。

西奥多·韦尔原先是美国一位普通的铁路邮递员。起初，西奥多·韦尔和其他邮递员一样工作，他们每天用同一种方法分发信件。可是这种陈旧的方法使很多信件不能按时送达，往往会耽误很多天，甚至几个星期，而且耽误的信件里不乏有一些重要、紧急的信件，这使得很多收信人都受到影响。

为了改变这种情况，西奥多·韦尔就在每天下班之后，把第二天要送达的信，按寄往地点归类。有时，上千封邮件的归类要花去他一晚上的时间，可是，他还是每天坚持这种归类。第二天，他只要按地点进行投送，几乎就不会再出现什么差错了。

一年下来，尽管每晚的加班没有得到邮局一分钱的加班费，但在他服务的区域内，没有人因邮件的投递差错而投诉他，很多人因为能准时、快捷地收到邮件还对他大加赞赏。

因为工作出色，不久他便当上了邮局的总经理。

西奥多·韦尔奉献了自己晚上的一些休息时间，结果获得了工作上的全面成功。

和西奥多·韦尔一样，许少明校长给铜陵一中带来的发展，与他的奉献精神是分不开的。在成功的背后，隐藏着许多许校长在校长职责之外为学校做的事。这些事对学校的发展而言是举足轻重的；对每个人来说，件件都是常人难以割舍、难以做到的。谁不想吃上可口的饭菜？谁不想得到很好的休息？谁不想有所自己的房子？

许校长正是用自己默默的付出为学校换来了优美整洁的环境，换来了急需的人才，换来了铜陵一中的高速发展，换来了莘莘学子光明的前途。

许校长给铜陵一中带来的变化，很明确地告诉我们，只有具有奉献精神的校长，才是具有高绩效领导力的校长。

一个校长，如果能以校为家、爱岗敬业、乐于奉献，就能让他的教职工快乐地工作、幸福地生活；如果有了奉献的精神，就可以让他的老师们坦然面对工作和生活中的诸多不公平，让自己过得更充实更快乐。

　　教育不是简单的操作性行为，而是基于信念的事业；教育本身是一种大爱的事业，需要无私地付出，校长的工作很难从物质层面上去体现其价值的全部，也无法用金钱来衡量付出的多少。教育是基于良心的事业，校长更应该拒绝纯功利的诱惑，拿出奉献成就教育。

　　校长不仅仅是领导者，更是一个服务者。只有乐于奉献、勤于付出，一步一个脚印地对待工作，他才能领导好教师这个群体，才能管理好学校。所以，当校长在工作中发现有些事情并不是他分内的但把这个问题解决掉会更有利于工作进展时，他就应该毫不犹豫地去完成它。校长如此积极主动，甘于奉献，就不怕师生不师从效法了。

铸造高绩效领导力之以德治校

以修德为先

> 除了心存感激还不够，还必须双手合十，以拜佛般的虔诚之心来领导员工。
>
> ——〔日〕松下幸之助

管理界有这样一句名言："知识不如能力，能力不如素质，素质不如觉悟。"管理学注重领导者觉悟的不断提高，这里的"觉悟"就是一个人的"德"，领导者的最高境界就是以德服人，以德管人。在管理学看来，达到这种境界要修炼的主要内容有两大要素，一是心灵的净化；二是智慧的提升。换言之，就是一个人在"道"与"德"上进行修炼。

不难理解，管理其实就是管人，而管人的关键在于对其心灵的教化，如果人人都知"道"，就自然有"德"，而有了"德"，团队就有了凝聚力，就有了创新的原动力，团队自然就能够发展壮大。

审视中国传统的管理文化，我们不难看出"以人为本、以德为先、以和为贵、中庸之道、无为而治"是其关键点，其特点是重在心理的修为。

每个领导者衡量事物的尺寸都不一样，而决定这一切的，就是人的德。不同的德行决定了人不同的价值取向。

有这样一个寓言：

有位花匠，他家院子里的一株葡萄藤结了不少葡萄。

花匠摘了一些送给了一个商人。商人一边吃一边说："好吃！好吃！多少钱一斤？"

花匠说不要钱，但商人不愿意，坚持把钱付给了他。

花匠又把葡萄送给了一个官员，官员接过葡萄后问："你有什么事要我帮忙吗？"尴尬的花匠再三表示没有什么事，只是想让他尝尝而已。

花匠又把葡萄送给了一位少妇，她有点意外，而她的丈夫则在一旁一脸的警惕。看样子，他极不欢迎花匠的到来。花匠心里觉得很不好受。

花匠又把葡萄送给了一位过路的老人，老人吃了一颗后，摸了摸白胡子，说了声"不错"，就头也不回地走了。

老人的回答让花匠最满意，花匠因此很开心。

可见，污浊的心灵，给人带来的往往是痛苦；淳厚的心灵给人带来的则是快乐。

一个领导者，领导的往往是一群人，领导者修养的高低往往决定了一个组织、甚至是整个社会的福祸。同样的道理，一位优秀的校长，要管理好学校，首先要学会美化自己的心灵。

校长管理好学校，首先要了解作为教育者和领导者应该具有的性格、思想、价值观与行为方式，当教职工认为你是一位德才兼备的校长时，那么这位校长的管理就成功了一半。一个不知道"修德为先，施德于众"的校长，很难具有领导力。

校长的德能让全体教师的心灵得到升华，促使教职工培养好学的生活态度，树立正确的人生观、价值观，提升内在的素养；能让学校全体职工形成和谐的团体意识，掌握"仁义礼智信"等为人处世之道……当校长的管理达到了这种境界时，管理成功就不言而喻了。

一位先生一次去一家餐厅的洗手间，一进洗手间便看见一盆盛开的鲜花摆在一张老旧但却非常雅致的木头桌子上。洗手间里收拾得非常整齐，可以说是一尘不染。使用过之后，他也主动把洗手台擦拭得干干净净。

临走时，这位先生对餐厅老板说，那些鲜花可真漂亮。

"谢谢，"老板得意地说，"您知道吗，我在那里摆鲜花已经有十多年了。您绝对想不到那小小的一盆花替我省了多少清洁工作。"

校长良好的德行，就是那盆盛开的鲜花，他会让教师永葆一颗纯净之心。它能最大限度地开发个体生命和心灵的潜能，让自身的精神与管理一体化，与真善美相契合，展现出超强的领导力。

经典案例

对于湖北黄冈中学，很多人再熟悉不过了，其先进的教学水平，成了国内众多中学学习的榜样。

陈鼎常自担任湖北黄冈中学校长以来，在狠抓教学工作的同时，更注重师德建设，以自身为榜样，积极倡导并实施全员德育工程。有人说，让黄冈中学名扬全国的是两台"发动机"，一台是所有学校都重视的"师能"建设发动机，一台就是黄冈中学与众不同的"师德"建设发动机。

古人云："声和则响清，形正则影直。"身为校长的陈鼎常深深懂得这一点，所以他更注重自身的师德修养。

不管工作如何繁忙，每周他都一定要安排充足的时间进行政治理论学习，坚持以科学的理论武装头脑、指导工作。结合实际，陈校长写下了大量的学习心得。体会中，他时时警醒自己，要把握正确的世界观、人生观和价值观，坚持正确的物质利益原则，实现国家利益、集体利益和个人利益的有机统一。

每天清晨，天上还有点点晨星时，他便来到校园；每天晚上，在学生安睡后他才离开学校。食堂内与师生一同排队就餐时有他的身影，师生宿舍内嘘寒问暖时有他的声音……陈校长凡事从实际出发，在全心全意为师生服务中，增强了师德建设的感召力与影响力，从而让师德建设虚实结合，落到了实处。

在师德师风建设中，陈校长牢记自己作为党员的先锋模范作用。

担任学校支部副书记的他，带头上党课，大力倡导共产党员和各级领导干部带头实践社会主义、共产主义道德，引导教师在遵守基本道德规范的基础上，不断追求更高层次的道德目标。

学校的师德师风建设工作是一项全方位的系统工程，千头万绪、纷繁复杂。因此，以陈校长为首的领导班子统一思想，以"以德治校""以德育人"为立校之本、兴校之策，响亮地提出了"以人的发展为中心，教会学生文明做人"的口号。

在黄冈中学，陈校长对教师德行的修炼有特殊的要求，具体是：

1. "敬业，乐业"

在黄冈中学，爱岗敬业，献身教育是师德的基本要求。学校要求每位老师热爱教育事业，忠诚教育事业，具有崇高的事业心和责任感。

2. "热爱学生，尊重学生"

学校要求教师应该投入全身心的力量去爱学生、爱教育。教师要像父母一样，有一颗爱心，关心每一个学生，相信每一个学生。教师还应尊重学生的个性差异，发展学生的个性，"人人是创造之人"，相信学生能够成功，鼓励每一个学生上进，赏识每个学生的才华，让每个学生主动参与教育、教学活动，促进学生全面、主动和健全的发展。

3. "为人师表，率先垂范"

在黄冈中学，要求学生做到的，教师首先做到。学校要求转化教育观念，更新知识结构，善用教学策略，具有应变能力和创新精神。陈校长认为，校长、教师只有不断地"发展自己"，才能"发展别人"，只有自己不断发展，才能"燃烧"得更亮，才能更好地"照亮"别人。

4. "团结协作，关心集体"

陈校长要求所有参与教育过程的人员必须同心协力，精诚合作。他用"竞争基础上的合作，合作基础上的竞争"来推动学校发展。

他要求教师加强自我道德修养，使自己各方面的素质得到高度发展，具有一定的教育威信，成为学生学习的榜样。陈校长把对师生的政治思想品德教育放在首位，让德育工作由软变硬、由虚变实，做到管理层次明确，岗位责任具体，计划制度健全，协调联系有效，信息反馈畅通。

"育人注入真情，崇尚至上师风"是陈校长师德管理的重点。学校大力提倡情感教育，重塑教师形象，要求教师用真爱、真情、真诚去对待每一个学生，去唤起每一个学生的自尊、自爱、自信。实践证明，这种情感教育在黄冈中学已经开花结果。

"言传身教，以身示范"是陈鼎常校长的座右铭，他时时刻刻都在把握这一点。"学校无小事，处处有教育，喊破嗓子，不如做出样子。"他语重心长地提出这样的师德要求，并再三强调，每一位教师除了外面形象美，更要拥有良好的师德。同时，他也用自己高尚的人格、优美的语言、规范的行为和真挚的情感去影响、启迪、塑造、感染身边的每一位同事，让身边的学生沐浴在师德无限魅力的阳光雨露中，健康、快乐地成长。

孔子曰："其身正，不令而行，其身不正，虽令不从。"陈校长能以自身的人格魅力，去教育、影响师生，把言传和身教完美地结合起来，以身作则，率先垂范。

一个好校长，就是一所好学校；一所好学校，才能培养优秀人才。只有具备完善、高尚的道德素养的教育领导者，才能管理和培养出人格完善、全面发展的师资队伍和适应社会需求的新一代。

因此，教育领导者要把坚持高尚的道德行为作为从事本职管理工作的最高追求。这既是时代的要求，又是历史赋予我们的光荣使命。

案例分析

《菜根谭》中有句至理名言："德为事业之基。"一个想成就事业的人，若心中不存仁德就无法发展事业。换言之，作为领导者，必须以"德"为事业发展的基础，才能获得成功。

因为"德"表现着一个人的品性，有仁德的领导者具有一种"无言的说服力"，他无须以严令申诫，便可收到莫大的管理功效。

刘备年轻时，历经磨难，时常陷于艰难困苦的境地中不能自拔。在当时群雄割据、战乱纷争的情况下，他曾先后去投靠吕布、曹操、袁绍和刘表等人，但由于自身能力问题，在这些人手下都没有得到重用。那时，刘备在事业上几乎一无所成。

可能是在痛定思痛之后，刘备开始用"德"来招揽人才。

当"徐庶走马荐诸葛"后，刘备就三顾茅庐，礼贤下士邀请诸葛亮。当时，刘备已47岁了，而诸葛亮却只有27岁，虽小有名气，但在世人眼里，也不过是个白面书生而已。而刘备确实是位具有仁德之心的人，居然三顾茅庐请诸葛亮出山。

后来，诸葛亮在《出师表》中这样写道："先帝不以臣卑鄙，猥自枉屈，三顾臣于草庐之中，谘臣以当世之事，由是感激，遂许先帝以驱驰。"可见，是刘备的"德"感动了诸葛亮，才使得诸葛亮来辅佐他，并为他奠定了蜀国的基业。

这里，刘备只是把"德"用在人才管理上的一个方面。在《三国演义》中，刘备之所以被民众推崇，人们看重的不是他的能耐有多大，而是其"宅心仁厚"之德。刘备一生，正因以德服人，才能卓立于乱世之中。后来他叮嘱刘禅的"惟贤与德"，正是刘备对成功经验的总结。

《孟子》说："以力服人者，非心服也"，"以德服人者，心中悦而诚服也"。古代很多贤明的帝王都是用"德"来管理国家。毫无疑问，校长对于学校的管理也应该如此。

校长的职业特点是影响个体、影响集体、影响社会，担负着重大的社会责任，与能否成功实施科教兴国和人才强国之战略息息相关。因而，校长对于自身的道德要求来不得半点敷衍和失误，否则就会影响整个教师群体，贻误学生的一生。

陈校长深知这个道理，时时、处处、事事进行自我反省和自我检查，不断加强思想道德学习，坚持自我道德修养。在自我修养的过程中，他完成了自我吸取、自我评判、自我教育、自我改造和自我定型。这是健康人格的组成部分，更是高绩效领导力的标志。

陈校长在具体的日常工作实践中养成了良好的德性，才使得黄冈中学久盛不衰。这是校长以修德为先而体现领导力的最好证明。

我们知道，才能和道德都是相当重要的，但是德要比才要求更高。有德无才的人可用他的美德来弥补才能上的不足，而道德上的缺憾往往是才能不能弥补的。一个校长，如果具备仁德，即可深得教师的拥护，得"民"心者才能成就教育事业，这个道理是显而易见的。

陶行知说："校长是一所学校的灵魂，一所学校的好坏和校长最有关系。"而校长能否担当好这一角色和发挥领导作用，却与校长的德性密切相关。校长的道德修养是校长履行领导职责的基础和前提。校长如不在道德方面表现出他的领袖资格，那一定不是一个称职的校长。校长良好的道德修养不一定能够解决学校管理中的所有问题，但可以肯定，校长的道德修养乃是校长威信的力量之源，是校长实施卓越领导的有力法宝。

宋代政治家司马光说过："才者，德之资也；德者，才之帅也。"才是德的工具，德是才的统帅，才是受德支配的。他认为才和德的关系，犹如人的指和掌的关系，才是围绕着德转的。德行之所以能够具有无敌的力量，是因为它顺应了人的本性。

孟子说："人皆可以为尧舜。"他认为人人具有善良的本性，顺着这种本性来管理人，几乎没有不成功的。陈鼎常校长正是认识到了这一点，所以他以修德为先，以"德"治校，在学校管理史上增添了一个神话。

铸造高绩效领导力之恪守廉洁

做廉洁奉公的领导者

> 要领导好别人，首先要领导好自己。
>
> ——〔美〕史蒂芬·柯维

　　不论哪个行业、哪个部门的掌权人，都要保持一份廉洁。行政官员、政治家要讲廉洁，社会活动家、企业家也要以廉洁自守，各行各业的领导者都概莫能外。没有廉洁，便没有令行禁止、雷厉风行的工作效果。下属不是仅仅听你怎么说，更主要的是看你怎么做。

　　或许有人会说，学校是个"清水衙门"，廉洁与否无需去关注，其实不然。廉洁的问题，从某种意义上讲，不是贪多少的问题，而是贪与不贪的问题。学校是育人的场所，其功能也在于改变社会风气，努力营造崇廉、敬廉、爱廉的社会氛围。所以，廉洁是教师职业的本职要求，也是教师形象的感人魅力之所在。

　　现代教育家陶行知先生"捧着一颗心来，不带半根草去"，把毕生精力都献给了劳苦大众的教育事业，用生命诠释了什么叫"廉洁奉公，勤政为民"。他的上衣总是缝着两只大口袋，一只装公款，一只装私款。公款的口袋鼓鼓囊囊，私款的口袋却空空如也。他常常是工作一天，饥肠辘辘，体力不支，还要步行数十里回学校，从不会动用一分公款。他生活朴素、节俭，为了育才学校，他时常是奔波一天，只吃两碗阳春面或者菜梗粥。他受过洋教育、见过奢华的生活，却一生扎根于中国贫瘠的土地上。从1917年学成回国到1946年谢世，短短的30年中，他创立了适合中国国情的"生活教育"理论，并进行了大量的教育实践，被誉为"大众教育""平民教育"之父和"伟大的人民教育家"。此外，他还受到各界名流的盛赞，如宋庆龄誉其为"万世师表"；郭沫若则赞曰"两千年前的孔仲尼，两千年后的陶行知"。

一位教育大家的廉洁能给后人留下光辉的榜样，世世代代为人所敬仰。当代的校长应努力向陶行知先生看齐，因为对于校长来说，自己一个人廉洁能促使整个教师团队的廉洁，并能激发整个学校教职工的工作热情。廉洁的校长不仅对教师具有强大的领导力，还会影响全体学生，甚至影响整个社会风气。

让廉政文化进校园是建立廉洁社会的根本。因此，在这个看似清水衙门的地方，廉政建设绝不能流于形式，而应该落到实处，以校长为龙头，净化全体教师的思想。校长只有甘于清贫，洁身自好，才能摆正领导的位置，才能真正做到"廉洁奉公，勤政为民"。

 经典案例

随着教育的作用日益凸显，一方面，国家加大了对基础教育的资金投入。另一方面，非义务教育的收费也使某些学校常常拥有大量的资金。特别是一些具有较高教学质量的高级中学。而对这些资金的管理，常常都落在校长一个人手中。作为一位好校长，他不仅要管理好学校的教学工作，还要管理好手中的资金。廖陈泽校长就是这样的典范。

廖陈泽是浙江佛冈一中的校长。他常常勉励自己：清清白白做人，堂堂正正做事。同事对他的评价是："情倾教育，廉洁自守。"

1973年，廖陈泽毕业于华南师范大学，参加工作后因教学成绩显著，他完成了从普通教师到教导处主任再到校长的三连跳。从教30多年来，他先后13次被评为地级市以上先进个人，近日又被评选为清远市"爱国、守法、诚信、廉洁"的优秀干部。

如今，作为知名学校的校长，廖校长正确行使人民赋予的权力，依法办事，清正廉洁，自觉接受学生家长和同事的批评和监督，做到自重、自省、自警、自励。在10多年的领导岗位上，他以"苟非吾之所有，虽一毫而莫取"自勉，廉洁自律，始终如一。

有一年，佛冈一中投入近千万元的资金扩建校舍、建多功能室和装修全部旧教学楼。当时，很多建筑商找到廖校长，对廖校长施以糖衣炮弹，希望能承接学校的建筑工程。他们有请吃的，有送礼的，还有的直接送现金，但廖校长都不为所动，——严词拒绝。廖校长把这些建设项目均是以向社会公开招投标的形式向外承包的。

学校教育质量好，生源充足，有的家长千方百计要把孩子送入佛冈一中上学。作为佛冈一中的校长，廖校长坚持依法治教、依法治校、依法依规收费，从不乱收费。他让学校领导班子实行分工责任制，哪个环节出现了问题，就追究哪个责任人的责任。

在校内，廖校长建立起固定的"校务公开"民主监督制度，并在"校务公开"栏内将近期内发生的重大事项及时公开。通过校务公开活动，可以从源头上堵塞腐败漏洞。他公开学校的账目，请教代会监督，定期向教师公布，接受检查；他公开学校的基本建设投资情况，对教职工关注的热点问题全都放在心上。此外，廖校长还亲手制订了《学校管理制度汇编》，把学校管理制度化、规范化。为使这些制度落到实处，他带头坚决服从和执行廉政纪律等制度。例如，学校购置物品，他从不擅自插手，从而使得学校财务管理制度非常严明。

廖校长经常说，学校是教书育人的地方，校长的言谈举止是一种非常大的教育力量，校长应该用自身的努力去影响师生，发挥自身应有的优势教育师生；要求教师学生做到的，自己要先做到。

廖校长通过言传身教，在学校形成了一种以艰苦奋斗为荣的氛围。一中的教师们都说，生活上，廖校长不追求高标准，绝不搞特殊，一心为职工着想。担任佛冈一中校长以后，在上级部门的支持下，廖校长为教师解决住房54套，而他自己仍住在10多年前分配的楼房里，不少人提出要他搬到新楼房住，均被他婉言谢绝。他说，为给学校留住人才，新房子要优先安排给普通教师。

作为学校的一把手，他在经济开支方面精打细算，努力用好每一分钱，力求用较少的钱为学校办较多的事。一般来说，作为佛冈一中这样知名学校的校长，平时出入应该有小车代步，但是廖校长从学校的实际情况出发，没有买小车，而买了一部价格合适又能坐很多人的面包车公用。

廖校长在生活上、工作上关心教师和学生，是他多年来养成的习惯。有空时，他都要找老师谈心，了解他们在想什么，需要什么，有什么具体困难。对于教师伴侣的工作调动，他都尽可能地协助，解决教师的后顾之忧，让教师安教、乐教。某位教师生病了，他也亲自去探望慰问。而作为一名教师，他更讲究教学艺术和教育学生的艺术，注重学生世界观、人生观和价值观的改造与提高。他总是说，热爱教师、热爱学生比什么都要重要，作为校长就是要为人民服务、为学生服务。

廖校长肩负着学校的全面工作，很多时候都是超负荷工作。但他每学期仍坚持听课30节以上，深入了解学校在德育、教学、后勤等方面的情况，既能做出宏观调控又能做出微观指导。他身体力行，从不搞特殊，在值日教师和值日行政轮值中，他从不缺席。因此，在学校里，每个教师和学生都很尊敬这位校长。不是因为他是校长，而是因为他高尚的品德赢得了师生的爱戴。

不仅如此，廖校长还给佛冈一中带来了崭新的局面。省级优秀教师、教坛新星等在学校不断诞生；调皮学生进北大、坏学生进清华的传奇不断上演；教师们高昂的工作热情、学生居高不下的升学率的现状让社会瞩目。而今，佛冈一中在廖校长的带领下，继续演绎着不同凡响的教育传奇。

胡锦涛总书记这样要求教师："希望广大教师淡泊名利，心存高远。树立高尚的道德情操和精神追求。"作为人民教师的领路人——校长，更需要在清贫的日子里，默默守望精神的天空，努力构建高尚又独具魅力的人格，在物欲横流的生存状态下，静静呵护心灵的净土，努力恪守廉洁而甘于奉献的师德情操。

有这样的校长，学生幸甚，教师幸甚，人民幸甚，国家幸甚。

案例分析

"上梁不正下梁歪""楚王好细腰，宫中多饿死"等流传至今的俗语，都在演绎着这样一个哲理：正人先正己。作为一个学校的领导，如果不以廉洁来自律，在教师队伍中就会滋生很多不良现象。有偿家教会在学校蔓延，教师接受家长财礼会蔚然成风，教育就会变成金钱教育。

造成这种现象的原因，的确与一些老师自制力不强有关，而更多的则是校长缺乏领导力的结果。群众的眼里揉不进沙子，校长的言行教师们看得清清楚楚。如果校长不能做到廉洁，那么教师们就会少几分自爱。

廉洁是为人师者的优良传统和作风，是教师必须具备的优良品格，也是教师强化自身建设的重要方面。作为一校之长，要从自己做起，坚持清正廉洁，一身正气，经得起金钱的考验。这样，才能在教师中有凝聚力和感召力，才能树立起领导者的崇高威望。

校长要树立先锋形象，沿着正确的方向走好领导之路，仅靠法纪的约束是不够的，必须靠自觉、自律，校长要增强廉洁自律能力，必须在工作和生活中坚持"五慎"原则：

1. 慎权

校长绝不能滥用手中的公共权力。校长是学校权力的核心，手中握着一定的权。这些权力是把"双刃剑"，用权为公可以赢得广大教职员工的赞誉，用权为私必然导致身败名裂，损坏自己为人师表的光辉形象。对于领导者来说，权力越大，腐败的危险就越大，防腐败的警惕性就要越高。从一些反面例子中我们可以清楚地看到，所有领导者的堕落，乃至犯罪活动都离不开一个"权"字。

2. 慎欲

人都有七情六欲，本无可厚非。校长是教师，也是人。我们不能单对校长施行禁欲主义。问题在于校长绝不能谋取规定之外的特殊利益，不能放纵欲望。要管住自己的嘴，不该吃的不吃；管住自己的手，不该拿的不拿；管住自己的脚，不该去的地方不去。做政治上的明白人，经济上的清白人，作风上的正派人。要胸怀法度，善守其本，不为享受所累，更不为名利所惑。

3. 慎微

古人云："勿以恶小而为之，勿以善小而不为。"校长的廉洁要从细小之处做起，从一点一滴抓起，防微杜渐，警钟长鸣。一个人在廉洁上出问题，往往开始于思想道德和生活上的腐化堕落，因此不要认为吃吃喝喝，收受礼品是小事一桩，是生活小节问题，只要别在大是大非上出纰漏就行；还有人认为，打一点"擦边球"无所谓。这些想法是非常危险的。

校长的一言一行都会给教育事业带来积极或消极的影响。生活无小事，人生无小事。骄纵起于奢侈，危亡起于细微。事物总是从量变到质变的，即使是所谓的突变，也蕴涵着大量的数量积累。所以，校长必须注意从点滴小事开始，对自己高标准、严要求。

4. 慎独

就是说一个人在单独处事的时候要非常谨慎，能够做到自我约束和规范行为，审慎地对待欲望和诱惑。校长要有自觉接受组织和群众监督的意识，要自我约束，襟怀坦荡，表里如一。

5. 慎友

交友不慎往往会铸成大错。明代苏浚在《鸡鸣偶记》中曾把朋友分为四类：畏友、密友、昵友、贼友。"道义相砥，过失相规，畏友也；缓急可共，死生可托，密友也；甘言如饴，游戏征逐，昵友也；利则相攘，患则相倾，贼友也。"人在一生中诸类朋友或多或少都会有几个，真诚的友情贵在坦诚相见、共勉共励。需要警惕的是以利相交的"贼友"。贼友貌似肝胆相照、休戚与共，实际上是拖人下水，谋利自肥。

对校长而言，交友要有原则，要慎重，不能良莠不分。始终坚持对朋友亲而不俗，真正做到"交不为利，仕不谋禄"。做到君子之交淡如水，追求事业上的相互支持，感情上的和谐融洽和心灵上的息息相通，不能把朋友异化为酒肉关系、金钱关系和交换关系。

很显然，学校是一块净土，校长只有自己做到了廉洁奉公，才能使得这块净土得到很好的保护。一个具有高效领导力的校长，必然会具备廉洁奉公的高尚品质。

实践证明，只要有一位廉洁奉公的校长，教师们就都会爱岗敬业，甘于奉献，其校风也是淳厚悠远的，教出的学生也最懂得礼义廉耻。校长的个人品德，不仅能强化其领导力，更能影响整个社会风尚。校长要以廉洁之身，带起一大批廉洁的教师，并用廉洁来教育学生，向社会播撒廉洁的种子。

一位廉洁奉公的校长，能得到老师的尊重，更能得到社会敬仰。每一位校长都应当以廉洁奉公为座右铭，不辜负广大老师和人民的厚望，把廉洁的种子撒得更远，让廉洁的花朵开在社会的每一个角落。

第二篇

名校长高绩效领导力之领导能力

　　领导能力就是个人具备的与其领导职务相适应的、能够肩负起领导责任的主观条件，是领导者综合素质的外在表现。有领导能力的人能够为企业的发展确定正确的方向，并充分调动和发挥大多数人的积极性，朝着预定的目标坚定不移地前进。

　　一位有领导能力的校长就是能在现实纷繁复杂的社会中找准学校发展的方向，带领教职员工朝着学校发展的目标稳步前进的优秀校长。

　　本篇从统揽全局的能力、决策能力、执行力、洞察力、沟通能力等角度出发来提高校长的领导能力，希望能对各位校长起到切实有效的指导作用。

铸造高绩效领导力之高屋建瓴

统揽全局的能力

> 懂得了全局性的东西，就更会使用局部性的东西，因为局部性是隶属于全局性的。
>
> ——毛泽东

"统揽全局，精心部署，狠抓落实，团结一致，艰苦奋斗，开拓前进。"这样的工作方针我们应该时常能够听到和看到，可以说这既是一个政治动员，也是一个战略部署。

唯物辩证法认为，整体和部分是互相联系的，整体由部分构成，局部隶属于全局。因此，懂得全局性的东西，弄清局部在整体中所处的地位和作用，就更会使用局部性的东西，从而充分发挥局部的作用。

教育工作也是如此。我们的教育事业，波澜壮阔；教育所面临的矛盾和困难，错综复杂；我们需要动员和组织的力量，五湖四海，浩浩荡荡。

若要动员、组织、协调好每一股力量，让其为教育事业作出有益的贡献，就必须要统揽全局，着眼于大的形势，以合理地组织和分配更细致的任务。

所谓统揽全局就是将战略问题策略化、具体化之前通盘考虑、各方兼顾的行为。统揽全局能力是校长善于运用战略思维，善于全面掌握局势、指导工作的能力。站在全局的高度上负总责、抓关键，是统揽全局的基本内容。

统揽全局的能力是校长履行好自己职责的必然要求。其能力要素主要包括：

第一，思想驾驭能力，即根据形势和任务的要求，及时提出工作思路，贯彻工作意图的能力；

第二，政策驾驭能力，即运用政策，贯彻落实政策的能力；

第三，矛盾驾驭能力，即面对复杂矛盾，有效解决矛盾的能力；

第四，组织驾驭能力，即运用组织建设、组织设计、组织管理等手段，达到人力资源的最佳配置，实现组织目标的能力。

校长是学校的领头雁，一所学校能否取得长足的发展，关键在于校长是否能够以战略的眼光，从全局的高度出发，指明方向，带好头。

校长要统揽全局，首先要有全局性思维。

所谓全局性思维就是战略思维。具体说，就是从实际出发，正确处理全局与局部、未来与现实的关系，并抓住主要矛盾制订相应规划，为实现全局性、长远性目标而进行的思维。

全局性思维能力，蕴涵着从全局的、长远的、战略的高度来分析问题和解决问题的能力；是善于从大处着眼、小处着手，以远看近、未雨绸缪，高瞻远瞩、运筹帷幄的能力；是善于抓主要矛盾，驾驭复杂局面、解决复杂矛盾的能力。

其次，校长要认识全局，具有全局观念和全局意识。

校长是学校教育的领导者，国家教育方针的具体实施者。因此，不仅要认识本地区本单位的全局，也要认识全国教育形势的全局，更要认识世界教育形势的全局。

全局不是全部，而是一种格局，是矛盾运动的走向和发展趋势。校长要认识全局，就要进行深入的调查研究，而不是坐井观天，以偏概全，以主观代替客观；要站在整体教育发展的高度和全体师生的立场上，不能以局部的利益代替全局的利益；要把握矛盾运动的走向和发展趋势，见微而知著，不可形而上学，为眼前利益牺牲长远利益。

最后，校长要统揽全局，还必须取得思想上的统一和行动上的一致。校长应高度重视理论的指导作用，把理论旗帜当做统揽全局、贯穿各项工作的灵魂，以全局性思维来思考一切规划和部署。

经典案例

杨玉菊，13年前，作为山东淄博市博山区刚组建的实验小学校长，以大胆改革教学模式为契机，积极调动了学生强烈的求知欲和学习热情。

此后，杨玉菊从小学校长先后走上博山区教委副主任、博山区实验中学校长的岗位。在博山区实验中学担任校长时，其统揽全局的意识、为大局着想的担负精神和驾驭全局的能力，不但使她获得了可喜的个人成就，更使博山区实验中学获得了长足的发展。

1. 接受挑战，勇挑重担，用全局意识战胜个人困难

博山区实验中学，是新组建的一所区属高级中学。杨玉菊挑起这副重担时，思想斗争十分激烈：自己已45岁了，上有老，下有小。

单位担子很重，再说新建的实验中学面临的困难也太多了。但是，杨玉菊认为，既然是组织选择了自己，就说明自己有这个能力，既然党信任自己，那就不应该辜负党的期望。

这种从大局着想的思考再加上一股天生不服输的精神，越是困难的挑战，对她越有吸引力。于是，这个沉甸甸的担子，她毅然地接了过来。

杨玉菊深情地说："我从事教育工作近30年，作为一个人，不应该光为自己活着；作为一名共产党员，不能碌碌无为、贪图安逸；作为一名校长，办好学校是我的职责。我要为振兴博山的教育事业干出点事情来！"

2. 身先士卒，带动全体，以驾驭全局的能力凝聚群力

刚刚进驻实验中学时，校园内一派荒凉破败，校舍狭小阴暗，操场上野草有一人多高，餐厅、锅炉、配电室、自来水管道年久失修，校内没有任何的教学设备。

杨玉菊带着学校筹建小组的同志们没日没夜地忙了起来，筹资金、要设施、抓招生、请教师。教师们被她的热忱和执著所感动，有的新婚不久，有的怀有身孕，仍坚持参加整修教室、粉刷墙壁、拔除杂草等各种体力劳动。

短短的一个月，他们就如期完成了2 000多名学生的学习、食宿等准备工作，开始了学校教育教学工作的正常运转。

3. 不畏困难，大步前进，审视全局制订规划

组建博山实验中学是区里调整高中布局、优化教育资源配置的一项重要决策，学校的每一步行动都备受众人关注。当时，学校面临三种选择：

一是在现有基础上稳住人心，修修补补，质量稍有提高；

二是利用现有的收费，还利息，增待遇，提高教学质量；

三是不等不靠，坚持两条腿走路，实现跨越式发展。

怎样实现跨越式发展？杨玉菊提出要"以百米冲刺，实现万米跨越"的精神，打破常规，快速提高教学质量、教学管理水平，走自我发展之路。

学校领导班子经过反复论证，确立了5年内成为"省内领先，全市一流"的办学目标。

经过3年多拼搏，博山实验中学已经初步实现了教学管理的高层次，校园文化的高品位，师生素养的高提升，教学质量的大幅度提高，赢得了社会各界的广泛赞誉。

4. 大手笔更新设施，高瞻远瞩，着眼学校的长远发展

落后的硬件设施严重制约了学校的生存和发展。校领导班子果断决定：兴建新的综合教学大楼。这时候，新校才刚组建一年，每年还要承担156万元的贷款利息。

面对几乎一无所有的学校财务，下这样大的决心需要很大的勇气。杨玉菊忍着腰椎间盘突出的病痛，一次次远赴上海同济大学论证学校建设方案，一次次到有关部门跑手续、跑资金、跑材料……

工夫不负有心人，2003年，总投资1 000万元、近8 000平方米的综合教学大楼投入使用，提升了整个校园的形象。

5. 认清教育发展大形势，不惜重金发展特长教育

杨玉菊认为，在当今普高教育市场竞争激烈的情况下，只有走特色化发展之路，才能为学校赢得生存和发展空间。

于是，她大胆拍板决定，投资150余万元，按照大学标准改建了舞蹈室、练功房、音乐教室、钢琴房、画室齐备的艺术楼，购置了钢琴、电子琴、画架、临摹实物等教学设备，建起了"曹连生声乐艺术中心""中国美院培训基地"，聘请全国著名的画家、教授到学校给特长生授课辅导，为特长生提供了最优的学习环境和条件。

学校还投资近400万元，新建了校园网及一系列的现代化教学设施，建起微机室、语音室、多媒体室、大型电子阅览室等；建起刻瓷、陶艺、缝纫等学生实践活动室；高清晰背投彩电、四网合一的多媒体教学终端进入每一间教室，极大地改善了教育教学条件，为学校的腾飞提供了一个高起点的平台。

6. 以身作则，善做表率，以卓越的管理思想做驾驭的前提

作为一个拥有3 400多名师生的中学校长，每天都有太多的工作等待着杨玉菊去做。

4年来，她没有节假日、没有星期天。由于工作劳累，她患上了腰椎间盘突出症，发病时苦不堪言，但她仍坚持工作，坚持每天到教学区巡视一圈。出差归来，常常凌晨四五点到家，不到7点又出现在校园。

一些朋友见到她时都非常吃惊，说她在这4年内老了许多、瘦了许多。

7. 统揽全局的思想和驾驭全局的能力，使她获得了个人事业和集体发展的双丰收

多年拼搏，换来丰硕的成果。在她的带领下，学校发生了奇迹般的变化，教学质量有了大幅度提高，本科上线人数逐年增加，还被评为"省级规范化学校"，获得"市文明单位""市花园式单位""师德先进集体""高考优胜单位"等60多项荣誉称号。

2003年该校获得淄博市2003年高考优胜奖；2004年，该校本科上线人数再创新高，许多原来学习成绩一般的学生也圆了大学梦。而且，自实验中学组建后，博山区本科上线人数提高了4倍多。

在短短4年时间里，实验中学迅速发展成为具有一流的教学环境、一流的管理水平、一流的教师队伍、一流的校园设施、一流的校园文化的现代化学校。

一路走来，杨校长超常付出的辛勤汗水，换来了丰硕的成果和一连串的荣誉：她先后两次被评为"学习焦裕禄的好干部"；获得"山东省优秀教师"称号；2002年9月被博山区委、区政府评为"十佳优秀校长"；并在当年当选为博山区第十五届人大代表；2003年5月，被评为"山东省劳动模范"；2004年4月获淄博市"巾帼十佳"提名奖；2005年5月，获得"全国劳动模范"称号……

统揽全局的能力，体现了校长能够高屋建瓴、统观全局、运筹帷幄、指挥若定的实践水平。一位校长，是否具有远见卓识，是否多谋善断，这与他是否具有全局性思维和全局把握能力有密切关系。

 案例分析

提高校长全局性思维和驾驭全局的能力，不仅需要校长自身持之以恒地学习和锻炼，还需要他们像杨玉菊校长那样，掌握规律，懂得提高的手段和方法。

1. 加强马克思主义哲学修养

虽然，学习往往仅解决认识方面的问题，书本知识转化成能力还有一个复杂的过程。但是，通过对哲学的学习，领导者特别是校长能够提高自身的全局性思维能力，而这是校长拥有驾驭全局的实践能力的前提。

2. 学习广博的知识

提高战略思维水平，必须拥有丰富的科学知识。校长除了要认真学习马克思主义理论外，还要学习从事改革开放和现代化建设所需要的各种知识。这是关乎校长的学习态度和能力的问题。

学习态度无疑是关键，这自不用多言。

学习能力是指广泛涉猎知识、信息，及时加工处理知识、信息的能力。它是现代社会日益重要的一种能力，也是校长驾驭全局能力中的一个基础能力。

如果我们的校长不注意加强新知识的学习，孤陋寡闻、学识浅薄，不要说充当领导现代化学校的战略家，很可能难以胜任起码的工作。

3. 找准组织定位，确定组织目标

公共组织所拥有的权限是法律所赋予的，学校也是如此。校长在制定战略规划时，必须考虑职权的限定，明确自己的法定任务是什么，明确有所为、有所不为的界限，这是确立战略目标的前提。

4. 把握大事，抓住主要矛盾

古人讲："不谋全局者不足以谋一域。"作为一个学校的最高领导，校长应该把主要精力和心智用在研究和解决带有全局性、战略性的重大问题上，也就是要抓大事，总揽全局。

大事常常是主要矛盾，或是一个时期的主要矛盾。校长必须学会抓主要矛盾，把能够左右全局、带动全面的工作紧紧抓在手上，以重点工作的突破来带动全局。

5. 善做表率

一个领导者是否能对下属产生思想驾驭，是否有权威，关键要以身作则，在方方面面作出表率，才能让下属心悦诚服。

校长首先要有高尚的人格，人格具有感召力，品质具有影响力。作为领导干部，校长要率先垂范，在日常工作和生活中，诚实做人，宽厚待人，以理服人，铸就人格魅力。

其次要有实干的精神，威从干中来。以求真务实的精神，率先垂范，真抓实干，充分调动各种潜在因素，促使各级管理者把心思凝聚到干事业上，把精力集中到办实事上，把本领用在促发展上，把工夫下到抓落实上。

6. 制订好战略规划

战略规划是在充分考虑学校的优势与劣势，准确把握其面对的机遇和挑战的基础上，对其发展步骤所作出的战略选择。

每一所学校都需要战略规划，因为它为组织提供行动纲领，可以使整个学校沿着既定的轨道有序地运行。它还可以使其充分发挥长处，成功避开短处，充分利用资源。

拥有成功战略规划的学校能够对外部环境作出敏感的反应，并将其同内部的发展相配合，保障教育任务和目标的实现。

一个成功的战略规划，应该包括实现战略目标的行动步骤、合理配置组织资源、内部利益关系协调、整体士气调动等。

7. 推动战略规划的执行

战略规划的执行同学校的管理直接相关，校长的才干、各级管理人员的素质、学校组织机构的设计、学校的文化氛围、教师队伍的士气以及各项制度的执行等基础性工作，都与战略规划的执行有重大的关系。

校长负有抓战略规划执行和协调各方的职责。在实际工作中负总责、负全责，但绝不意味着校长一个人要大包大揽，事必躬亲，而是要切实搞好上下左右、方方面面的综合协调。校长的组织协调能力是驾驭全局能力的重要体现。

8. 分析组织外部环境，抓机遇，迎挑战

任何一所学校都生存在一个机遇与挑战并存的环境中。作为校长，必须探讨学校所面临的机遇和挑战，必须有战略眼光，要能超越学校目前的生存环境进行战略思考，及时发现并抓住机遇，能敏锐地意识到学校面临的挑战，制订完备的战略规划。

同时，有没有勇气抓住机遇和迎接挑战，把握全局，也反映出校长的胆识和魄力。

不统揽全局，就不能趋利避害，因势利导，促进各项工作的健康发展；

不统揽全局，就不能把各方面的积极性调动起来，协调起来，形成合力；

不统揽全局，就不能集中力量办大事，进一步发挥团队集体的优越性。

能不能适应新形势、新任务、新环境，在全面改革的复杂条件下较好地驾驭全局，不仅是对校长的治校能力、治教水平的考验，也是教育得到发展、学校得以兴盛，师生能够成长的真实而迫切的需要！

铸造高绩效领导力之科学决策

具有非凡的决策力

管理就是决策。

——〔美〕西 蒙

美国学者马文曾向一些组织的领导者提出下列三个问题：

"你每天在哪些方面花的时间最多？"

"你认为每天最重要的事情是什么？"

"你感到在履行你的职责时最困难的是什么？"

结果，90％以上的回答是"决策"！

由此足见，决策是领导者最重要的工作之一，是领导者最主要的能力要求和工作职责，是领导者管理工作的核心。对领导者而言，决策的成功是最大的成功，决策的失误也是最大的失误！

一个不能决策的"领导"，就不可能成为真正的领导；同样，一个不能科学地作出正确决策的领导，也不可能成为优秀的领导。作为一校之长——学校的最高管理者，当然也不可避免地要接受决策的考验和挑战。

现在，随着教育行政管理体制和学校内部管理体制改革的深入，学校自主办学的空间越来越大，自主办学的权限也越来越大，"校长负责制"已经广泛实施。

实行校长负责制后，校长将成为学校的法人代表，可以依法对学校有关事项组织进行决策和作出最后决断，对外代表学校，对内全面负责，在校内拥有相应的机构设置权、人事管理权、经费使用权、教育教学管理权和校舍校产管理权等，这无疑更是加大了校长的决策权。

在新世纪信息社会与知识经济来临之际，面对我国日益成熟的市场经济，面对扑面而来的机遇与挑战，如何使学校在竞争中具备强有力的生存与发展实力，并形成学校自身的特色与个性，促进学校的持续发展，这在很大程度上取决于校长的决策能力和水平。

校长的决策能力是校长在领导管理活动中确定怎样的目标最有价值，以及采取哪一种最有效方式实现目标的决断能力，包括战略决策、管理决策和教学教育工作的业务决策等。

在实际管理中，校长的决策能力概括起来主要有五种表现形式：

一是校长根据自己已有的知识、能力和资料，自行作出决策；

二是由下属提供必要的资料，然后校长自己作出决定；

三是以个别接触的方式，让下属知道问题，并取得他们的意见或建议，然后由校长作出决策；

四是让下属集体了解问题，集体提出意见或建议，随后由校长作出决策；

五是让下属集体知道问题并一起提出和评价可供选择的方案，争取获得解决问题的一致意见，并由校长作出最后决定。

校长决策方式的多样性和复杂性，决定了他对学校的教育教学管理、人事安置、经费使用，甚至课程安排（如校本课程）等的决策能力都必须有一定程度的加强。

 经典案例

吴玉章是近代中国历史上伟大的无产阶级革命家、教育家、历史学家、语言文字学家，是中共"五老"之一。

作为我国新型的社会主义大学——中国人民大学的创始人和第一任校长，吴玉章为中国人民大学的发展奋斗了 17 个春秋，为其确立了正确的办学指导思想和方针，奠定了优良的传统和独特的校风，使中国人民大学成为新中国高等教育的一面旗帜。

为了把人民大学办好，培养出社会主义建设需要的高质量的合格人才，吴玉章在主持中国人民大学 17 年的工作中，作出了无数影响深远的决策。

1. 建立健全学校的各种规章制度

吴玉章无论在各种大小会议上或作报告讲话中，始终强调学校要建立健全各项规章制度。对于各项规章制度在执行中有不完善的地方，要在总结执行经验的基础上及时加以补充修改，做到尽可能地完善。

在吴玉章的主持和决定下，学校制订了一整套规章制度和工作条例。如建立校长集体办公制度、会议汇报制度、教学管理制度、师生员工作息制度、人事管理制度、财务管理制度、学生民主管理制度、政治学习制度、组织生活制度、师生员工请假制度、教材出版审批制度、学员供给制度等。

吴玉章领导下的人民大学所取得的成功的教学经验、教学方法和教材管理方法，吸引了当时全国的各大专院校的管理者来校参观学习，从而使人民大学真正成为第一所社会主义新型大学的光辉典范。

2. 注重教师队伍的建设

吴玉章认为，一所学校办得好不好，教学质量高不高，关键在于是否拥有一支素质过硬的教师队伍。1950年建校初期，吴玉章就在学校召开的一次会议上提出：学校应培养一支高水平的青年教师队伍。

人民大学初建时，只有原华北大学的四五十位教师，他们过去又主要是担任短期政治训练教学任务的，大多是教社会发展史、中共党史和哲学等政治课程。

人民大学成立后，学校的性质和任务发生了改变，由原来的短期政治训练班改为正规的政法、财经综合性大学，不但有本科，而且还设有专科、夜校、函授、全国各大专院校派来的教师进修班等，设有7个系、41个教研室，开设了142门课程。

而这些专业课都是过去华北大学未曾开设的，即使是对政治经济学和哲学等课程进行系统的讲授，这些教师的水平也显然不够，需要重新进行系统的学习。

因此，当时能否办好学校，摆在吴玉章面前的最大困难就是教师的奇缺，甚至有许多专业教师都要从零开始。这样的困难，单靠上级支持从外校调入是根本不可能完全解决的。

吴玉章经过缜密思考后作出决定，指示校部各部（处）、各系，要在1950年底以前，从学校的行政和政工人员中、从华北大学毕业留校的学员中

71

抽调出大批青年，在苏联专家的帮助下培养出一批急需教师。

学校各部（处）、各系根据吴玉章所作出的决策，在 1950 年底共抽调出 220 人，同时又吸收全国各地大专院校进修教授、讲师、助教 100 余人作为研究生，在各教研室领导下，由苏联专家指导，独立进行研究工作。

吴玉章在人民大学初创时期，由于教师奇缺而采取的自力更生培养青年教师的措施和决定，倾注了他老人家大量的心血。人民大学现在的绝大多数骨干教师，都是在建校初期，在吴玉章的关怀下培养出来的。

3. 重视在职成人教育

吴玉章认为，人民大学是新中国创办起来的第一所社会主义新型大学，应该在办学方面走自己的新路子，把正规办学和社会办学结合起来，把校内办学和校外办学结合起来，把脱产学习和不脱产学习结合起来，从而更多、更好、更快地为国家培养出大批合格的建设人才。

吴玉章针对这一办学方向，决定人民大学首先要把成人在职教育办起来，把面向全国的高等函授教育办起来。

为了稳妥起见，吴玉章决定，可以先行试点，再逐步扩大到全国去。为此，在 1950 年暑假，人民大学成立了以当时的副校长成仿吾同志为主任的函授教育筹委会。

1952 年 1 月初，人民大学在获得国家的批示后，先行在北京、天津、太原 3 所城市同时招收了工业经济、工业会计、国民经济计划、国内贸易、对外贸易、贸易统计、财政、银行、消费合作社 10 个函授专修科学员共 2323 人。

以后，学校又逐步扩大规模，使函授教育遍及北京、天津、河北、内蒙古、山东、江苏、上海、辽宁等 9 个省、市、自治区的 100 多个市、县。在短短 15 年的时间里，人民大学的函授教育共为国家培养各类人才近 2 万人。

在校长吴玉章的指导下，人民大学的函授教育在极端困难的条件下白手起家，从小到大，从 3 个城市发展到全国 9 个省、市、自治区的 100 多个市、县，开设有 6 个函授站、近 40 个教学点，有经验丰富的专职函授教师队伍 100 多人。

吴玉章领导下的人民大学为新中国的教育史谱写了函授教育的新篇章，其规模之大、人数之多，在中国教育史上堪称创举。

在学校管理过程中，管理者们经常会遇到各种各样的问题，需要随时作出决策，以确定解决问题的办法。因此，一个学校领导者决策水平的高低直接关系到学校管理水平的高低。

学校管理中存在着各种各样的决策：个人决策、群体决策、民主决策和参与决策。在所有这些决策中，校长的个人决策无疑是至关重要的。

所以，要想提高整个学校的决策水平，必须首先提高校长个人的决策水平和决策能力，使成功决策成为校长的基本功，并不断得到锤炼。

 **案例分析**

当前，许多学校管理的弱点之一就是缺乏整体性和自觉性，校长多是"头疼医头，脚疼医脚""上面怎么讲，我就怎么干"的"从命"校长。这种状态的形成虽然有其主客观因素，但是它确与目前教育改革的精神相悖，不利于学校的发展和壮大。

作为一校之长，校长的决策是否正确、及时、高瞻远瞩，不仅关系到学校现在的发展，而且也影响着学校未来的前途。

吴玉章在管理人民大学时，一改那种只按上面布置任务的被动干为用正确的学校目标指导行动的自觉干。他总是及时、果断地作出正确、科学、艺术的决策，从而为人民大学的昨天、今天和明天的发展都奠定了不可撼动的根基。

而现代校长要想像吴玉章一样创建一所名校，为学校打下牢固的根基，首先要做到的一点，就是提高自己的决策能力和水平。

1. 正确发现和分析问题

决策来源于问题的发现和解决问题的压力，没有问题，不必去决策；有了问题没有发现，也不会去决策，并有可能错失决策时机，所以，发现问题很重要。

问题的存在是客观的，问题的发现却是主观的。同一个问题，在这一个校长看来是"问题"，而另一个校长却可能认为是"事情的满意状态"，这主要取决于校长个人的敏锐程度和识见之高低深浅。

作为一校之长，应该充分认识自己在发现问题上的能力，正确发现问题，既不能无事生非，没事找事；也不要对问题视而不见，错失决策良机。

发现了问题，认为"问题"是问题，并感到解决问题的紧迫性，就要着手解决问题。但在解决问题之前，对问题的分析也很重要。许多决策的失误，就是因为对问题分析不够造成的。

校长根据问题的重要程度，可以把学校的各种问题区分为重大问题、重要问题、一般问题和次要问题。重大和重要问题是校长应该最关心的，这类问题的决策校长要亲自作或过问，有些还需要在校务委员会上讨论决定。

2. 摆正自己在决策中的位置

根据校长在各种决策中的地位，可以把决策区分为以下 7 种类型：

（1）完全的他人决策。他人如何决策、选择什么方案，校长没必要干预，甚至都没有必要知道，完全是他人的事。

（2）需知情的他人决策。由于一些问题与自己的工作有关或影响面比较大，所以这些问题如何决策、选择什么方案，校长要知情以便做好应变的准备，甚至也可以提出决策建议，但最终仍由他人拍板。

（3）有意引导的他人决策。决策的主动权仍在他人手中，但由于决策结果对校长的工作有较大影响，为了保证在他人方便的前提下又对自己的工作有利，校长可以提出处理意见供决策人参考，并在必要时引导他人接受自己提出的建议，但不能强迫他人接受。

（4）与他人协商的共同决策。校长与参与决策的其他人是平等的，校长既不能放弃责任，任由他人做主，也不能把自己的意见强加于他人，大家协商达成一致最为重要。

（5）吸收他人参与的自我决策。校长在吸收他人意见和建议后，作出个人决定。

（6）事后告之的自我决策。校长不事先征求他人意见和建议，但决策制订后、执行前会通报相关人员并作必要解释。

（7）强制的自我决策。既不事先征求意见和建议，也不事后告之解释，决策后直接执行。这种决策主要是为了强化校长的权威，对于一盘散沙式学校治理的初期是必要的。

3. 遵循决策制订的逻辑过程

制订决策的逻辑过程，一般要经历 6 个阶段：

（1）识别问题。包括问题的类型、层次、时间限制和重要性。

（2）确定决策标准。实际中的标准通常是一个指标体系，而不是一个单一指标。在这个指标体系中，各项指标并不是同等重要的，必须恰当地考虑它们的优先权。为此，有必要按照重要程度的不同给予不同的权重。

（3）拟订方案。决策是一种优选活动，要想实现真正的选优，就必须要有多种可行的方案供决策者选择。

（4）分析方案。借助已经确定的标准及权重，对每一个方案进行分析，了解每种方案的优缺点。

（5）选择方案。根据前面的分析与权衡，选择最可行的方案。

（6）跟踪决策的执行。根据执行情况评价决策效果，发现问题及时补救，确保方案得到恰当实施。

校长决策之前，需要调查研究、系统分析、深思熟虑、民主参与；

校长决策之后，需要制订计划、组织实施、监督检查、总结奖惩。

可见，校长的个人决策是学校管理中一个极为关键的环节——校长决策失误，既说明决策之前出了问题，也可断定决策之后的事情不会干好；而决策得当，则常人也能办成正确的事。

提高一校之长的决策能力，既是学校科学决策的前提和基本要求，也是现代教育发展的必然结果，更是现代教育改革的必然要求，必须引起校长们的足够重视！

铸造高绩效领导力之执行能力

校长要拥有强大的执行力

没有执行力，就没有竞争力！

——〔美〕比尔·盖茨

自从美国著名的 CEO 拉里·博西迪和资深顾问拉姆·查兰联合推出《执行》一书后，人们对"执行"一词才有了更深刻的认识。而有关如何提高领导者的执行能力，以及如何建设组织的执行文化等问题，更是在我国引起了人们广泛而深入的探讨。

有人认为，执行力就是一个组织的核心竞争力。同样，执行力也是学校竞争力的核心，是把学校的办学理念、发展规划、决策计划转化成为学校发展、教师进步、学生成长的关键力量。

执行不是简单的战术，而是一套通过提出问题、分析问题、采取行动来实现目标的系统流程。简单来说，执行就是一门如何完成任务的学问，在很大程度上关乎学校的可持续发展。

现代管理学认为，一个成功的组织，30％靠正确的战略，70％靠正确的执行。学校同样如此，再好的学校发展策略只有成功执行后才能够显示其价值。因此，作为一校之长，必须既重视策略，又重视执行力，坚决做到一手抓策略，一手抓执行力。

传统的学校教育中，校长是学校的领导，具有权力、责任和服务三个功能。特别是在近几年来，校长负责制的实行更加凸显了校长的领导地位。但是，随着现代教育的改革发展，作为校长，除了要具备领导力，更要具备执行力。

　　随着公办学校由分权化代替集中计划和民办教育的发展，公办学校的内外关系以及中国的社会教育结构都发生了明显的变化。这些变化，为学校的发展提供了前所未有的机遇，也带来了巨大的挑战，成为现代校长所面临的一系列重大而严峻的课题。例如：

　　学校如何拓宽经费来源渠道，为做大、做强筹集所需要的庞大资金？

　　如何在有限的资源下提高学校整体的教学质量和科研水平？

　　如何应对日趋激烈的校际间的竞争？

　　……

　　作为学校经营者代表的校长，要解决这些问题，必然要像企业的 CEO 那样，在付出大量的心血为学校的发展做出战略规划之后，也必须投入大量的精力参与战略的实施和执行。

　　那些事关我国教育发展全局的重要战略规划，能否达到预期的目标和效果，关键就在于它们能否得到广泛的认同、支持和强有力的贯彻执行。因此，从政府教育管理部门的角度出发，也需要对制度有很强的理解能力和执行能力的人来担任校长一职。

　　由此可见，在教育变革的浪潮中，学校正如一艘艘颠簸前进的帆船，越来越需要具有卓越的战略眼光和非凡的执行能力的校长来掌舵扬帆！

 **经典案例**

　　拉萨中学是中国西部的名校。

　　建校 50 年来，经过几代教职工的艰苦奋斗、拼搏进取，拉萨中学在教育教学改革、师资建设、教育教学设施建设等方面，取得了巨大成就。同时，拉萨中学还积累了丰富的办学经验，营造了良好的育人环境，进一步探索了特色化的民族教育办学道路，有力地推进了西藏民族基础教育事业的发展进程。

　　作为西藏目前唯一的重点中学和教育部确定的现代教育技术实验学校，拉萨中学拥有设施完善的教学楼、综合实验楼、图书馆、体育馆和先进的多媒体电化教学室、天文台和电视演播室，拥有包括 22 名高级职称教师在内的 212 名高素质的专职教师队伍。拉萨中学校友遍布全国各地，有的成为党政领导，有的成为专家学者，有的成为行业精英。

唐泽辉是土生土长的藏族人，大学毕业以后，先后做过教育局局长、副县长等职，1997年任拉萨中学校长。

在任拉萨中学校长的10多年里，唐校长一直强调拉萨中学生源区小学教育是拉萨中学教育的基础和核心，并把这一思想切实落实在了他所有的管理行为上，为拉萨中学教学质量的提高和成为西部名校奠定了强有力的基础。

唐校长有个形象的比喻：人们不能从一个角搬动一张桌子，要从几个角同时用力。为了普遍提高藏区小学教育水平和质量，他强调需要同时从几个方面进行努力。在就任校长之职后，他就立即着手制订提高生源区小学教育水平的方案。

他的管理计划包含三点：让小学老师和学生树立基础意识，提高小学老师的教育水平，从本校派出优秀教师向小学支教。

经过唐校长一番缜密的安排和部署，拉萨中学开始全面实行辅助生源区小学教育的行动。他们一边对小学老师进行理论培训，一边给他们上示范课。在藏区，是唐校长第一次把英语带进了拉萨小学的课堂。唐校长的"支小"行动不仅提高了小学老师的水平，更提高了生源的质量。

藏区小学的老师，科班出身的不多，代课老师很普遍。唐校长就对这些老师进行业务培训，其具体做法是，要求每个小学老师必须完成6门教育理论课程的学习，其中4门课程是自己的专业，属于主修；剩余的两门课程，分别是与学校教育理论有关的课程。

唐校长把完整的师范教育理论课程带入师资匮乏的藏区小学的方法，使得本来专业水平不高的教师们的素质得到了极大的提高。

实际上，对于学生而言，提高老师的素质，就是让学生得到良好的小学教育。学生通过高质量的小学教育，能系统而牢固地掌握基础知识，拓宽自身的知识面，为升入中学后的学习打下良好的基础。

这样一来，藏区老师随随便便给学生授课的情况少了。他们把对学生小学素质的提高视为一个整体而严密的规划，减少了上课的盲目性和随意性，从而在一定程度上解决了小学教育与中学教育脱节的矛盾。

拉萨中学与生源区小学形成的帮扶关系，是提高本校学生质量的一个重要因素。

此外，唐校长还认为，生源区的小学和拉萨中学应该是一体的，因此，他把拉萨中学的奖励制度也扩散到生源区的小学当中去，以此激励小学生们努力学习。

对于每所小学各年级成绩优异的学生，拉萨中学都向他们派发奖金和奖品。

为了鼓励学生争取荣誉，唐校长还推出了相应的规定：在小学期间能 4 次获得拉萨中学派发奖金和奖品的学生，在升入拉萨中学后可以免去三年的初中学费；在拉萨初中部学习成绩优异的，可以免费三年的高中学费。

唐校长所实行的激励制度，把竞争机制引入了生源区的小学中，不仅激励了小学生的学习积极性，而且吸引了其他学校成绩优异的学生来拉萨中学就读。

到目前为止，在生源区的小学已有80％的学生完成了初中的学习任务，毕业成绩达到优秀等级的人数明显增多。与实行帮扶和奖励政策前相比，拉萨中学的生源质量明显提高了3～4个档次，为拉萨中学提高大学升学率打下了坚实的基础。

藏区地广人稀，拉萨中学离家最远的学生在200公里以外，有些学生甚至要步行一天才能回一趟家。因此，学校的学生以住宿为主，学校就是他们的家。

破旧的学生宿舍、简陋的生活设施，与学校先进的教学设施形成了鲜明的对比。唐校长认为，作为21世纪的现代化学校，不仅要有现代化的教学设施，还应该有现代化的学生生活设施。学校应该为学生创造一个优良的生活环境。

在认真研究了国内优秀中学的做法后，唐校长决定把学生的学习与生活完美地结合在一起，让学生能够更加安心学习。于是，他多方筹措资金，按照现代中学的模式在 5 年内，先后建了三幢学生宿舍楼。每幢宿舍楼都配有餐厅、活动室等附属设施，每间宿舍住5～8人，住宿价格一般学生都可以负担。即使是那些藏区最贫困的学生，学校都想方设法地让他们住进了新宿舍楼。

现在，拉萨中学的宿舍区逐步形成了一个独特的学习社区。在这里学生

们既可以集中精力地学习,也可以组织各种文娱活动,从而有效地提高了学习质量。

与寄宿制相配套的是,唐校长还把落后生辅导制度写进了拉萨中学的教学制度。不过,他所实行的落后生辅导制度,并不是学校传统意义上的落后生学习辅导。

首先,唐校长组织学校老师对落后生进行"会诊",发现学生的问题所在。经过一段时间的"会诊"后,他发现,有的学生是数学思维能力方面的滞后,进而导致其各方面表现都差强人意,像这种情况教师就只要求学生能掌握基础知识;有的是上课注意力分散导致的成绩不理想,这就要让他们平时慢慢培养认真听讲、积极思考的好习惯;有的是其中一个学习板块掌握得不是很好,比如,学困生中大部分的理解能力不够好,所以在"解决问题"方面就存在问题,这就要让他们进行多样练习,以培养他们的理解能力;有些是计算方面能力欠缺,这就要他们平时多进行口算练习,以提高正确率和解题速度……

经过多方面的观察,唐校长和老师们找到了落后生们的突破口,并一一解决了他们存在的问题。

此外,唐校长还要求老师们平时多关心落后生的学习,多鼓励、多指导他们,帮助他们形成学习向心力;主动接近那些成绩落后的学生,跟他们交谈一些关于学习上的问题,对他们进行"一帮一"地辅导,通过及时地查漏补缺,适时地开小灶,缩小他们与其他学生的差距。

在拉萨中学,辅导落后生,督促和指导落后学生的学习,是每位老师长期必做的工作。学校要求老师通过与学生的不断接触,甚至同住同吃,潜移默化地影响学生的思想观念和价值取向,从而激发其学习热情。

唐校长重视小学教育,从而获得了高质量的生源;优化学校环境,使得学生生活得舒心快乐,进一步促进了学生的学习热情;实行落后生辅导制度,提高了学校整体教育水平。

唐校长这些成效卓著的做法,让学校取得了令人瞩目的成绩,赢得了极高的社会声誉。

美国运通公司首席执行官肯尼斯·切纳特,曾经归纳出了杰出领导人的六个性格特征，其中，第四个特征就是执行能力——"现在，人们都在关注智商问题，但'执行商（EQ）'也同样重要。如果一个人的智商与'执行商'相匹配，那他/她就会具备令人难以置信的义务感，并且具备难以置信的力量。智商与'执行商'之间的不匹配则意味着此人只是关注自己。"

一个真正优秀的校长必须具备很高的"执行商"，必须能够脚踏实地，深知自己所处的大环境，认清问题之所在，然后勇于执行既定策略，并根据执行的情况随时调整策略。

而这种"执行商"的获取和执行能力的提高，首先需要的就是校长以时不我待的精神倍加努力！

案例分析

一个具备高度执行力的校长，既是国家教育制度的忠实执行者，也是拟定和实施学校经营和发展战略的首席执行官。

作为拉萨中学的校长，就应该是学校教育理论、组织、行为的引领者。不难看出，唐校长十分善于从深层思考问题，并能够对学校的特殊现状进行深刻的审视和反思，坚持用科学的发展观去统领学校规划与管理的方方面面工作，真正将其办学思想执行到位，从而为拉萨中学赢得最大的教育力。

显而易见，一校之长的执行力是至关重要的，它不仅是彰显学校的个性、促进学校发展的灵魂，更是校长从事教育事业时所必须具备的竞争力。这主要表现在两方面：

一方面，校长在协同学校同仁制定学校发展策略时，应该首先考虑这是否是一个能够切实得到"执行"的策略。

另一方面，校长在制订详细计划后，还应把总体目标细化成简单的执行步骤。比如，将目标分解到各处室，列出表格，做到一目了然；有清晰的指挥系统和岗位责任，有合理的考核、总结、评价标准；能根据工作的重点，确定哪些该优先发展，哪些要先让一步，从而实现整体优化。

而在具体管理中，校长则主要围绕着三个核心流程展开执行工作：

战略流程。重点就是拟定学校的发展规划。校长在拟定战略前，必须对相关的教育制度做透彻的了解，对周围环境和自身状况进行广泛的调查和深入的分析研究，以确定战略背后的一些关键问题。

例如，本校是否拥有足够的资源和能力来实施这一战略；为了顺利实施战略，需要有哪些短期和中期的计划；是否能在情况出现变化时对战略进行修正。

人员流程。校长要高度重视人员流程，依据学校战略的需要，认真拟订内部组织机构的设置方案、推荐副校长人选、任免内部组织机构负责人、聘任和解聘教师以及内部其他工作人员。

运营流程。对校长而言，运营流程包括制订具体规章制度和年度工作计划并组织实施，组织教学和科研活动，拟订和执行年度经费预算方案，多方面筹集学校发展所需要的资金、保护和管理校产、维护学校的合法权益等。

校长在运营流程中的另一项重要工作，就是参与、督察、指导战略计划和作业程序的具体操作和实施，从而切实保证战略实施不会偏离正确的轨道，保证各业务流程顺畅、高效；即便遇见问题时，也能及时处理，进而进行业务流程的改良或再造，甚至修改战略。

身为现代校长，必须有责任心、进取心和事业心，以做事业的态度来做事，这是提高执行力的根本途径。

一般来说，校长执行力不强的表现可以归结为三个方面：

标高：在具体执行上级教育行政部门、业务部门和学校的决策方案的过程中，随意地改变要求，让标准逐渐降低，甚至完全走样。

时间：在执行决策方案或计划的过程中，出现两种现象：一是对方案或计划的反应滞后；二是在具体执行方案或计划的过程中，拉长时间。上述两种情况，导致执行延误或不了了之。

力度：在执行有关政策或计划时，没有相应的人力、物力和组织等保证，工作力度小，工作成效低。

而要真正克服这三个方面的问题，严格贯彻三个流程，校长就必须在以下四个方面做出努力：

目标取向：校长要有以工作任务为中心，规划自己工作的能力。

人本取向：校长要有创设一种健康的合作环境的能力。

自我认识：校长要能在认识到自己优点的同时，发现自己的局限性，以便在没有他人帮助的情况下，仍能有效地完成任务。

战略眼光：校长要能够对超越个人日常工作的事务做出规划，能充分理解在社会中起作用的各种力量，能够利用外部资源，并以开阔的视野审视自己作为一名管理者的工作。

就个人而言，执行力就是把想干的事干成功的能力；而对于一校之长而言，执行力则是将学校发展规划、发展战略一步步落到实处的能力，把计划变成现实操作的能力，也就是将人员、策略、执行流程等顺畅地统筹起来的系统能力。

校长执行力高，可以促使学校快速发展，反之，则可以使学校停滞不前。因此，校长必须正视执行力对学校管理的重要性，切实提高自身的执行力。

IBM 总裁鲁·郭士纳曾说过："一个成功的企业的管理者应该具备三个基本特征，即明确的业务核心、卓越的执行力及优秀的领导力。"一位成功的校长也必须具备这三个基本特征。

而且，提高校长的执行力，已成为当前教育事业改革发展的重中之重，不容校长们忽视！

铸造高绩效领导力之统观全局

修炼高瞻远瞩的洞察力

> 没有预见，谈不上领导。
>
> ——毛泽东

《孙子兵法》上说，为将为官者有一个重要的条件，那就是敏锐的洞察力和卓越的预测能力。

著名学者瓦伦·本灵斯研究了90位美国最杰出的领导者，发现他们具有4种共有的能力：令人折服的远见和目标意识；能清晰表达这一目标，使下属明确理解；对这一目标的追求表现出一致性和全身心地投入；了解自己的实力并以此作为资本。

被称为第一CEO的杰克·韦尔奇也认为，一个优秀的领导者必须有透视古今、洞察未来的能力，从而高瞻远瞩、从容不迫，积极地为企业的长远利益作出应有的努力和贡献。

……

从古代到现代，从国内到国外，每一位有识之士，在概括领导者的能力时，都会将远见卓识和高瞻远瞩的战略目光作为领导者的必备素质和能力。

在他们看来，领导者就是组织的导航者，必须具备眼睛向前的素养，不仅要着眼于组织的"今天"，更应该将目光紧紧盯着"明天"，善于按组织未来的发展要求作出战略决策，这对组织的兴旺发达起着至关重要的作用。

显然，校长作为学校这个组织的领头雁，不仅要具有教育家的哲思、科学家的敏锐，还必须具有政治家的远见。为学校提出一个科学合理的愿景和蓝图，是一校之长的基本能力和素质！

进入 21 世纪，经济全球一体化的趋势对人才的需求发生了新变化，国际人才的激烈竞争已近乎白热化，教育的重要性被世界各国重新加以审视和强化。因为在很大程度上可以说，各国的教育实力直接决定了各国在竞争中的地位。

面对这一紧迫复杂的现实状况，相信每一位现代校长都已深刻地认识到，学校的教育工作任重而道远，它不仅担负着培养基本人才，即普通劳动者的任务，更重要的是担负着为国家培养专业人才、优秀的管理者、卓越的领导者的重任。

于是，在这个充满机遇和挑战的现代社会，教育界的有识之士特别是校长如何以超前的理念、高远的目光、战略的思维，打开人才培养的新天地，便成为了提速教育发展和应对时代挑战的关键。

作为校长，要有宏伟的气魄和开放的精神境界，并始终保持着一种开阔的工作思路；

作为校长，要具有战略性的眼光，善于预测未来，能够在认真分析、调查研究的基础上审时度势，科学地制订学校的发展规划；

作为校长，要始终站在时代前沿，客观、冷静地思考对学校、学生发展具有战略性的关键问题，更多地关注当下，思考未来。

古人云："会当凌绝顶，一览众山小""无限风光在险峰"。校长只有始终具有高瞻远瞩的意识，时刻看得高一些，远一些，学校才可能拥有更高的追求和发展目标，才能真正地与时俱进，甚至领先于时代。

 经典案例

赫冀成出生于 1943 年 6 月。1980 年时，37 岁的他作为我国"文革"后第一批公派留学生，被派往日本名古屋大学学习。6 年的留学生活，让赫冀成深深感受到中外高等教育的巨大差距，并决心改变这样的状况。

1995 年，赫冀成出任东北大学校长。上任之初，他就提出了当时在国内还很陌生的"研究型大学"概念，实行教学与科研紧密结合的管理策略，整合学校资源，实施名牌战略，使东北大学成功地成为首批进入国家"211 工程"重点建设的重点大学。

　　1998 年，东北大学由原冶金工业部直属划归教育部直属，虽然这只是我国高等教育管理体制改革中隶属关系的变化，但是，东北大学跻身于全国重点大学行列的事实，却让赫冀成感受到了迫切发展的紧迫感——不发展就意味着落伍，发展慢了也要被淘汰！

　　这种沉重的发展压力和生存危机，促使赫冀成和东北大学其他领导成员陷入了思考：东北大学应该树立怎样的办学理念？如何给东北大学一个准确的定位？采取哪些改革措施才能屹立于发展潮头？

　　赫冀成认为，学校并不是越大越好，而且一流大学也不是只有一种模式。因此，每所学校在制定战略的时候都应该弄清自己学校的优势是什么，不能什么都求新、求变，不要企图"大而全"。

　　每所学校的历史传统和学科特色，是在长期的办学实践中形成的一笔宝贵财富，也为学校今后的发展提供了平台，学校应实事求是地确定发展思路，充分挖掘传统，强化并使之形成特色，从而形成学校的核心竞争力。

　　基于这样的认识，赫冀成将东北大学的发展战略定位为建设"多科性、研究性、国际化"的国际知名、国内一流的现代大学。学校将继续强化矿产、工程、材料、冶金、机械与自动化及计算机等优势学科，而不贪大求全搞综合性大学。

　　赫冀成还认为，我国高等教育长期处于专业过窄、学科单一的状况，而当今世界学科发展则呈现出高度交叉、渗透、融合的趋势，这就要求高等院校在确立合理的学科发展规模的同时，还要实现学科结构的优化，把优势学科和新兴学科融合起来，以便在竞争中立于不败之地。

　　因此，赫冀成早在几年前，就提出了一系列的学科建设目标：进一步发展工科优势，加强理科管理、社会科学建设；把传统优势学科如材料、冶金等和信息技术学科交叉科研；力争在生命科学和生物技术上有所突破；适度发展人文与艺术教育。

　　在此思想指导下，以"九五""211 工程"建设为契机，学校学科水平得到了很大提高。"十五"期间，学校仍然坚持学科建设的核心地位，优化结构、巩固优势、强化特色、力争学科建设有新的突破。

　　赫冀成同时认为，如何处理好教学与科研的关系，是提高学术水平、建设研究型大学必须面对的课题。

　　而解决这个问题的关键是要将科研与教学紧密结合起来，二者之间实现良性互动。教师在教学过程中应将科研成果进行适当体现，为学生日后从事科学研究奠定基础；同时教与学的师生互动也将进一步激发教师的灵感，有助于教师的研究工作。

　　为此，赫冀成提倡学校院士、名教授为本科生讲课，让学生直接感受和领悟他们的严谨学风和科学思维方式，并且倡导教师活页教案教学，随时补充科研中的最新成果，让学生了解本学科最前沿的知识。

　　赫冀成还领导东北大学打破了原有的以教研室为主的行政管理模式，代之以教学、科研和管理融为一体的基层学术组织，即"研究所"体制，通过岗位聘任将研究领域、研究方向相同，志趣相投的学术骨干组织起来，形成新的学术队伍。

　　这不仅加强了管理的针对性，促进了教学和科研的结合，为实现两者的良性互动在机制上提供了保证，也使学术队伍的建设更符合科学研究的规律，让具有共同学术兴奋点的研究人员聚合在一起，形成学术研究合力，增强学术实力。

　　赫冀成还特别强调，大学绝不能停留在实验室研究阶段，必须加强开发研究，尽可能地把科研成果转变为实用的生产技术，变成直接生产力，推动社会经济的增长和发展。十几年来，在赫冀成的领导下，以东北大学软件园为前身的东软集团已发展成为国内领先的科技园区。

　　面对全球"知识经济"时代的来临和我国"科教兴国"战略的实施，赫冀成认为，大学将要发生最深刻的变化，从社会的边缘走向社会的中心，同经济、科技、社会实践紧密结合，成为推动科技进步和经济、社会发展的重要力量。这种功能上的变化从根本上对大学的地位、职能和作用提出了新的要求。所以，东北大学必须在办学理念上突破传统大学"象牙塔"式的固有观念和模式的束缚，代之以面向未来、全新的现代大学理念。

　　他认为，应当树立"知识传授、知识创新、知识物化为一体"的现代大学职能观，树立以综合素质和创新意识相统一为核心的现代大学人才观，树立教学与科研紧密结合的现代大学发展观，树立面向区域经济建设和社会发展的现代大学服务观。

　　在现代大学理念的引导下，赫冀成从对东北大学的改革入手，开始了建设现代大学的探索。他把学校进行的探索概括为四个方面：确立人才培养目标的新标准，树立教师队伍建设的新目标，构建内部管理体制和运行机制的新模式，寻求立足社会、服务社会的新支点。

这种探索，不仅为培养学生的创新能力提供了条件，而且也为广大教师提供了施展才能的广阔舞台，使一批跨世纪的优秀人才脱颖而出。同时，也促进了学校科研水平的提高，带动了学科建设的发展，一些新兴学科也应运而生，使学校步入了一个良性循环的发展轨道。

当然，建设现代大学是一个长远的目标，需要经过长期努力。但是，赫冀成有信心带领东北大学早日实现这个目标。

一个优秀的领导者需要具备一种宽广的视野，一种对未来发展趋势的把握能力，一种辨别企业方向的特殊技能，一种洞察事物本质的能力，一种可以在变化无穷的环境中作出战略选择的决策力。

而一所学校能否取得长足的发展，关键就在于校长是否具备远见卓识，是否能够统观全局，高瞻远瞩。果真如此，他不仅可以看到学校今天的发展，更能看到学校明天的规划，从而坚定不移地领导学校沿着正确的方向发展。

案例分析

领导，在管理学上的定义是，"影响和推动一个群体或多个群体的人们朝某个方向和目标努力的过程"。领导行为的核心在于影响和推动，其特征在于能够担负目标使命并让其他成员贯彻实施。领导者的重要职责在于预测和把握方向，其中包括发现并提出理念，倡导并形成行动，观察并解决冲突，调整并防止偏颇。而在这其中，深刻的洞察力、敏锐的前瞻性，是保证其有效管理的一个重要条件。

正如赫冀成管理学校时的表现一样，远见卓识早已成为这位校长的能力特征和认知模式。他对学校与社会的关系有着清晰的认知，对教育的整体趋势有着准确的感觉和判断，对自己该为学校做什么成竹在胸……

而这种远见卓识，主要取决于校长是否拥有广博的知识和丰富的经验，来自于他对未来教育发展的正确判断，也来源于他"领先一步"的看法和做法，更来自于学校全体师生员工的智慧。

在中国加入 WTO 和知识经济初见端倪的时代背景下，随着教育改革的深入和发展，校长个人的素质、能力和水平，对办好学校起着越来越重要的作用，而校长能否为学校创设和确立一个合理有效的发展目标和战略规划，将直接关系到整个学校群体的发展绩效。

现代校长必须清醒地认识到，若想成为一名优秀的校长，就必须具有远见卓识，就必须具备下列几个方面的因素：

1. 在学校规划和发展上要有远见

校长只有全面认识自己学校的历史和现状，认真分析学校的具体条件，才能扬长避短，发扬优势，办出学校的特色。一个学校若没有特色，那就不是一所成功的学校。

2. 在学校目标的"设计"与"施工"上要有远见

学校的根本任务是培养人才，这是学校一切工作的出发点。校长最重要的职责，就是要具体地确定自己学校的教育任务，根据时代发展的需要，不断调整和改革培养人才的"设计"和"施工"，以便更好地满足社会的需要。

3. 在教育观念更新上要有远见

校长教育观念的更新，包括两个方面的内容：一是要求在思想上不断提高自己；二是在业务上要有新的发展和突破。

4. 在教学目标上要有远见

校长必须在教师中努力培养各学科带头人，要求教师精通业务，教有特色。

总之，学校校长只有具备远见卓识，才能在新的形势下，提高教学水平，不断开创学校教育教学工作的新局面。

校长的领导力与远见，犹如灯与光的关系，一者为体，一者为用，不可分割！

校长的远见卓识，既是他自身发展成长的前提，又是整个学校有序运转的基石，更是国家科教兴国战略得以实现的根本保障！

校长们，岂能不只争朝夕！

铸造高绩效领导力之有效沟通

拥有高水平的沟通能力

> 管理者的最基本功能是发展与维系一个畅通的沟通渠道。
>
> ——〔美〕巴纳德

说到沟通能力，就不能不提到美国前总统罗纳德·里根，英国前首相玛格丽特·撒切尔夫人曾经这样高度评价他："自林肯之后，没有任何一位总统能够如此深谙语言的激励与鼓舞之力。"

正是因为他具有一种不可思议的与普通民众密切联系的非凡的沟通能力，才深受美国民众的尊敬和拥护，并且赢得了世界上"最伟大的沟通者"之美誉。

里根总统非常善于把自己的政治理念以及所遇到的政治困难与民众交流，并引起民众的同情、理解和支持，同时也了解民众的困难。这让很多从政者羡慕并学习他。

他的演讲总是能打动人心，语言非常富有激情，为他撰写演讲稿的人说："里根总统甚至能把一个电话本念得引人入胜。"

他的幽默总是能及时化解尴尬的局面，并让人心悦诚服，从而使他顺利达到目的。

他甚至还会使用"手语"和记者交流，既回避了敏感问题，又帮助记者交了差……

总之，里根总统对于沟通的各种方式和手段都十分精通并运用自如。对于"最伟大的沟通者"这个称号，他是当之无愧的。

沟通，是尊重人格、消除隔阂、增进友谊、达成共识的一剂良方，是心与心的交流、换位思考的过程，也是领导者们掌握主动的一种手段。

校长作为一个学校的最高管理者，难免要和很多人打交道，如学生、学生家长、教师、同事、外界的同行、领导，社会上的关注者，等等。

这就要求校长要具有良好的沟通能力，懂得"见什么人说什么话"。这当然不是说校长必须迎合、奉承别人，而是说要懂得揣摩对方的心理，体会对方的情绪，以找到最好的沟通方式，达到双方的相互理解和支持。

如果校长善于与各级管理者沟通，把自己的办学理念以及碰到的各种困难巧妙地讲出来，让其他管理者来了解、赞同并帮助支持他，就能更好地发挥团队作用，更快地达到目的。

如果校长善于与教师沟通，既能在情感上与他们拉近距离，又能在教学问题上和他们达成共识，就能更好地开展工作，达到目标，并树立领导者的良好形象。

如果校长善于与社会沟通，求得社会的理解，就能尽可能多地争取教育资源，更好地宣传学校的办学理念，树立学校良好的公众形象。

管理专家伯恩斯认为，与组织成员进行对话、沟通的能力，是优秀领导者的重要品质。优秀的领导者允许成员自由地表达观点，并能理清领导者和下属双方的要求、需要和期望。

领导者和下属都应该摒弃自身利益而去追求整个组织的利益，通过协调各部门与成员的关系，及时化解矛盾，平衡利益，使全体组织成员拧成合力，心情舒畅地工作。

作为领导者，校长也应该成为一个像里根总统那样的人际沟通专家，一个学校内部各个部门和成员之间的协调者，一个学校与外部社会的联络官。

 经典案例

沟通，对校长来说是很重要的一件事情，校长若想取得各方面的支持和帮助，就一定要懂得语言艺术，用自己的言语表明自己的立场和态度，以此与各方面做好沟通工作。

历史上一些有作为的名校长都在学校管理和发展过程中，展示了其良好的沟通能力。

1. 与教师的沟通

张伯苓先生任天津南开大学校长时，教师薪金要比北大、清华低一块钱，但南开的名师仍然很多，师资力量不容小觑。

这里面有两个原因，一是南开薪金虽然略低，但由于南开是私立大学，较少受时政的干扰，这是知识分子比较向往的。二则是因为张伯苓能够懂得教师的心理，尊重他们、体贴他们，善于和教师沟通，这也是最重要的。

张伯苓不但为教师提供了比较舒适的吃住条件（眷属不在此内），还安排工友为他们服务。这一条件，在当时的生活标准下等于薪金的四分之一，这对教师是颇有吸引力的。

而且张伯苓还善于借各种机会与教师联络感情。新学期伊始，新聘教师到校，他召开新教员茶话会；逢年过节，他与夫人邀请教师夫人聚会联欢；每学年完毕，按惯例宴请全体教职人员，以酬谢大家一年的辛劳。这一切，虽是小事，却使教师及其家人感到温暖。

在校务管理上，他尊重教师的意见。大学成立不久，即建立起师生校务研究会，定期征求教师的意见，后来又印制师生意见书，分议案、理由、办法等项，以期师生对校务积极建议，然后分类讨论，早日实行。

就这样，一批著名学者，如姜立夫、邱宗岳、饶毓泰、杨石开、张彭春、李济、竺可桢、蒋廷黻、范文澜、汤用彤、徐谟、罗隆基、何廉、方显庭、黄子坚等，先后来到南开执教，为南开大学的发展作出了贡献。

2. 与学生的沟通

校长虽是学校的最高领导，没有直接担负教育学生的责任，但其与学生的接触是不可避免的，因此更要懂得学生的心理，知道如何和学生沟通。

著名教育家陶行知先生创办了育才学校。有一次，音乐组的壁报《小喇叭》出刊了，壁报前人头攒动，越涌越多。一定有一两篇有水平的创作发表了，同学们边看报、边议论，外围的人向里挤，里面的人不让，有人建议："读一下，读一下吧！"

只听得一个油腔滑调的声音开始朗诵了："人生在世有几何？何必苦苦学几何。学习几何苦恼多，不如学习咪嗦哆！"

歪诗不胫而走，传遍了全校，引起了争论，多种评价，褒贬不一。陶校长知道了此事，也看了小诗。

次日，陶校长邀请小作者促膝谈心，和作者研究人生与数学的密切关系。从吃饭、穿衣谈到音阶频率的振动，直到国家大事，哪一件都少不了数学，离不开数学。因此，得出了人人要学数学，人们离不开数学就像人们离不开空气、水分、阳光、营养品一样的结论。

小作者听到陶校长的谆谆诱导，连连点头说："校长，我这下真的明白了您为什么要我们把学好语文、数学、外语、科学方法论这四门功课作为开启文化宝库的'四把钥匙'的道理。我检讨……"

陶校长马上接过话头说："现在我们是民主讨论，不是检讨会，你能认识问题、提高思想，就是进步。"

小作者连连点头说："我们音乐组不少同学都有这种思想，让我去说服他们！"

陶校长眯着双眼放心地说了一句："好啦！我们今天的民主探讨到此结束。"

3. 与家长的沟通

有位母亲，因孩子把她刚刚买回家的一块金表当成新鲜玩具拆卸摆弄坏了，就狠狠地揍了孩子一顿，并把这件事告诉了孩子的老师。

孩子的老师就是陶行知先生，他并没有直接责怪家长的行为，而是幽默地说："恐怕一个中国的'爱迪生'被枪毙了。"

接着，他进一步分析说："孩子的这种行为是创造力的表现，您不该打孩子，要解放孩子的双手，让他从小有动手的机会。"

"那我现在该怎么办呢？"这位母亲听了他的话，觉得很有道理，感到有些后悔。

"补救的办法还是有的，"陶行知接着说道，"你可以和孩子一起把金表送到钟表铺，让孩子站在一旁看修表匠如何修理。这样，修表铺就成了课堂，修表匠成了先生，你的孩子就成了学生，修表费成了学费，孩子的好奇心就可以得到满足了。"

4. 与社会的沟通

南开大学孕育于新文化运动中，诞生于五四运动时期。在北洋军阀的黑暗统治下，教育得不到重视，而且由于南开是一所私立大学，其资金和师资相当缺乏。因此，其成立之初的艰难是可想而知的。

1919 年开学的时候，南开大学只有一所二层楼校舍，楼上办公，楼下吃饭。这一时期，学校经费缺乏，张伯苓校长多次南下募款。

随着学校的发展，校址不广、屋舍狭隘成了突出矛盾。1922 年 3 月，学校租定八里台村北、村南公地两段共 400 余亩，兴建教学楼、男女生宿舍和教员住宅。1923 年 6 月，教学楼及男生宿舍首先完工。教学楼题名"秀山堂"，并立秀山铜像以资纪念。

1923 年学校有了新的发展，秀山堂、第一二男生宿舍、女生及教员住宅共 9 栋楼全部竣工后，美国洛克菲勒基金会捐助建筑及设备费 12.5 万元，河南袁述之捐款 7 万元，开始兴建科学馆。

凭着张伯苓校长广泛的人际关系、非凡的沟通交际能力，南开不仅渡过了所有难关，而且还发展成一所师资和财力都比较雄厚的大学。

随着时代的发展变化，校长不能把联系群众仅仅理解为与校内教师、学生及家长的沟通。素质教育是开放式教育，要求校长必须加强与社会的联系。

这主要有两方面的内容，一方面要向社会宣传学校，让学校服务于社会；另一方面了解社会对学校的需要，同时也要赢得社会对学校的支持。国内"网上名校"的诞生就是这种沟通能力的成功体现。

总之，校长通过自身良好的沟通力，能让学校从社会资助中得到迅速发展，同时也能为学校树立起良好的形象，而这些对学校来说，无疑都是至关重要的。

学校是由许多不同的组织及相关人员组成的。由于每个人的成长环境不同，每一个组织有不同的业务，每一个学科的教学也有不同的特性和侧重点，所以在人际交往、业务处理、教学活动等各方面，常因定义的不同产生沟通冲突，甚至产生误解或形成歧视，导致人际冲突或业务无法顺利推动的窘境。

一位优秀的校长应该保持与教师的广泛沟通和接触，在沟通中消除隔阂，达成共识，增进友谊；在接触中了解教师，倾听心声，解决问题；在与更广泛层次的人员的联系中交流思想、融洽感情、传达信息。这既是校长的为人之道，也是其治校的重要举措。

案例分析

沟通，是一个互动的过程。它是在两方或两方以上之间，为了设定的目标，把信息、思想、情感在个人或群体之间传递，并达成协议的过程。

沟通的方式是多种多样的，最普通的形式当然是交谈，但也不仅仅是指语言的交流，因为信息、思想、情感的传递可以有很多种类型。如一个动作、一个眼神、一句问候，这些都是构成沟通的基本元素。

校长在和学生、教师、社会沟通的时候，可以运用多种方式，如单独谈话、集体会谈、演讲等。但是，这些主要的沟通方式都对校长的语言表达能力提出了较高的要求。

信息时代的网络更是为校长开辟了一种崭新的交流方式，如通过网络传递电子邮件、在网上建立学校的论坛等。这些沟通方式又对校长的文字表达和阅读能力提出了相当高的要求。

因此，校长在沟通之前，请尝试做好以下五项工作：

1. 学会交谈

人与人之间最常用的沟通方法便是交谈，因为交谈有着一个其他方式无法相比的优势：直接传递和直接反馈。

在这种方式下，信息可以在最短的时间内被传递，并得到对方回复。因此，人们在沟通的时候常常喜欢用交谈的方式，如开讨论会、座谈会。

但是，交谈也有其不可避免的缺点，这就要看沟通者对语言的驾驭能力如何了，当然也反映出了校长综合素质的高低。

2. 学会倾听

管理在很大程度上是沟通问题，80％的管理问题实际上是由沟通不良所致。而沟通不良的问题实际上又有很大的原因在于倾听不够。

许多管理者不愿倾听，特别是不愿倾听下属的意见，那就自然无法与下属进行真正的沟通，进而影响了管理的效果。

如果一个校长营造的工作氛围是非常融洽的，大家愿意与他沟通，校长与教师、教师与学生、校长与学生之间彼此心灵相通、坦诚相待，那就会得到良好的沟通，并形成良性循环。

倾不倾听，对校长来说，反映的是管理者对下属的态度、对学校的责任、对社会的义务、对自己的要求等问题。

而如何倾听，则牵涉一个校长的素质和水平的问题。如果认为自己听见了就是在倾听，那是不准确的，因为倾听不仅仅要用耳朵，更要用"心"去听。

3. 提高自身阅读和观察的能力

无论是看学生、教师或外界的来信，还是上网浏览别人的留言、发帖等信息，都需要一种良好的阅读能力。而这些所指的还只是一种最基本的阅读能力。实际上，阅读的过程就是一个摄取信息的过程，而摄取信息的方法则有很多，这里统称为阅读。

能够及时得到反馈的一种方式就是阅读。通过对方的调查报告等书面意见，或是通过对方的神情、反应、肢体动作等进行阅读，就能及时得到对方有意或无意中反馈的信息。这样的阅读才应该是完全意义上的阅读。

一位优秀的校长，应该以超出常人的敏锐目光捕捉每一个细小的，但确实可以反映问题的细节，如微笑、皱眉、姿势等。然后对从各种渠道、各个方面得到的信息进行精确地阅读，以便对这些信息作出准确的反应。

4. 具备高超的写作能力

我们的很多校长都具有很强的写作能力，写过无数的论文和报告。

我们不妨把这种能力应用在与教师和学生的沟通上，写作也可以作为校长与师生或外界交流思想，传达信息，增进关系，促进了解，提高工作、生活和学习质量的重要工具，它具有沟通、传达信息的重要作用。

如教师反映一些不能理解的决定，校长可以针对问题，用文章来解释，论述教育理论，阐明利害关系，引经据典，讲得条理分明、丝丝入扣，则会消解教师的疑虑。

如学生或家长来信表达一些不平，校长也可以用回信的方式，或是解释原委，或是承诺改正，以公正、恳切的语言取得学生和家长的理解和信任。

5. 提高演讲能力

当年蔡元培先生在北大就职演讲时，他纹丝不动地站着，双目灼灼如一尊威严的塑像，用一种从灵魂深处迸发出的激情和一种饱含真情的低微噪音，从严复主掌北大讲起，列举了办学的艰辛和苦衷，并阐发了自己的办学理念。

台下的学子露出如痴如醉的眼神，高喊着"讲得好，向蔡先生致敬！"而陈汗章、崔适两位老教授已经是热泪沾襟。

表面上看，演讲似乎属于一种单向的交流，但实际上，在演讲的过程中，演讲者可以直观地看到、读出听众对其所讲述的内容产生怎样的反应，是否理解、是否相信、是否支持等一些信息。

对于校长来说，讲话的机会很多，如开学典礼、毕业典礼、职工大会、节日纪念活动等。如果校长用富有激情的语言、适当的肢体动作，把自己的心情、想法、意愿等恰如其分地表达出来，则很容易引起听者心理的共鸣和行为上的合作。

良好的沟通能力，是校长能力中不可缺少的重要组成部分，也是校长综合素质的体现；

良好的沟通能力，是校长与外部社会和学校内部间融洽相处、同心奋斗的纽带，也是不可替代的重要资本；

良好的沟通能力，是每位校长都应该学习的管理技能，也是提高校长管理水平的必修课。

校长只有在高度重视沟通、提高沟通能力后，才能成为一个卓越的管理者和领导者，学校才能够按计划发展得更顺畅、更高效！

铸造高绩效领导力之终身学习

学习，学习，再学习

> 毕生保持求知欲，就一定能在重大使命上成就一件事。
>
> ——〔日〕池田大作

当今社会已经进入了一个知识迅速更新、技术频繁换代、信息几近爆炸的时代。在这样一个时代，终身学习就不再仅仅是一种观念和口号，而是一种需求和行动。无论什么人，不坚持学习、不善于学习，就会被社会淘汰。

法国著名成人教育家保罗·朗格朗于 1965 年在联合国教科文组织召开的成人教育会议上首次提出了"终生教育"的思想。他主张："教育应以伴随人的一生而持续进行的方式来满足个人及社会的要求。"这一著名观点引起了世界范围内的强烈反响。

国外调查研究表明：在农业经济时代，人们只要在 7～14 岁时接受教育就可以应付以后 40 年的生涯之需；在工业经济时代，就需要延长为在 5～22 岁时接受教育；而在知识经济时代，学习成为了终身之需要。一次"充电"终身"受用"的时代已经成为了历史。

因此在知识经济时代，学习将成为生存的第一需要。

学校是学习的地方，校长作为组织、指挥学习者的人，自身的学习问题就显得尤为突出了。一个好学的人不一定能当校长，但想当好校长，就必须首先做一个好学的人。

校长的学习能力和习惯对学校的整体的发展具有重要意义。

首先，校长的学习习惯将影响一个学校的学风。

一个人可以没有文凭，但不可以没有知识；一个人可以不进学堂，但不可以不读书；一个人可以没有老师，但不可以不学习。

作为校长，不仅自己要终生学习，还要用自身的言行引导师生也树立终生学习的理念，养成终生学习的习惯。

其次，校长的学习水平决定着学校和教育事业的发展前途。

在科技信息、知识经济高速发展的当今，面对教育的快速发展，作为一名校长必须树立终生学习的观念，因为只有具有终生学习的愿望和内在动力，才能成长为与时俱进的校长。

所以，校长必须要学会学习，在学习中做人、在学习中管理、在学习中成长、在学习中发展、在学习中创新。

再次，校长是否好学，决定着一个学校是否能转变为学习型学校。

当学校面对如何让教学质量得以提高、如何将课程改革真正落实、如何从现实的困境中摆脱出来等问题时，构建学习型学校无疑是一个可行的方案。

在学习型学校的构建中，校长无可替代地将担任制度的设计者、核心能力的创造者、愿景的开发者、关系的协调者、组织文化的营造者、危机的预警者等多重角色。而每个角色都有自身的任务，每个角色都有自身的要求。所以，校长需要拥有哪方面的知识、具备什么样的素质和能力，如何才能承担起角色的责任，都需要在不断的学习、思考和探索中寻找答案。

人大附中校长刘彭芝说："校长是个'领跑人'——面向世界、面向未来、面向现代化，领着全校的教职工不停地奔跑，领着一茬又一茬的孩子不停地奔跑。"

因此，校长必须养成一种不断学习的习惯，在学习中确立奔跑的目标，在学习中调整奔跑的方向，在学习中把师生引领到一条崭新的、正确的、通往光明和真理的路上！

 **经典案例**

福建省厦门市双十中学由菲律宾爱国华侨马侨儒、林珠光等人创办于1919年10月。在近百年的时间里，双十中学为国家培养了无数优秀人才。特别在改革开放的30年里，学校乘着改革的东风，在规模、师资、校园文

化和人才培养上有了巨大的飞跃。如今,双十中学在福建众多学校里,犹如一颗璀璨的明珠闪耀其间。

一所好学校,肯定有位好校长。

任勇是双十中学的现任校长。他先后被评为福建省优秀青年教师、福建省科技教育十大新秀之一、福建省数学优秀教练员、福建省优秀专家、厦门市优秀校长等。此外,他还荣获了"苏步青数学教育奖"一等奖,并享受国务院特殊津贴。

到双十中学访问的外地同行常常会问任勇这样一个问题:"您成功的决定因素是什么?"他总是这样回答:"是学习吧?是主动地学、用心地学、创新地学,做学习的有心人。"

在任勇看来,校长的成长离不开学习,甚至可以说,校长最重要的任务就是学习。校长只有学习才能带动全体教师的提高,这是名校的基石。为此,在担任校长的 15 年里,国家在变,学校在变,世界也在变,唯独任校长对学习的坚持没变。

作为领导者,为了掌握各科的教学规律,他不仅向名师学习,也向一般老师学习;他不仅向本校老师学习,还向外校老师学习;不仅向年长的老师学习,他还向年轻的老师学习。他"取人之长,补己所短",以此来促进学校教学水平的提高。

在他看来,向报刊书籍学习是提升自己的重要途径。十几年来,他东买西购,已有9000余册数学、教育、科学、文化等方面的书;他订阅了所有能订到的教育杂志。

同时,为了能教好书,他还在自己的专业发展上下工夫。

20 世纪 70 年代末,任校长毕业于福建省龙岩师专。工作后,他坚持不懈地参加各种进修学习班,不断提升自己的学历和能力。不久,他就读完了福建师大数学本科函授,后来还修完了福建师大教育硕士研究生课程,1995年他又完成了骨干教师国家级培训。

作为一个校长,任校长知道对教育的研究一定要达到一定的深度,于是就开始从事课题研究。课题研究的过程让他对心理教育、创新教育、现代教育技术、课改和有效教学等有了深刻的理解。

为了获得更多的教育信息,任校长积极争取机会参加全国、全省、全市的各种教育学术会议，以此了解学术动态。任校长认为，参加学术会议，往往可以聆听许多大师、专家、同行对教育的真知灼见，能发现和学习最新观点。

在北师大，肖川博士的报告及其那本《教育的理想与信念》，就给任校长带来不小的反思和启迪。由此他了解了中国教育前沿的思想，对教育有了一个全面、系统、深刻和细致的理解。于是，听完报告后，任校长就四处购买肖博士的书，收集肖博士的文章，并找机会向肖博士请教，索要一些资料。

在任校长看来，这是追踪学习，他追踪了中国最高水平的教育科研，掌握了教育科研中最具学术权威的专家思想，就等于占领了这类问题研究的制高点，掌握了教育科研的最新动态。

在学习这些教育知识的过程中，任校长也没有忽视对自己本岗位知识的学习。

当上校长后，他觉得张楚廷的《校长学概论》很适合他读，就精读它、读透它。《校长学》《校长素质论》《成功校长的实践与研究》《现代学校管理学》和《创新教育》也是任校长常看的书。

同时，任校长的学习途径很广。当他学会了在网上探索、研究后，就利用电脑进行学习；他与魏书生、张迪梅和董国华等老师一起去讲学，"顺便"听高水平的讲座；有机会，他还走出去，看看人家是怎样办教育的，怎样教书育人的，怎样进行素质教育的……

有人问任校长："最重要的学习是什么？"他回答得很干脆："是终身学习理念下的学会学习。"

任校长这样解释："在信息时代，终身学习将成为整个生活的重要内容和律令，成为人们的一种生活方式，而教师职业又注定在这方面的要求高于一般人。'师范教育'正逐步被'教师教育'取代，这等于告诉所有教师'学历社会'的终结。时代的发展要求从'学历社会'走向'学习社会'。在未来，你所拥有的唯一持久的竞争优势，就是有能力比你的对手学习得更快。为迎接新世纪的挑战，为肩负时代赋予的使命，为成为走向未来的名校长，都需要我们学习，学习，再学习。"

学习，是生生不息的超前的创造力，是最富革命性、创造性的生产力；学习，是统摄生产方式、生活方式和思维方式的动力系统。

新世纪的最大能量来自于学习，最大竞争也在于学习，学习能力将决定一切。

毫无疑问，如果今天中国的校长都能把学习作为毕生的需求，把收获付诸于实践行动，以新知领导和管理学校，不求名利，不怕困难，直到实现理想。那么，中国的教育也必将令世界刮目相看。

案例分析

一位好校长，要学习，学习，再学习，活到老，学到老。当校长的过程，就是不断学习和更新知识的过程，就是不断将所学到的知识运用于实践的过程。

然而，怎么有效地学习呢？由于学校工作的特殊性，校长每天要处理的事情非常多，在烦琐的日常工作压力之下，如何抽出时间来学习真正有用的新知识，这本身就是一门学问。

但究其根本，学习最重要的不外乎就是要"注意方法，抓住重点"，具体地说，就是要在以下几个方面下工夫：

1. 在工作中学习

校长的工作过程本身就是一个学习的过程，比如，和师生员工的交流、处理棘手的事情、与合作方的谈判、会见国内外同行、深入了解教学改革的情况等，都是一个值得学习的过程。

如果校长善于倾听、留心记忆、主动提问，就能在这些过程中发现新的知识点、了解新的动态，进而找到需要学习的重点问题。

同时，学习的过程也是工作的过程，比如，校长如果在学习、了解计算机行业的过程中认识到了信息化建设的重要性，就能把学校的信息化建设作为重点，一边学习一边建设，让学校的信息化建设达到一定的水平。

2. 高瞻远瞩而非面面俱到地学习

一位校长不可能掌握具体知识的方方面面，而是要了解大趋势、大方向。因此，校长学习不要纠缠于细节，而应该围绕办大事和思考大问题去学习，应该培养驾驭复杂局面的大智慧。

通过学习，知道什么样的人才是专业人才，做到知人善用；知道某一个领域当前的最新动态是什么，做到与时俱进。校长必须要在学习中提高分析和解决这些战略性、全局性、前瞻性问题的能力。这样我们才能凡事站得高、看得远、想得深、抓得准。

3. 在读书中学习

一个人的精神发育史实质上是一个人的阅读史；一个民族的精神境界，很大程度上取决于全民族的阅读水平。总之，书籍可以说是一个人精神成长的"母乳"。

苏霍姆林斯基说："我们要无限地相信书籍的力量。"读书可以让校长更有智慧，更有眼界，更有力量，更懂得爱，更懂得宽容……

读书时，校长们要持之以恒，并坚持每天看教育报、人民教育杂志等；多读一些关于新课程理论、名家著作和企业管理等方面的书籍。

4. 学习时必须善于思考

牛顿说："思考，持续不断地思考，以待天曙，渐渐地见光明。如果说我对世界有些微贡献的话，那不是别的，却只是由于我辛勤耐久的思索所致。"

没有思考的学习是无意义的学习，学习只有经过独立思索，内化成自己的东西，才是真正的学习。

校长要边思边学，思考学校、思考学生，思考方法如何改进、思考学校如何发展、思考周边环境的变化、思考新课程改革、思考教师队伍建设等。

然后再去学习实践过程中需要用到的知识、理论；而在学习时，我们同样不能静止地学、僵化地学，而要有针对性地学，养成思考的习惯，多想为什么、怎么办，并在思考中养成动手的习惯，勤思、勤记、勤做。

5. 学习要以问题为本

爱因斯坦说："我没有什么特别的才能，不过喜欢寻根刨底地追究问题罢了。"

没有问题的学习是没有质量的。学习应寻求一种改变，改变才可创新。校长要想主动地改变自己、改变方法，就需要树立问题意识。

学习时，校长一定要从研究的角度来学习如何管理，不断地发现问题、思考问题、研究问题、解决问题，养成问题意识，从而不断提高思考力、感悟力，提炼新见解、新观点，全面提升教育智慧和管理水平。

校长还要学会关注师生热点问题，师生想什么、要什么、缺什么、要做什么等，然后找准切入点，时刻把握问题动向，寻求解决途径。

6. 重视培训学习的方式

校长是学校的灵魂，校长素质的高低直接影响学校的办学成效。很多地方都很重视对校长的培训，专门组织各个学校的校长到一些大学或教育管理学院进行培训。

校长应该把握好这些培训机会，让自己进一步树立现代教育新观念，进一步学习利用优质教育教学资源。

苏霍姆林斯基说："校长领导学校，首先是教育思想的领导，其次才是行政上的领导。"作为一个校长，首先必须要有自己的办学思想、办学理念。这既是校长职业化成长的要求，也是衡量校长专业化程度的标尺。

而校长要想提升办学理念，必须具有先进的教育思想，而要想拥有先进的教育思想，则必须肯于不断学习，勤于思考，勇于实践。因此，学习要成为校长生活的一部分，就像人的生存需要阳光、空气和水一样不可缺少。

铸造高绩效领导力之圆融处事

高度的组织协调能力

> 人生事业成功过程中，20％靠的是知识能力，而80％靠的是人际关系。
>
> ——〔美〕卡耐基

研究表明，在学校的管理和领导工作中，校长大约要将10％以上的时间和精力用来处理各种复杂的人际关系。因此，是否具有较强的协调能力，往往成为衡量一个校长是否成熟的重要标志。

校长的协调能力，主要是指妥善处理学校外部和学校内部，以及自身与上级、同级和下级之间的人际关系的能力。

校长的协调能力，绝非像有些人想象的那样，仅仅是由校长的脾气、秉性和心理素质所决定的"单一"能力，而是由校长的道德文化修养、知识见解、才能、气质（当然也包括脾气、秉性和心理素质）等多种要素决定的"综合"能力。

校长的协调能力，是智慧的"结晶"、交往的"艺术"，有时又包含着斗争的"策略"和进取的"决心"。在正常情况下，它是确保学校管理机器轻快运转的"润滑剂"。

首先，校长的协调能力是实现学校统一思想、统一行动的具体途径。

学校工作的每一项内容、每一个环节，几乎都要统一思想、统一行动，这是首要的管理步骤，而要做到这一点，就需要校长充分发挥自身的协调能力，调整大家向一个标准靠拢，使整个学校具有一种整体性。

从系统论的观点看，系统的内部实现了思想、行动的统一，增加了系统有序性，就会出现系统 1＋1＞2 的整体效应。所以，校长要取得学校的整体效应，就必须善于在学校内部进行一系列的协调工作。

其次，校长的协调能力是在学校内部建立良好人际关系的条件。

如果学校内部人际关系紧张，矛盾得不到缓解，彼此戒备、上下冲突，甚至敌对，就会出现"内耗"和"离心"倾向，形不成合力，即使个体能力不弱，也会成为一个软散的班子，造成人力、物力、财力的浪费，影响学校整体目标的实现。

因此，要想使学校内部关系缓和、气氛和谐、彼此谅解、相互信任，就需要校长积极做好人际关系的协调工作，建立一个令大家满意、祥和的气氛，使每一个部门和每一位教职工都主动地、创造性地开展工作，自觉完成任务、实现目标。

最后，校长的协调能力是帮助学校与社会之间建立和谐关系的保证。

如果学校与社会之间出现了不和谐的音符，就会危及学校的生存与发展。因此，校长作为学校的法人代表，要想使学校与社会保持和谐一致的关系，就必须善于在学校与社会之间进行有效的协调，使社会各方面对学校的评价都能够呈现统一性、积极性。

首先，校长要加强学校和家长间的协调，取得家长的理解和支持，特别是当学校实行新的教育改革措施时，很多家长往往不理解学校的工作，甚至四处投诉，这时便需要校长发挥其高超的协调能力加以解决。

其次，校长还要努力寻求教育行政部门的理解和支持，因为校长的努力如果得不到上级主管部门的肯定，甚至有时还受到批评，那学校的工作将无法顺利地进行下去。因此，校长要多和上级行政部门沟通，以取得最大限度的帮助和支持。

除此以外，校长还应注重协调学校与当地政府部门及社区群众之间的关系。一方面积极地吸取社会上的教育资源，如资金、设备等；另一方面避免有害因素对学校的侵袭，确保学校能输出实用优秀的人才，以获得社会的承认，实现其存在的价值。

总之，学校的工作纷繁复杂，校长必须协调好各方面的关系，动员社会支持学校，调动教师同心同德，实现人与物的完美结合，成功地完成既定的目标，获取优良的成绩。

 **经典案例**

刘京海是成功教育改革与研究的主要发起人、设计者、组织者和实施者之一，曾多次被评为上海市特级教师、上海市特级校长，并经常应邀赴港澳地区及国外访问、讲学。其事迹和成功教育改革的成效在海内外产生了很大的影响，得到了各级领导和专家、学者的肯定。

而他所领导的成功教育之所以在上海市闸北八中获得了举世瞩目的成就，不仅得益于他扎实的教育研究经验和实践能力，也与其高度的协调能力是分不开的。

为了成功地实施成功教育，刘京海在闸北八中上任之初，就采取了一系列措施对学校的内外环境进行了整顿。

他一方面积极寻求区委、区政府的大力支持，以改善学校的外部环境；一方面四处寻找资金，为学校构建实验室，改善教学条件。

经过刘京海校长的多方努力，在区委、区政府的直接干预下，横在八中门前的旧货市场终于被搬走了，代之而起的是一条宽敞整洁的大道。与此同时，学校的理化生实验室、语音室、英文打字室、摄影室、美术室、音乐室、劳动室和体操室等也逐步建立了起来，一扫八中过去那种破旧、脏乱的景象。

在建设校园的过程中，刘京海不仅努力争取社会对学校的支持，还十分注意凝聚团队的力量。他亲自带领党员干部和老师们带头参加义务劳动，并宣传说："我们花钱建造十室一房，不是摆阔气、图好看，而是为了给学生创造一个良好的环境，让他们受到应该受到的教育。"

刘京海深知，实施成功教育的主要力量来自教师，所以，他十分注重协调教师与学校、教师与学生之间的关系，把教师成功作为学校工作的重点，提出学校领导要把主要的时间、主要的精力、主要的经费投入提高教师、帮助教师成功的工作中去，使教师更加信赖学校，与学校的关系也更加融洽。

刘京海还经常与教师们聊天，反复讲他的"猴子论"：一是猴子的聪明程度差不多；二是要教会每一只猴子，关键要找到适合不同猴子的方法。因此，他总是向教师们强调，弱智的孩子也比猴子聪明，要相信孩子的潜能，

同时要找出适合不同孩子的方法，唤醒他们心中的自信与自尊，引导他们走向成功。他说："我们不一定会马上找到适合孩子的教育方法，所以，在孩子还没有学会时，不应怀疑孩子是可以学会的。只要我们有一颗爱心和恒心，就一定能找到适当的方法，而寻找的过程就是师生共同成长的过程。"

如果说，刘京海是成功教育的理论家，那么，在他的领导下，闸北八中的教师们就是成功教育的实践者，他们通过与学生建立和谐的师生关系，有效地开展了成功教育。

身为校长，刘京海的脑子里不光有教师和学生，他还想到了广大的家长。他说："学校的改革，要主动适应家长、社会，主动争取家长、社会的支持。人心上来了，蒸蒸日上的'能量场'形成了，整个教育社会就能进入一种良性循环状态，很多矛盾就会迎刃而解。封闭式的办学是办不好学校的，这是历史的结论。"

刘京海认为，要使学生获得成功，需要有一种氛围，这个氛围不仅是学校内部的，而且涉及学校外部并渗透于家庭之中。由此，学校必须加强家庭教育环节，提高家长教育意识，协调家长与学生之间的良性关系。

学校为家长们举办了"把每一个孩子当天才来欣赏、当天才来培养"的主题报告会，使家长从中受到极大的鼓舞。家长们认为，"我们的孩子不聋哑、不残缺怎么会教不好"继而增强了信心。

学校还改进了家长会的内容，过去是"告状会"，现在是"促优会"。老师把学生的点滴进步告诉家长，家长很受感动，觉得孩子有希望，做家长的也有信心了。

当然，一切的改革与协调最终都是围绕学生的成长和发展展开的。所以，刘京海在实施成功教育的过程中，最注重的仍然是学校与学生之间的交流与协调。

当刘京海走在校园里时，他总是显得欢快而精神，不时地和学生们打着招呼，一会儿同这个学生点头笑笑，一会儿又随和地摸摸那个学生的脑袋。如果学生主动来找他，他更是会立刻放下手上的工作，与学生进行交流和沟通。

刘京海说："学生找校长一定是有事情的，对我来说，也许是一件不起眼的小事，可对学生来说，也许正是一件影响他们一辈子的大事呢。所以我们对待孩子的言语行为，真是应该仔细观察，千万千万马虎不得啊！"

就这样，刘京海以自己的热诚和开拓精神，以自己的疏通和协调能力，真正地实现了"成功教育"的成功，并把闸北八中推向了全国，甚至全世界，引起了国内外教育界的瞩目，也引来了中央领导的重视。

这其中，最让刘京海难忘的是李岚清同志的视察。当时，整个闸北八中都沸腾了，很多附近小巷的居民也都自动聚集在学校周围，拦都拦不住。

当李岚清同志问大家："你们说这所学校办得好不好啊？"

"好！"群众齐刷刷地回应。

"你们会不会支持刘校长把它办得更好啊？"

"支持！一定支持！"

刘京海为这股来自群众自发的认同感动了："不夸张地说，当时的场面就像在'文革'时期一样！"

李岚清同志也感动了，后来曾在很多场合都提到了这次视察，并表示："一个受到老百姓爱戴的校长，不是作假能做出来的！"

一个学校能否在竞争激烈、优胜劣汰的教育市场中健康生存、稳定发展，关键要看其自身的运行体制是否能适应教育市场，并与社会各方保持良好的协调关系。

因此，作为现代学校的校长，一方面要加强校内自我协调机制的建设，以保证校内工作的良好运转；另一方面也要注意加深学校与社会的良性互动，让社会成为办学的最大助力。

案例分析

从一定意义上讲，管理的水平就是协调的水平，领导的艺术就是协调的艺术。因此，现代校长在学校管理工作中充分发挥自身的协调领导能力，已成为学校发展的必然要求。

刘京海显然深谙个中道理，在管理学校的工作中，在推进成功教育的过程中，他把自身的协调能力最大限度地发挥了出来，使闸北八中表现出上下一同、内外一同的最佳协调效应。这主要体现在以下几个方面：

第一，闸北八中具备了充足的人力（师生员工）、物力、财力、信息等资源，且各种资源配置合理、结构恰当，人尽其才、物尽其用。

第二，对内，刘京海保持与学校领导、师生和各职能部门之间信息畅通、彼此相互了解，并使之明白各自在完成学校目标方面必须承担的责任和相互间应提供的帮助；对外，在进行深刻了解的同时，还能与上级教育部门、当地政府部门及社区群众进行较好的沟通。

第三，闸北八中内外成员步调统一，共同朝着学校的目标努力，具有强烈的团结合作精神、整体化趋势，而不是各自为政，故步自封。

由此可见，学校管理过程其实就是一种计划、组织、协调与控制的运动过程，而协调正是其中非常重要的环节。因此，校长在管理工作中，如何进行协调以保证学校工作的顺利开展，就成为关键问题了。

1. 协调学校与上级的关系

当前，校长在办学过程中，最为"头疼"的往往是办学条件和办学经费。因此，校长要办好学校，就必须取得当地政府和教育领导的关心和支持。而上级领导的工作千头万绪，校长如何才能把他们的注意力吸引到自己的学校呢？

这就需要校长学会变"被动"为"主动"，见"缝"插"针"，努力做到——勤于汇报，让上级领导及时了解学校；定期汇报，针对问题征求意见，让上级领导理解学校；年度汇报，让上级领导全面了解学校、评价学校、支持学校。

除了及时汇报请示外，校长还应有目的地主动请上级领导到学校考察工作，以求得共识，产生共鸣，使他们对学校的工作给予理解和支持。

2. 协调学校与社会的关系

随着社会主义现代化进程的加快，很多学校都要经常与校外企业和社区发生关系，方能取得他们的支持和帮助。校长在具体处理这些关系时，应注意：

积极发挥学校的智力优势，让有专长和有能力的教师帮助企业或社区解决某些技术上的疑难问题，诸如计算性的问题、培训工作等；

利用一切条件帮助企业或社区做好必要工作，同时可利用劳动技术课组织学生去有关企业或社区参观学习，让他们了解当地的发展状况，为学生毕业后进入社会奠定基础。

3. 协调学校与家长的关系

校长让学校与家长形成密切的联系，有利于整个学校的管理。因此，每个学期，校长都必须明确地把召开家长代表会议，教师走访学生，以班为单位举行家长座谈会，把接待家长来访列入学校计划和议事日程，认真听取家长对学校的意见和建议，互相配合教育好学生。

4. 协调校长与"一个班子"的关系

一个团结、奋进的学校领导班子，应该是为实现共同目标努力工作的班子，而不是以利益为主、松散内耗的班子，这就要求校长必须做到：

坚持原则，不能感情用事；

依靠一班人，责任明确，有职有权；

以身作则，不搞特殊化；

不争荣誉，敢于承担责任；

善于倾听大家意见，勇于进行自我批评。

5. 协调校长与教师之间的关系

学校的一切教育工作与活动，最终都要通过教师的劳动去完成，教师是学校的主体。那么，校长如何才能调动教师工作的积极性，协调好双方的关系呢？

校长首先要在理解的基础上关心、帮助教师，要从物质与精神需要的实际出发，把满足教师的正当需要与实现办好学校的目标结合起来，并引导教师正确对待需要与现实之间的矛盾和差距。

同时，校长还要认真研究教师的工作特点与心理状态，努力去创造有利于教师积极性发挥的条件，使他们能够在一个和谐、宽松、公正、团结的人际关系中愉快地工作。

在新时期的历史环境下，学校已经成为一个开放的系统，学校要面对社会、面对家长、面对上级领导等，并与之发生各种各样的联系。而如何使校内外因素一体化，保持学校强大的竞争力和凝聚力，使其立于不败之地，对

领导力

此起决定作用的正是校长的协调职能。

　　校长要管理好学校，就必须严格要求自己，正确认识协调的意义和作用，不断增强自身的协调意识，在实践中努力锻炼，提高各方面的协调能力，积极主动争取社会、学生家长等各方面的配合和支持，开拓资源渠道，从而形成良好合力，提升办学效率。

铸造高绩效领导力之竞争意识

具有强烈的竞争意识

> 你永远不能休息，否则你将永远休息。
>
> ——〔美〕戈登·摩尔

在我国，随着社会主义市场经济的深入发展和不断完善，各行各业的竞争也因此成为一种必然现象，教育作为产业之一越来越融入其中，教育市场的竞争也日趋白热化。

然而，面对竞争激烈的教育市场，现代学校怎样才能平稳立足，怎样才能获得全面、快速、健康、可持续的发展，显然是一个应该引起全社会关注和思考的问题。

近年来，一部分有识之士越来越清晰地认识到，现代学校要想发展和壮大，要想成为世界一流名校，就必须尽快形成自己的强势竞争力，形成自己学校所独有的、支撑其过去、现在和未来的竞争优势。

那么，什么是学校的竞争力呢？

根据对企业竞争力的理解，我们可以认为，学校竞争力是学校在长期的发展过程中培育和形成的，蕴涵于学校组织之中的一种基础性能力或竞争优势。这种竞争力是学校所具有的各种发展要素中最关键、最重要、最本质的部分，是能够使学校在长期的竞争中稳操主动权的基本能力。

而学校是否能形成这种强大的竞争优势，首先取决于长期在计划经济熏陶下的学校校长，是否能够真正适应市场经济的发展，并树立起与市场经济密切接轨的竞争意识。

计划经济体制下的校长们已经习惯了"上级如何布置，自己就如何做"

113

的行为模式，这必然导致他们所领导的学校效率普遍低下，决策程序烦琐，缺乏风险和竞争意识，只知闭门办学，失去很多发展机会，使学校陷入一潭死水式的生存状态之中。

现在，我国已经从计划经济体制逐步进入真正的市场经济体制。在当前的市场经济条件下，衡量一个事物成功与失败的关键，就是看它是否符合市场经济规律，是否符合社会发展的方向。

在这种情况下，政府职能的逐步淡出，将会使"长官意志第一""千人一面"的办学模式受到严重挑战，我们所有的教育工作者也都将面临这种挑战，我们的思维也必将进行革命性的变化。

身为一校之魂的校长必然要成为这场变革中的领军人物。所以，如果校长不改变传统的思维方式，不能树立有效的竞争意识，一旦真正放开手脚，很可能会像某些国有企业的厂长面对市场茫然失措一样，使学校的教育工作陷于低谷。

因此，新时期的校长，一定要具有正确的教育观、人才观和质量观，要树立正确的竞争观念，在学校内部建立合理的竞争机制，注意从学校的特点出发，扬长避短，推动学校竞争机制的有效运作，不断增强学校的竞争实力，从而使学校在竞争中不断获胜。

 经典案例

长沙铁道学院是一所规模中等的一般院校，但近几年却以发展快、势头猛而引人注目：

年科技项目从 1993 年的 158 项猛增到 1998 年的 322 项，翻了一番；

年科研经费从 280 万元，增加到了 2885.94 万元；

科研水平和层次明显提高，主持国家、省、部级项目 199 项；

学科学位建设日趋完善，博士生导师由 2 名增加到 9 名，有博士、硕士点 21 个；

教学质量提高，英语四级及其他专业统考均在一般院校中名列前茅；

学校的社会声誉良好，培养出来的学生以基础扎实、适应性较强而深受社会欢迎，毕业生安置率连续几年达 100%；

办学条件、校园建设、教职工生活待遇逐步改善，学校率先建成了湖南省和铁路系统中第一家与国际 Internet 连接的计算机校园网。

目前，全校上下人心思奋，各项工作生机勃勃，学院的凝聚力明显增强，像一只充满活力的陀螺，继续保持良好的发展势头。

而这些成绩的取得，与以院长谷士文为首的院领导班子始终保持高度的竞争意识是分不开的。

谷士文，1944 年出生，1967 年毕业于北方交通大学，1978 年调入长沙铁道学院，先后担任过助教、讲师、副教授、教授、博士生导师，1993 年任长沙铁道学院院长。

市场经济的严峻挑战以及一院之长的忧患意识，促使谷士文不断地对高等教育的出路进行深层思考，而几次出国的研究访问则使他透彻地了解到了国际一流大学的办学模式和运作机制。尤其是美国麻省理工学院的竞争意识与氛围，给他留下了深刻印象：

"麻省也好，长院也好，生存发展靠什么？靠自身实力，公平竞争，大家凭实力说话。因此，办学一定要走内涵发展的路，也就是练内功，想方设法使自己活起来、转起来。打个比方，小孩玩的陀螺，不转就是死的，一个学校也是同样道理，要不停地转，转起来才稳定，才能前进。那么，要有一种力量使其不断运动，这种力量是什么呢？就是竞争。

"我们所处的是一个竞争的时代，铁路本身就面临着运输市场的激烈竞争。过去办学只需考虑教育规律，现在不行，同时还得考虑市场规律。"

于是，谷士文在学院党委的领导、支持下，迅速确立了学院发展的基本方针和总体思路，以教学科研为中心，以学科学位建设为龙头，深化改革，以充实内涵求发展，努力提高学院的整体水平和竞争力。

几年来，一幅全方位的学院管理体制改革蓝图在谷士文的手中一年一年地被描绘出来了，一系列方案、措施相继启动，每一项、每一环节，无不闪烁着"竞争"的锋芒，体现出学院求发展、争一流的锐气。

以全员考核和专业技术职务重新聘任为核心的人事制度改革，使每位干部、教师、员工绷紧了心弦：

德、能、勤、绩全面考评，分 A、B、C、D 四档，其结果与工资奖金挂钩；

115

院、处级干部分开述职，领导考核与群众考评相结合，平者让，能者上；

高职低聘、低职高聘，打破了专业技术职务的终身制，把浑浑噩噩者彻底淘汰出局……

教育教学改革以观念转变为先导，以本科教学评价达优为契机，注重全面提高教学质量：

对参与教学改革的教师在经费、奖励、工作量计算等方面给予倾斜，鼓励教师参与教改，多出教学成果；

申报副教授，必须公开答辩；

学生根据教学质量，择师选课，没人选修的课程，教师在家待着，没有酬金……

科研体制改革则以学科学位建设为龙头，加大对重点项目、课题的扶持力度。学科带头人也由内定转为公开选拔，变静态为动态，一定时间内不出成果，自动让贤。

设备经费投向也一改过去"撒胡椒面"的做法，由平均分配型转向投资效益型，重点装备有实力、有水平、有效益的教学、科研、实验部门，形成了要投资可以，请先出示"效益评估论证报告"的体制模式。

除此以外，学校还积极推进了以"福利型"向"社会型"转化的总务后勤改革，以董事会联合办学为标志的办学体制改革等。

谷士文正是通过这种压力的层层传递，通过竞争意识的增强和竞争机制的引入，使"市场""质量""效益""竞争"四个观念在全院干部教师中达成共识并转化为具体行动，驱动了"竞争之力"，引发了长院的"陀螺效应"，走活了全院一盘棋。

然而，仅仅解决了这些问题，学院就能上水平、上台阶吗？

谷士文又把眼光投向了更深远地影响竞争实力的决定性要素——人才。

"未来的竞争，说到底是人才的竞争，人才是金。'大学者，非大楼之谓也，乃大师之谓也'。人才层次、学术水平如何？有没有攻坚克难的集团冲击力？是否形成梯队？是显示竞争实力的最重要标志，关系到学校能否在竞争中保持优势，争得一席之地。具体到一个学校，那就是师资队伍、科研队伍和管理队伍的建设水平。这是创办一流大学最困难也是最关键的问题。"

谷士文说："我是普通教师出身的院长，我理解教师，他们是学校的支柱，也是我们参与竞争的基本力量。我有我的用人标准和人才观，俗话说：是骡子是马拉出来遛遛，的确是人才，厚爱、重用、善待，不求全责备……"

作为一校之长，谷士文通过各种形式和途径宣传"尊重知识，尊重人才"的理念，倡导一种新型的人才观。在他的倡议下，学校制订了"稳定、引进、培养、竞争"的师资建设方针，提出了"感情留人、事业留人、待遇留人"的工作方针。

在全院处级干部学习班上，谷士文亲自宣讲"未来的人才观"，介绍21世纪对人才的需要，国外一流学校重视人才的经验；在全院教职工大会上，他尽力宣传"大学乃大师之谓也"的思想，大声疾呼要打破传统的意识，努力培养我们自己的大师。

在学校党委的支持下，他大刀阔斧地进行人事管理和师资队伍建设方面的改革，主持制订了一整套吸引人才、重用人才、鼓励人才脱颖而出的政策，努力营造出一种和谐宽松的环境。

在谷士文的领导下，学院自1993年以来，共培养在职博士生38名，引进各类人才109名，其中博士或副教授以上的29名，还有14名曾调往沿海地区或其他单位的师资骨干又回归长院。这些人都成为学院教学科研的中坚力量，为学院的腾飞增添了强大的竞争力。

竞争是发展的源泉，没有竞争就没有发展；
竞争是前进的动力，没有竞争就无法前进；
竞争是效益的灵丹妙药，没有竞争就难获效益。
学校需要发展、需要前进、需要效益，所以，学校必须具备强劲的竞争力，校长必须具备强烈的竞争意识，要有按照市场经济规律运营教育资源的能力，并向管理要效益，向管理求发展，从教育与经济的内在联系上发现竞争规律，领导学校在市场经济的浪潮中站稳脚跟。

 **案例分析**

在全国教育事业面临严峻挑战、举步维艰的转轨时期，面对长沙铁道学

院所取得的良好的、强劲的发展业绩，院长谷士文的回答是："都是逼出来的！"

这真可谓一语道破天机——现代学校要想在激烈的竞争中立于不败之地，真正做大、做强、做久，就必须形成学校的竞争优势；要想尽快形成学校的竞争优势，校长就必须尽快树立起自身的竞争意识，从内到外提高学校的竞争能力。

在市场经济体制下，谷士文果断地为学校建立了有效的竞争机制，使全校上下都树立了强烈的竞争意识，这是适应市场经济发展的办学思路，也是遵循办学规律的改革模式，对学院实现可持续发展，充实内涵起到了积极的推动作用。

身处时代洪流中的校长，必须牢牢抓住学校在由计划经济向市场经济转轨的这一契机，树立新型的竞争意识，制订新型的竞争管理机制，带领学校迎接市场大潮的洗礼。

1. 树立以学生为本的管理理念

加入世界贸易组织后，我们的竞争对手不但有中国教育界的同行。而且还会有国际教育界的同行，在这种教育竞争日趋激烈的时候，学校工作可谓千头万绪，而以学生为中心的管理理念，其实就是办好一所学校的"纲"。

只有纲举目张，才能真正抓住办学的主要矛盾，才能使各项工作有条不紊地展开。谁抓住了以学生为本的"纲"，谁就抓住了学校发展的契机，谁就是胜利者——这个学校在市场经济的大风大浪中就能"胜似闲庭信步"，永远处于不败之地！

校长就是要以学生为中心制订治校方略，如果校长眼睛盯住学生、盯住市场，学校上下就能营造出以学生为本的理念，全校的教职员工就会人人眼中有学生，学校各项工作也就能真正以学生为中心展开。

2. 树立家长是"上帝"的经营理念

现在的教育界是非常忌讳"家长是上帝"这个概念的。但事实上，现代教育早就明确定位在第三产业即服务行业上。而且，这里所指的家长是"上帝"，并不是说民办性质学校的家长才是"上帝"，而是包含了所有学校。

"消费者是上帝"既是国际流行语，也是社会进步的体现。在社会分工日益明确的现代化社会中，在市场经济完全取代计划经济后，每一个人在社会中都有两种身份———有时是"上帝"，有时是"服务者"。

社会上我购买你生产的产品，要求没有假冒伪劣，货真价实；学校校长同样如此———你的孩子到我这里读书，我要诚心对待，如同对待自己的孩子。

3. 将市场经济法则适度引入学校管理之中

校长在办学过程中除严格遵循教育内在发展规律、按教育需求运行外，更为重要的一点，就是要把握市场经济规律的脉搏，将教育规律和市场经济规律有机地结合起来。

校长要通过贯彻市场经济法则，让教职员工具有危机感，逐步使教职员工在办学中消除"国立学校按拨款吃皇粮，吃不饱也饿不死，反正学校办好也不增加收入，学校办糟，国家拨款照拿，国家拨款机制不变，我们就照样生存"的错误观念，形成真正将国家利益、集体利益、个人利益紧紧结合在一起的三位一体的机制。

第一，引入市场经济的成本概念。校长要按照社会的需求决定办学规模，按照固定资产的年限进行折旧，按照教育成本进行核算，按照办学的效益提取工资，划小经济核算单位，让学校的兴衰与每一个教职工的实际利益挂钩，使增收节支成为每个人的自觉行动。

第二，接受市场经济的评价机制。校长在办学时，除要接受政府部门的评价和检验之外，更重要的是接受市场、家长和社会的评价。如果学校通过了政府部门的审批，但社会美誉度差，家长、学生不认可，没有生源，学校就不可能发展。

第三，引入优胜劣汰的用人机制。校长在人员的使用和管理上，要严格执行"能者上、平者让、庸者下、劣者除"的用人机制，优质才能优价，优价才能优酬，使教职工的才能得到最大限度的发挥，充分挖掘他们的潜能。

第四，把握市场的供求规律。校长必须明确，社会的需要就是我们的办学方向，我们要以极其敏锐的眼光培养社会需求的各种人才，这样才能在竞争中获胜。

市场经济是最公正和最无情的，"适者生存"的准则适用于任何一个方面和领域。但同时，它又"道是无情却有情"，你如果顺应了它的规律和发展潮流，它就会给你很好的回报；反过来，如果一旦违背规律，就必然会遭到惩罚。

　　教育一向是人们在与竞争对手相抗衡时的有力武器，学校作为教育的载体，同样也不能逃避市场经济规律和发展潮流，必须积极参与教育市场的激烈竞争。

　　而学校的校长，显然是学校参与教育竞争的先锋和主力，他决定了学校的竞争文化、竞争机制和竞争氛围，并最终决定了学校的竞争能力。所以，一校之长的竞争意识是绝不容忽视的，而且必须提高到关系学校前途命运的高度！

铸造高绩效领导力之专业素养

努力提高自身的专长力

> 如果没有系统知识的帮助，先天的才能是无力的。直观能解决很多事，但不是一切。天才和科学结合后才能取得最高的成功。
>
> ——〔英〕赫伯特·斯宾塞

教育家陶行知曾经说过："校长是一个学校的灵魂，要评论一所学校，首先要评论它的校长。"

不但教育家有这样的认识，今天，一所好学校必然有个好校长已经成了人们的共识。现实中也确有无数个因为校长的出色工作而使学校面貌大为改观的生动实例。

目前我国在职中小学校长已达到 100 万人，这支百万人的中小学校长队伍，在我国基础教育发展及推进素质教育的进程中起着非常重要且关键的作用。

提高这支队伍教育和管理的专长力，提升他们的个人素质，使得校长队伍更能适应当前多元化、信息化的国际趋势以及基础教育领域的深刻变革，是一个越来越值得关注的课题。

作为一个职业群体，校长队伍在结构上表现为宝塔形，在个体上呈现出水平意义上的层次性。大体上可以划分为三个层次。

第一层次：合格校长。

这一层次的校长必须具备德、识、才、学、体的基本素质，这是做校长的根本。

德，指校长的政治、思想、品德和个人心理素质；识，指校长的见识、胆识、预见能力和谋略；才，指校长的领导经验、领导能力和领导艺术；学，指校长的业务知识和知识结构；体，指校长的身体健康状况。

第二层次：优秀校长。

优秀校长不但具备五种基本素质，还具有一定的办学思想，是在全面符合合格校长素质要求的基础上，又在领导工作中积累了丰富的经验，并使之升华为一定的理性认识，从而形成自己的办学思想和办学特色，有比较成熟的管理措施和操作套路，并在实践中不断地获得成功。

第三层次：专家型校长。

专家型校长是校长群体中的最高层次。他们能够深刻把握教育科学、学校管理科学、心理科学和一定的社会科学理论，形成系统的、有独到见解的办学思想，并在实践中创建特色化的办学模式和管理模式，能以实际的办学经历和业绩赢得社会的广泛认可。

而且专家型校长能够著书立说，对基础教育的改革与发展在理论和实践上作出有指导意义的建构。

很显然，专家型校长区别于其他层次校长最显著的特点有二：一是在教育教学方面，他拥有深厚的理论知识；二是在教育管理方面他拥有高超的创新与实践能力。这也是专家型校长与众不同的卓越的专长力。

从实际学校管理经验中看，每当教职工接受校长提出的方法去办事时，多半并不是因为该方法最有效而接受它，而大多是因为对自己的领导者之能力具有信心而接受它。在这种情况下，校长作为领导者所发挥的就是专长力的威力。

专长力包括专业技术能力与管理能力。所谓专业技术能力，就是指教育教学能力；所谓管理能力是指对组织所处环境的洞察力，以及为学校发展制订决策、组织指挥、协调控制的能力。

校长若想带好一个班子，然后通过这个班子影响教师队伍，全面贯彻教育方针，全面提高教育质量，就要不断充实自己，丰富自己的治校理论知识，不断提高专长力，并且学以致用，具体问题具体分析，使这些理论活化起来，内化、积淀为自身思想架构的一部分。

 **经典案例**

熊梅，东北师范大学附属小学校长，出生于 1964 年。1988 年毕业于东北师范大学，获教育学学士学位；1991 年获教学论硕士学位；1996 年获教育学博士学位，师从王逢贤先生。

凭借自己的努力工作和勤奋钻研，她在基础教育领域取得了骄人的成绩，引起了教育部的注意。1998 年，她被教育部基础教育司借调到综合教育处任职。随后，在 1999～2001 年到日本筑波大学教育学研究科教育课程学研究室做博士后研究。

2001 年 8 月，熊梅——这位教育学的博士，接过了东北师范大学附属小学校长的工作。

通过在国内外的系统学习和研究，熊梅在基础教育领域逐渐形成了自己独特的思想体系和风格特征，这为她 2001 年接任东北师大附小校长、创办中国第一所开放式学校打下了坚实的基础。

1. 超强的教育理论钻研能力，使之承担多项教育课题研究

基于 10 多年的执著钻研与几年来的科学实践，熊梅先后在国家级的核心期刊上发表了 50 多篇关于学校课程与教学论研究及开放式学校组织文化的构建等方面的论文，并取得了突破性的成果。

这使她有能力，也有实力独自承担起国家、省部级课题。其中启发式教育实验研究（教育部人文社会科学"九五"项目），"关于基础教育教学质量评估标准的研究"（全国高等院校第六届霍英东青年基金会项目）已结题。

她正在承担的国家省部级"十五"课题，"开放式学校的构建与组织文化的新生"和"综合实践活动与小学生自己概念的形成实验研究"也深获好评，并获得吉林省科学技术进步一等奖、吉林省教育学会第六次教育科学优秀成果著作类一等奖、吉林省第四届教育科学优秀成果论文类一等奖等奖项。

虽然有着众多的成果和如潮的好评，但是对于执掌师大附小帅印的熊梅来说，学校正在经历一个前所未有的转型时期，正在实践着新的"开放式、个性化教育革命"。因此，她仍然不敢有些许的松懈。

中国教育学会中小学整体改革委员会主任吴秉寅这样评价熊梅和她的"开放学校的构建与组织文化的新生"："近几年，学校围绕'开放式学校的教育理论与实践'这一课题，着重探索开放式学校的构建与组织文化的新生，在硬件和软件建设方面，在理论层面和实践层面都取得了可喜的成果，形成了高层次的东北师大附小文化，使东北师大附小出现新的辉煌，成为一流的现代化学校，升级为中小学整体改革专业委员会实验基地。这些成果，是熊梅校长先进的办学理念付诸办学实践的必然结果。"

而东北师范大学校长史明中先生则认为：是我选了东北师大附小的校长，而事实证明她做得挺好。

从以上评价不难看出，熊梅校长已形成了自己科学、严谨、求实、创新的特色风格和独特的思想理论体系。

2. 深厚的教育理论基础，使之引领学校在教育实践上取得丰硕成果

熊梅校长作为研究教育课程的专家学者，不仅完成了教育理论研究与基础教育实践的完美结合，而且还实现了和谐统一的发展。

东北师大附小的蓬勃发展，离不开熊梅校长呕心沥血的辛苦工作。她本着继承与创新、改革与发展的科学发展观，用一种追求创新发展的精神，用开放的视界、战略的眼光，不断创新管理、深化改革，取得了令人赞叹的成就。

（1）2002年，为了引领学校教师专业化发展、名师教育的推陈出新，熊梅倡导在"青蓝工程""希望之光工程"的基础上，实施"名师培养工程"，分为"首席教师""学科带头人""骨干教师"三个系列，与上述两个工程一道，形成了东北师大附小阶梯式的优秀教师培养工程体系。

（2）2003年，为了宣传师大附小的先进文化，熊梅在"三个队伍建设""三个文明建设"的基础上，倡议创办师大附小校报《摇篮》。

（3）2004年又创办了校刊《东北附小》；同年，建设并开通了东北师大附小校园网络工程。这一系列文化建设活动的开展，把学校勤奋学习、刻苦钻研的校风推向了新的高潮。

（4）为了使教师接触到世界最先进的教育体制和模式，让他们具有开阔的视野，三年来，学校共安排了24名学科带头人和骨干教师分两次出访开放教学方面起步较早的日本，考察日本的开放式教育。这为学校实施"开放

式、个性化"的教育改革，既培养了队伍，又培养了人才。

(5) 在创新管理的过程中，熊梅校长的教育管理才能得到了充分展现。在以人为本、和谐发展、创新管理、深化改革的基础上，熊梅提出了 16 字方针"统一领导、相对独立、相互促进、共同发展"。

(6) 熊梅又对学校各部门和分校各部门进行了改革重组，减少干部指数，强化一体化管理，实施管理中心下移和弹性管理方式。

在熊梅校长的管理下，这所创办于 1948 年的学校成为新时期全国的著名小学之一，被誉为"吉林省基础教育的一面旗帜""全国中小学整体改革实践基地校的排头兵"。

而且，在熊梅"三年打基础，五年具规模，十年见成效"的基础上，东北师大附小已经逐渐形成一个充满活力的团队，创造出了一个新型的开放式的学校。这种新型的学校组织文化的构建，必将成为东北师大附小再创明天之辉煌的根基！

在新的历史时期，在市场经济体制下，响亮地提出造就专家型校长的命题，提出校长专业化的发展目标和发展方向，有其特殊的意义。

这一提出不仅有利于广大校长真正做好自己分内的事情，切实履行职业角色的职能，排除非教育、教学因素的干扰，从而使学校教育更好地为社会主义现代化建设服务，为学生健康、和谐的发展服务，而且有利于加强校长的队伍建设，提高校长的整体素质和能力，从而造就一批精英化教育管理专家，打造中国校长的"品牌"。

案例分析

从熊梅校长的胸襟、抱负、视野和教育理念，从她由专家、学者再到校长、教育家的成功转型中，我们看到了基础教育管理者未来发展的必然趋势——专家型校长。

专家型校长，最根本的要求就是校长要确立专业领导、专业管理的思想，把学校管理作为校长的本职专业，并与教育理论和实践相结合，换言之，就是校长的专业化。

校长的专业化，就是校长的素质和能力的专业化，校长工作的职业化。那么，什么是专业化，专业化的标准又是什么呢？

美国教育协会确立了专业化的8项标准：应有高度的心智活动；具有特殊的知识技能；受过长期的专业训练；不断在职进修；属永久性职业；以服务社会为目的；有健全的专业组织；能遵守专业伦理。

台湾学者林清江对此总结了7项特征：为公益提供重要服务；系统而明确的知识体系；长期的专门训练；适当的自主能力；遵守伦理信条；组织自治团体；选择组成的成员。

国内专家认为，校长的专业化，同法官、律师、医生等职业一样，至少必须具备这样四个方面的要素：

1. 有与从事校长职业相应的理论知识和技能，必须接受必要的专业教育和训练。这些理论知识和技术并非是任何人都能掌握的，也不是任何人都可以接受这种专业训练的。

2. 作为专业的职业，必须承担重要的社会责任，必须具有敬业精神、服务理念和职业道德。

3. 具有区别于其他行业的相对的独立性和自主性，具有一定的专业能力。

4. 具有一定的专业组织团体。

总之，现代的校长要想达到专业化水平，必须从以下几个方面努力和提高：

1. 树立正确的现代教育意识和管理理念

要认真学习马列主义、毛泽东思想、邓小平理论和"三个代表"重要思想。用马克思主义的立场、观点、方法去观察问题、分析问题、解决问题，做到实事求是、一分为二、客观办事。

要认真学习党的政策、法律法规。提高自己的政策水平，只有熟悉方针政策，才能审时度势、掌握方向、作风稳健，保护学校师生权益。

2. 构建以教育管理知识为核心的复合型知识结构

校长专业化的知识结构是一种通识型、通才型、一专多能的知识结构。校长的知识结构由现代科学与人文基础知识、教育管理的专业基础知识、教育管理的专业知识、现代信息知识等组成。

要认真学习教育心理学以及学校管理等理论知识，提高专业知识水平。只有熟悉教育教学业务，才能组织领导好学校的教育教学工作，提高学校办学水平。

3. 具有学校管理的专业能力

学校管理的专业能力，主要包括校长的决策能力，理解他人和与他人沟通、交往的能力，指挥、组织、协调的能力，学校经营和公共关系的能力，反思与探索研究的能力等。

要认真学习经济管理理论知识以及关系学方面的知识，只有熟悉这方面的知识，才能协调好上下级关系，得到上级的关心、下级的支持，才能善于经营理财，为学校创造经济效益，改善办学条件、生活条件，开创学校新局面。

4. 要具有强烈的服务观念

对于校长来说，服务意识十分重要。要为学生服务，为教职工服务，为教育教学工作服务，要时刻注重自身职业的服务性。

5. 具有学校管理的智慧与艺术

管理智慧与艺术是各种专业在校长身上的有机结合，是管理知识、才能、经验、技能技巧综合的反映，是校长管理学校的最高境界，是专业化校长的必然要求。

校长管理学校的智慧与艺术主要表现在四个方面：发现学校教育管理中问题的敏锐性和判断力；处理问题的机智；善于把握教育时机和管理时机；具有吸引人、影响人的形象和魅力。

6. 接受专业养成教育训练，参加一定的专业团体

校长必须接受任职资格培训、提高培训和高级研修培训，积极参加教育管理专业协会的活动。这是提高校长专业化水平的重要途径。

同时，还要认真学习现代信息教育技术，提高对该技术的操作能力和信息化管理水平，尽快适应现代信息技术教育的需要，加快学校建设的步伐。

校长的教育专业知识和管理才能是办好学校的基础。在当前学校知识更新（推行新课程标准）和现代信息技术教育迅猛发展的新时期，更要求校长有战略头脑、政策头脑、专业头脑和经济头脑，只有具备多种智能，才能高

瞻远瞩、开拓探索、创新进取、办好学校。

今天，作为学校的管理者、组织者，学校发展的决策者、师生员工的服务者、学校发展的经营者、学校与社会的协调者、现代学校教育的研究者，校长必须对自己的职能重新定位，提高自己的思想认识和管理水平，争取做一个专家型校长。

只有成为专家型校长，才能成为"教师的教师"，才有能力培养出优秀的教师，才能创建有特色、有发展的学校，才能使学校教育完成时代和社会赋予的培养优秀人才的伟大使命！

铸造高绩效领导力之另辟蹊径

独特的思路决定独特的出路

> 独辟蹊径才能创造出伟大的业绩，在街道上挤来挤去不会有所作为。
>
> ——〔英〕布莱克

一个A鞋厂的推销员，一个B鞋厂的推销员，同时来到太平洋一个岛国推销鞋。他们看到同一个事实：这里的人不穿鞋。

A鞋厂的推销员向厂部发回信息说："这里的人不穿鞋，鞋在这里没有市场。"然后就离开了这里。

B鞋厂的推销员向厂部发回信息说："这里的人还没有穿鞋，市场前景看好。"然后他把一双最好看的鞋送给国王穿。这里的人看到国王穿鞋，结果人人穿鞋。于是他在这里开设了卖鞋的商店。

后来，A鞋厂倒闭了；B鞋厂发财了。

两个推销员面对同一个事实，因为思路不同，得出了不一样的结论。A厂推销员的常规思路带来的是灭顶之灾；B厂推销员的独特思路换来的却是独特的出路。

在这样一个知识发展突飞猛进的时代，国家为了适应知识发展的需要不断地进行教育改革。因此，各所学校的校长身为教育改革第一线的实施者，面临的问题不但数量多，而且极其复杂。所以，独特的思路对校长们促进学校发展同样重要。

一些校长在学校建设中，总是按部就班行事。当面临难以解决的问题时，就不停地抱怨学校的条件不好、学生不够聪明、教师水平低、学校的地理位置差、资金不足等。

总之，他们很难看到学校的出路，于是就像 A 鞋厂的推销员一样断定学校没有出路，干脆就上级教育部门"叫咋办就咋办"，是非成败只等上面说了算。

可是，校长是学校的决策者，学校的好坏关系到校长的责任心问题，也关系到校长的能力问题。一所学校能成为名校并非一路坦途，而一位校长在打造名校的过程中，并非只有无限的风光。在学校遇到苦难时，他应该用独特的思路为学校开辟出一条独特的出路来。

思路是一种思维方式，是人们在实践中通过分析、综合、判断、推理等形式认识事物、解决问题的轨迹。在学校的发展中，校长的思路决定着学校的发展方向和出路，从而最终影响学校的生存状态与命运。

对学校而言，正确的思路如同明灯，能指引学校冲出阴霾，走向希望和光明；而校长在寻找自身定位和出路的过程中，也将随着学校管理环境的变化不断修正和完善其发展思路和发展目标，并由此带领学校走上一条稳定、持久发展的名校之路。

作为一校之长，在总结过去经验教训的基础上，打开思路，走出围城，多观察外面的世界，不放过每一个对学校发展有利的条件，并综合利用这些条件，独辟蹊径，就能带领学校走出困境，迎来属于自己的春天。

过去很多经验证明，那些缺乏想法、思路狭窄、思维呆板僵化的校长，管理学校所用的办法与措施也因循守旧，导致学校的发展前景黯淡。

相反的，那些思路独特、思维广阔的校长，所提出的解决问题的新办法与措施则层出不穷，使得学校求发展的道路越走越顺，出路四通八达，前景也充满希望。

因此，校长在为学校寻找出路时，不能死守着那些条条框框，或是一味地等待上面的指示，而应该具有另辟蹊径的创新思路。

 **经典案例**

禄劝民族中学是一所由中央、省、市、县逐级投资创办的完全中学，1995 年开始筹建，1997 年 9 月正式建成招生。由于发展迅速，2002 年学校

一次性晋级为"云南省一级一等完全中学"，2005年成为云南高中教育综合改革试点学校。至2008年6月底，学校先后荣获国家、省、市各级各部门的表彰和奖励40次。

在短短的10年间，禄劝民族中学从云南众多知名中学中脱颖而出。为什么它能有这么快的发展，看了时任校长赵家华先生的学校管理，人们就能得出一个圆满的答案。

1997年，经民主推举和竞聘，赵家华成了禄劝民族中学的当家人。

因为是刚刚筹建，学校除了硬件设施外，其他一切都还是零。师资力量、规章制度、教学特色设定和校园文化建设等一系列的软件设施都需要建立。对于一个新建学校的领导者来说，这些可能不是最大的问题，而学校该向什么方向发展，如何在众多的中学中崭露头角，才是摆在赵校长面前的最大问题。

为此，赵校长专门组织专家为学校的发展进行了深刻的探讨，还特地到一些知名中学求取经验。很快，赵校长拟定了一套学校管理方案。

赵校长学校管理的宗旨是："以为社会培养人才为宗旨，以培养学生创新精神和创新能力为重要任务；在管理中要具有创新意识。"实践证明，在后来的管理过程中，赵校长很好地做到了这些，而且取得了很好的效果。

首先，赵校长拿出了自己独具特色的教育理念以及捍卫自己理念的毅力和勇气。

赵校长认为，培养人才是学校的根本，必须把培养学生的能力和发展学生的个性放在突出的地位。他再三向教师们强调，禄劝民族中学是造就"具有灵活大脑的学生"，不是造就"死板学生"的。他指出："只知道让学生读死书的学校，结果不过是造出一群呆板的学生来，这对学生的身心发展不利。"

可是，在他"不要求学生读死书"和"发展个性"教育理念的指引下，学校第一次会考成绩很不好，他的领导力遭受了很多老师的质疑。但赵校长没有放弃自己的理念和追求，在他看来，学校第一次会考中成绩不佳与突出学生个性教育无关。培养学生的能力和发展学生的个性，是一个长效的过程。换句话说，这种教育理念只有在长时间实施后才能见到效果。赵校长的看法后来得到了印证，学校在第三年的第一次高考中就取得了优异的成绩，而且这种良好的教学效果一直延续至今。

今天的禄劝民族中学，由于在教育中另辟蹊径，重视对音、体、美特长生的训练培养，学校体育高考专业成绩每年都有 90 多分的学生，音、体、美特长生多次参加省、市组织的文体活动，均获得社会好评。学校先后被授予昆明市"田径传统项目学校"和"云南艺术培训基地"等称号。学校的体育教师杨国伟被选为"奥运火炬手"，参加了在昆明举行的奥运火炬传递。

其次，学校致力于培养具有如下特点的学生：活跃积极的思想，勇于创新的精神，坚韧不拔的意志和健全的人格。

在禄劝民族中学，界定"好学生"的标准，不再仅仅是要听老师的话和考试成绩好，学生是否有创新意识、进取精神以及良好的身体素质等这些综合因素成了评定学生"好坏"的重要标准。

在教师发展方面，赵校长鼓励教师摈除陈旧的教育观念，大胆打破常规的教育教学方式。在"传道、授业、解惑"的同时，侧重于激发并挖掘学生潜在的创造力和进取精神，着力营造学生与老师之间、学生与学生之间的"平等"氛围，从而强化学生的主体意识。

禄劝民族中学的学生每天有一个固定的活动：在学校的组织下，学生轮流向同学们讲述身边发生的事、学习中的问题和当天的新闻，然后进行评比。学校让学生独立去观察社会、查找资料、分析问题，进而得出结论，然后到讲台上向大家宣布自己的研究成果。

与传统教学方法相比，这种做法既锻炼了学生独立分析问题和认识客观世界的能力，让学生在不断克服困难中获取真知，又能激发学生学习的积极性，培养学生的独立学习能力，进而形成积极进取的精神和乐于学习的品德。

再次，学校率先建立一套独特的素质教育评价体系。

和很多学校一样，学校一方面全面实施素质教育；一方面进行应试教育的考试评价机制，即以学科的考试分数来评定学生的学习质量、教师的工作质量和学校的办学成绩。面对这样一对矛盾，赵校长率先建立了一套科学合理的素质教育的评价机制。

赵校长"敢为天下先"，顶住家长、社会等种种舆论压力，建立科学合理的素质教育评价机制，坚持正确的教育导向，让学校教育偏离应试教育的轨道，形成办学特色，最终赢得了社会和家长的认可。

禄劝民族中学的素质教育评价标准是绝对标准、相对标准和个体标准相结合的多元结构，以绝对标准为主。所谓绝对标准是指"建立在理性经验的基础之上"，在评价对象所在群体之外，与该群体的实际水平高低无关的客观标准。采用此标准，评价对象不必作彼此间的比较，而是同这一客观标准进行比较，可以让评价对象把握自己的实际水平，明确自己与客观标准之间的差距，这样有利于进行科学、准确的评价。也就是说，这种评价与学生实际成绩脱离。

按照传统观念，教育评价与学生成绩脱离，就无法检验教师的工作重心是否偏离。因此，赵校长这样做是要冒极大的风险的，甚至要经受失败的考验。可是，事实证明赵校长是正确的，在禄劝民族中学，没有了那种以牺牲学生的身心健康为代价的应试教育考试评价机制，一个全新教育的、更加科学和合理的评价机制在赵校长的努力下建立起来了。

因为有了赵校长这种善于思考、喜欢寻找独特出路的校长，禄劝民族中学这个看似没有优势的学校才能开辟出属于自己的道路。

经过赵校长的努力，如今的禄劝民族中学已跃居云南知名中学的前列，其教学质量和社会地位令很多学校望尘莫及。

实践证明，校长独特的思路，再加上学校各部门的共同努力，就能结出丰硕的果实，使学校的出路更宽广。

案例分析

在学校管理中，虽然"有思路才有出路"，但要想成功地开拓一条新的出路，是需要我们冥思苦想、积极探索的，这虽然是一种艰难的过程，但当我们茅塞顿开时，也会有一种走出习惯思维定式的豁然开朗之感。

在20世纪50年代，日本东芝公司也像全世界所有生产电扇的厂家一样，被堆积如山的积压产品弄得焦头烂额。

在开会讨论解决此问题时，董事长石板公然宣称："谁能引领东芝走出困境，就给他10%的股份。"

那时全世界的电扇都是黑色的，仿佛除了黑电扇就不叫电扇了。对此，一位职员建议道："为什么我们的电扇不可以是其他的颜色呢？"

于是，东芝推出了彩色电扇，一经上市，这些彩色电扇立即掀起了市场上的抢购热潮，短短几个月就卖掉了几十万台，东芝公司也由此走出了困境。

如此独特的思路，就这样简简单单地为东芝日后的飞黄腾达奠定了基础。

身处困境并不可怕，可怕的是不去寻找适合自己的出路。作为学校的带头人，如果还在等、靠、要，那怎么可能调动下属的积极性呢？

与地处昆明的很多知名中学相比，禄劝民族中学是一个不值一提的小字辈。作为一所刚办的学校，经验的缺乏、社会信任的不足，都极大地束缚了学校的发展。

但是，在这一切困难面前，赵校长并没有抱怨上帝的不公平，而是以他独特的眼光为禄劝民族中学找到了一条独特的发展之路。

学校没有基础并不可怕，我们可以向那些知名中学取经。新建的学校，虽然发展比较落后，但可以在上面画出最美的图画。新建的学校，一切都是新的，先进的教育管理理念也最容易"嫁接"，老师的教育观念也容易更新，所以更容易打开新的局面。

但是，套用别人的经验，永远都不会有特色，更不容易超越别人，赵校长深知这个道理。只有创新才有特色，只有创新才有超越。赵校长正是用创新的思路为学校找到了一条快速发展的道路，为学校铺设了通往成功的坦途。创新给赵校长带来的不仅仅是荣誉，更多的是学校超前的教育意识和良好的人才培养习惯。

"换一个想法，会换一种心情；多一个思路，会多一个出路。"

那些身处逆境的校长不妨换一种想法，不要紧盯着学校的困难不放，换一种思路我们就会察觉到学校所具有的优势。

好的思路不是凭空就可以得来的，它需要校长们提高综合素质，苦练内功。

独特的思路来源于学习和实践，一个肯于开拓创新的校长必然也是一个时刻注重学习的校长。因为独特的思路是智力、时机、实力相互碰撞激发出的火花，是过去的经验、他人的智慧和对未来的设想融会贯通的结果。

赵校长学的是学校管理专业，而且，在担当校长之前，他已经是一位有15年教龄的老教师了，可以说对学校管理的实践了如指掌。而且他一直在就怎样管理好一所学校这个课题进行研究和探索，十几年积累的不少理论知识，使他在实践中更能把握禄劝民族中学的发展出路。

但是，寻找和确立独特的思路是一项前瞻性的工作，对与错、优与劣，把握起来有一定的难度。校长在选择适合学校发展的出路时，一定要对众多方案进行比较，从思路的可行性、必要性与迫切性进行比较，若能三者齐备，当然最佳，如不然，则最好按照迫切性、必要性与可行性的优先顺序进行比较，以做出最佳选择。

每位具有创新意识的校长必须具有前卫意识，同时也要意识到，前进的道路可能是极其寂寞孤独的，也许会遭到别人的误解。但只有坚定地走自己的路，闯出一条世上本没有的路，才是中华民族教育振兴的希望之所在。

思路等于出路。学校的发展是没有止境的，依据学校的实际情况不断探求出路是每一位校长不可推卸的责任！

第三篇
名校长高绩效领导力之领导方法

　　麻雀虽小，五脏俱全。学校管理的工作千头万绪，包括用人、用权、用时、协调等各种事情。校长在处理这些事情的时候，一定要讲究艺术和方法，才能达到最大的管理效果。

　　校长的领导方法是校长在一定的知识、经验和辩证思维的基础上，创造性地运用领导原则和才能的表现。研究证明，各种有效的领导方法源自于领导者对人、事、物的准确分析。因为教师群体是一个有着高学历的知识分子群体，他们的个性及自尊心都很强，这就尤其需要校长讲究领导的方法与艺术。

　　本篇从领导方法的角度入手，甄选并论述了优秀校长们有效的管理方法，包括放权管理、信息化建设、知人善任等，希望能对广大校长提供借鉴。

铸造高绩效领导力之揽责放权

敢于放权，懂得授权

> 将能而君不御者胜。
>
> ——孙 子

在中外中学校长论坛上，不少中国的中学校长称自己"什么事都要管"，既要管学校的战略制订，又要管学生生活、学生住宿、学生食堂、教师住房、教职员工子女入托……

校长们纷纷呼吁"减负"，如此这般"什么事都要管"，责任与权力不成比例，将严重分散个人精力，导致管理不力，最后妨碍学校的发展。

校长们的忧虑确实很有道理，作为学校的"一把手"，管的事情多，不但于校长个人而言是个"重负"，高强度必然带来低效率甚至零效率，而且对学校的长远发展肯定也不利，确实是有"减负"的必要。

问题是，校长"减负"到底该从何开始呢？

有些人认为，校长现有的权力与他们所承担的责任不成比例，而减少他们的负担就是要明确他们的权力所能承担的范围内的责任。换句话说，校长是责任大权力小。

但事实上，恰恰相反，我国现在许多学校的校长，方方面面的大小事情，都管得了，以至于在某些学校，校长的一句话往往就是一个"决定"。正是因为"管得了"，所以才"有人找"，所以才不得不"都得管"。

有权必有责。手中握着无限的权力，自然也就等于是背负了无限的责任。因此，校长要想"明确责任"，要想"减负"，首先得明确权力，懂得"放权"的道理。

全新的管理观念认为："管理最少的政府是最好的政府。"这话援引到学校管理上同样有道理："管理最少的校长才是最好的校长。"在"不为"的背后其实隐含着一种大智慧，潜藏着一个大气候。

校长作为一名领导者，不可能事必躬亲，必须要将权力交给信任的下属，必须要敢于放权，并且懂得授权，学会怎样通过下属来完成工作目标，懂得怎样授予下属适当的权力。

放权，放权，再放权，这就是校长的职责。

校长要学会将工作分为必须授权、应该授权、可以授权、不应授权四大类。在授权时，要遵循四个原则：权责对等、授权不授责、循序渐进和建立约定。

这样既能保证下属分担自己的工作，又能确保下属不胡乱使用所给的权力，同时，增加了下级管理者的独立性，也就等于给予了他们创造的机会。

 经典案例

中山市一中是一所历史悠久的学校，始建于 1751 年。多年来，学校以"面向全体学生，追求全面发展，建设和谐校园"为办学理念，发扬"爱而育之、行而范之、思而导之、严而律之"的教风和"励志笃实、求精致博、质疑创新"的学风，将学校发展成为校风好、质量高、环境美、在全国具有一定知名度的学校。

按说，管理这样的名校一定事多繁杂，但事实却并非如此。这所学校的当家人——罗旭校长非常"清闲"。没有太多的人找，没有太多的会议，没有太多的问题去处理，十几年来，学校一直都有条不紊地运行着。

这看起来有点不可思议，为什么罗旭校长不像其他学校的校长那么繁忙呢？奥秘又在哪里？很简单，放权和授权。

罗校长上任之初，就开始郑重其事地与各年级组签订目标责任书，将各年级的责、权、利确定下来。责任书上白纸黑字明明白白地写着："年级组长有权通过内部管理体制改革决定对本年级授课老师的聘任，并协同分管领导聘任教师，年级组长有权对年级组教师进行调配。"这就形成了以年级组长为核心的管理实体。同时，年级组长有权检查督促本年级教师教学常规的执行情况，有权听课、评课，组织达标活动及各种讲课比赛等教学业务指导工作。此外，还有对教师进行师德评估、工作实绩综合评价、优秀教师评选、推荐等权力。握有人事权、指导权和评估权的年级组长同时也有了重任在身的使命感，以及主动进行工作的积极态度。

年级组实体地位确定之后，罗校长随之又推出了"教师自我管理"的举措。

之所以实行这个举措，是因为在这之前，学校每次在教代会表决校委会制订的各项规章制度时，项项都是百分之百举手通过。罗校长对这看似全部满意的"百分之百"有了警惕与反思，感到这"百分之百"掩盖之下的是教师的无奈与顺从，而绝非民意的"百分之百"。因此，罗校长决定凡需群体执行的规定，先由校委会集体拟定初稿，以讨论稿的形式让全体教师共同讨论，并提出修改意见，充分听取教师的意见和建议后，再由校委会集体讨论定稿，职代会以无记名投票形式通过后方可执行。

这"无记名"投票形式，给了教师更多"自我管理"的权力，只要有人不同意方案，就可以投否决票，也可以弃权，而不像以前那样完全按校方的意愿百分百通过。

随后，罗校长再度放权，有的评估权甚至直接交到了教师手上。每到年终，由教师自我总结，根据一年在各方面的表现和学校的要求，给自己定位打分，奖金一般按个人的定位打分支付。此项改革措施宣布后，有人提出质疑，担心有的教师自我评价过高。但罗校长认为，这种形式看似让每一个教师给自己定位打分，实质上也是使每一位教师将自己置身于大家的监督之下。一般的教师不会在公众面前自毁形象，而是作为一次向大家展示真实自我的难得机会。

罗校长的这种在教师管理和工作评价上的放权，使中山市一中获得了新的生机。第二年，学校的高考成绩就有了很大提高。良好的效果让罗校长决定再加大改革力度，继续放权、授权。

2000年，罗校长强化了学校校委会的权力。校委会作为学校的最高"立法机构"和权力机构，制订和审核学校的各种章程、条令，拥有绝对权力，凡学校的大事均须经校委会通过，其中包括提出学校的预算费用。这样的权力即便是在校长负责制的今天也是很少见的。

校委会主要由领导班子成员和骨干教师组成，实际上是一个分散校长权力的机构。在这个机构中，由校委会两个副校长负责教学工作，如课程的编排、教学的监督、人员的任用和教师的考核等。学校的行政、教务和后勤分别由两个副校长领导年级组长统一管理。罗校长采取加强年级组长职责的办法，由年级组长分别负责领导各科的行政和教务。

此外，罗校长还非常信任下属，只要一经任定，他就会把全部工作交给所委任的人，从不多加干涉，因此学校人人都能"尽其才"，充分发挥自己的能力。

罗校长这种懂得放权，敢于授权的治校原则，不仅给他自己"松了绑"，还对学校的发展建设起到了很大的作用。

如今，学校有了功能完善的现代化教学设施，办学质量也逐年显著提高，先后被广东省教育厅评定为首批省一级学校，获得国家级奖项3个、省级奖项108个，获奖人次和等级都名列全省前茅。2006年4月，中山市第一中学还高分通过广东省国家级示范性高中初期督导验收。

一个事必躬亲的校长不一定是好校长，天天忙、月月忙、年年忙也未必能抓出成效来。有时反而还会造成手中持权，唯我独尊，只懂发号施令，却疏于工作指导的现象，结果是脱离了群众，工作更无法开展。

校长要善于处理集权与分权的关系，让中层干部放手工作；善于接受党组织的监督，充分发扬民主，重视教职工代表大会在学校管理中的重要作用，注意充分发挥广大教职工工作的主动性、积极性和创造性。

案例分析

学校工作方方面面，十分繁杂，但校长又不可能是一个无所不知、无所不会的全才，这就要求校长要学会放权，敢于放权，相信下属，让下属发挥作用，学会给他们工作的自主权。在这方面，罗校长给我们树立了榜样，例如对于教务的管理，他授权给学科带头人，让他们享有本学科管理的自主权，有关这一学科的建设和发展决策他们均可以做出决定。

对于一些热点、难点问题或重大决策，罗校长更充分发挥民主决策的作用，通过校委会组织机构来进行。例如，学校的发展规划、经费的使用、职称评定和教师聘任等方面的决策工作，他都会交给校委会的领导来进行，让这些团体成员站在第三者的角度研究学校问题，从而达成团队共识，防止自己决策出现偏差。这就是校长放权的关键所在。

对于自己为什么敢于放权，罗校长是这样说的："校长的任务，就是要教师团结起来形成合力，以共同达到教书育人的目的。因此，身为校长，你首先必须赢得教师的信任和友谊。"

可见，信任＋友谊＋团结＝教书育人——这就是罗校长的"领导公式"。罗校长全力做好自己该做的一些重大事情，其余事情，则采取大量授权的方式来完成。

因此，作为校长，平时应多给予下属机会，鼓励他们独立工作，培养他们独立作业的能力，增强各级工作人员的参与意识、使命感和成就感，并使之能够得到充分的锻炼和发展。

从罗校长的"领导公式"中，我们可以总结出以下几点对校长管理有用的经验：

1. 自己无法胜任的决策应授权给他人

美国总统艾森豪威尔说："自己胜任的决策可以不授权，不能胜任的决策就应该授权给他人，这样才能保证决策的可行性及领导的有效性。"

他在当选美国总统后，在国防和财政两个领域中就采取了不同的决策方式：

由于出身军人，艾森豪威尔对国防政策了如指掌，所以有关国防政策的事务，他往往自己做出决策。

而对于财经，艾森豪威尔所知有限，因此他谦逊地采取了主动而完整的授权，让当时的财政部长安德逊享有相当大的自主权。

除了上述两种方式，艾森豪威尔还采取一种中间状态的授权方式，对于某些决策，艾森豪威尔允许部属自由做出，但事前必须让他知道决策的内容。这样一来，如果有不妥当之处，也有修正的余地。

校长在学校管理中尤其是各学科的管理中，因为不可能精通所有的专业，而必然不能做出所有的决策。这时，各学科的带头人就必须在其中起到重大的作用。校长要像艾森豪威尔一样，采取主动并且完整的授权，让各学科的带头人享有本学科管理中的自主权。

另外，其他校长也可以像罗校长一样，加大校委会的建设，放权给校委会，由它来决定学校的发展规划和教学科研组织形式，决定学科建设、专业发展和教师队伍建设，决定经费使用，进行职称评定、教师聘任等方面的决策工作。并要求这些团体成员站在第三者的角度研究学校问题，从而达成团队共识，防止决策偏差。

2. 授权给值得信赖的人

校长授权时必须有合适的人员，不能随便找人来滥竽充数。

一要选能人。他们要有能力吃透校长的观点，发展校长的想法，而且还要有能力给学校提出建设性的建议，并能独当一面甚至创造性地完成所担任的工作。

二要用准人，就是要用贴心人。他们要乐意为学校出力，这样就可避免不必要的内耗，减少后顾之忧，并提高工作效率。

授权以后，校长要对部属表示充分信任。因为充分信任等于给了下属一个平台、一种机会，让其有一个广阔的施展抱负的空间，这样，校长才有充裕的时间去思考重大决策问题。

3. 授权不授责

要注意的是，校长无论授权到何种程度，有一种东西是无法下放的，那就是责任。如果领导把责任都下放的话，那只能说他是退位而不是放权。

很多领导常犯的错误就是：授权时他以为责任同权力一起交给下属了，当下属无法完成指派的任务时，他会将失败的责任推卸给下属。

而罗校长却并非如此，当他授权给副校长和年级组长时，这意味着责任的加大，不仅对自己，更是对下属的工作绩效负全部责任。校长作为领导者，不仅应该让学校的其他管理者共同分享成功的果实，也应该主动分担下属失败的责任，即使失败的原因全部是由于下属的过错。

校长应主动地为下属人员排忧解难，虽然他们的过错影响了组织的效能，但校长却可能因此而赢得他们的信任、支持和追随，这将给组织带来巨大的、持久的发展动力。

4. 对接受授权员工进行监督和控制

没有制约的权力是不可想象的。仅有授权而不实施反馈控制会招致许多麻烦，最可能出现的问题是下属会滥用他获得的权力。因此，在进行任务分派时校长应当明确控制机制。

首先要对任务完成的具体情况达成一致，而后确定进度日期，在这些时间里下属要汇报工作的进展情况和遇到的困难。

控制机制还可以通过定期抽查得以补充，以确保下属没有滥用权力。但是要注意物极必反，如果控制过度，则等于剥夺了下属的权力，授权所带来的激励作用就会丧失。

5. 做好出现错误的思想准备

校长在进行授权时，首先应当建立这样一种信念：错误是授权的一部分。也就是说，要让下属100％按照自己的意图来完成工作是不大可能的，下属在完成任务的过程中出现一些错误是正常的。

校长应当预料到下属会犯什么错误，遇到什么样的困难，并及时地加以帮助。只要代价并不太大，授权就是可行的。下属犯错误实际上是正在成长，只要他们得到的锻炼多于因此带来的损失，校长就是一个成功的授权者。

人的精力是有限的，只有集中精力才可能出成果。因此，一个高效率的校长应该把精力集中到少量重要的工作中去，而不应被次要问题缠身。

而校长的少量重要工作当然不是监督日常工作中的那些琐事，而是集中精力去思考未来，就像总统考虑宏观问题一样，校长也应主要思考学校的大问题和未来的方向，并提出必须优先考虑的事项。

铸造高绩效领导力之信息素养

重视信息化建设，实现跨越式发展

> 脑科学奠定了教育的科学化，网络化奠定了教育的现代化。
>
> ——吕型伟

　　现代信息技术在教育领域的广泛应用，必然要带来教育方式和学习方式的重大变革，对传统的教育思想、模式、内容和方法都将产生强大的冲击。因此，以教育信息化实现学校跨越式的发展，已成为现代学校发展的必然选择。

　　而一所学校能否充分认识到普及信息技术教育的重要性和紧迫性，统筹规划、因地制宜地制订信息技术教育发展规划，把工作落到实处，大力推进信息技术建设，都与校长的信息素质密切相关。

　　作为一所学校的管理者，校长必须转变教育观念，主动变革管理模式，树立与信息时代相适应的教育价值观、学生观、教学观，提高自身的信息意识和信息素养，这是现代学校信息化建设中的一个必然环节。

　　第一，传统的学校管理模式已越来越不适应新世纪学校发展的要求。

　　建立现代的学校管理信息系统，不仅可以为校长提供及时、准确的管理信息，提供充分的决策支持，而且学校管理信息系统中丰富的管理工具，还可以让校长从繁忙的事务性工作中解脱出来，使之得以集中精力来考虑学校的建设和发展。

　　第二，传统的教和学的模式正在面临重大突破。

　　目前，"一块黑板、一支粉笔"的教学模式，已逐渐被形式多样的多媒体教学模式所取代。而运用现代信息技术辅助课堂教学，并使信息技术与学科教育有机整合，已成为广大教师所面临的新课题、新挑战，这主要反映在教师教育观念的转变上。

然而，教师观念的转变，在很大程度上取决于校长教育观念的转变。只有校长具备了新的教育观念，才能引领广大教师在课改中不偏离航向，才能让信息技术与学科教学整合，在学校教育教学中创造出更加辉煌的成绩。

可见，校长在倡导、推动信息技术与学科教育整合的实施中，起着重要的决定性作用，校长的信息教育理念的变革是至关重要的。

第三，传统的课程概念正在注入新的内涵。

信息化时代的"课程"概念，已经不是传统意义上的三中心——以课堂为中心、以教材为中心、以教师为中心，而是指学生利用信息技术在自己需要的任何时间、地点所学习的自己感兴趣的各种内容，学习的方式则是充分利用信息技术优势的"数字化学习"。

因此，未来教育信息化的发展方向，就是充分利用网络的优势，去满足下一代了解世界、增长知识和发展能力的需要，为学生提供他们感兴趣的数字内容和活动。

简而言之，作为校长，在考虑学校未来教育技术的发展时，就要一切从学生的全面发展需要出发，提供满足他们个性化需求的数字化内容，从学生的日常生活和学习中找到信息技术在学校应用的位置和方向。

近年来，由于国家不遗余力地推进教育信息化，大部分的学校校长都充分意识到，要跟上现代教育的节拍，甚至抢占教育现代化的制高点，就必须大力推进校园现代信息技术的软硬件建设，实施信息化教育，这是教育现代化进程的必然选择。

 经典案例

1998 年，邓兵走马上任成为广东省佛山市南海区第一中学校长。在他任职的 6 年多的时间里，南海一中各方面的建设都发生了巨大变化，学校实现了科学化、现代化的管理，形成了"广泛运用信息技术和开展激励、赏识教育"的办学特色，并最终实现了跨越式发展。

在邓兵的领导下，学校的教育信息化从零起步，信息化技术被广泛运用到了学校教学、德育、科研和管理的各个方面，且发展迅速，今天已走在了同行的前列。

在佛山市南海区历次教育信息化成果评比中，南海一中都取得了优异的成绩。

教育部教育信息中心的主任和清华大学的专家也都说，在教育信息化运用的深度和广度方面，在体现教育信息化实效性方面，全国没有第二所学校能和南海一中相提并论。

邓兵校长也因此被评为"佛山市优秀校长"和"南海区教育教学科研先进工作者"，他的"邓兵主页"被评为"南海市优秀教师网站"和"佛山市优秀教师个人主页"，他所研究的课题《网络环境下学校教育教学模式创新与发展研究》更是获得了南海区科技成果三等奖。

身为校长，邓兵一向注重信息化的教育作用。他说，信息化对应试教学的作用像味精，可以提高教学质量，但不产生决定性影响；不过，对于素质教育而言，信息化却是其不可或缺的重要核心，能引导学生进行研究性学习，提高他们的社团活动能力，开阔他们的眼界。

因此，邓兵从上任之初，便认准了信息化创优的方向，着力于建设学校教育信息化的硬件设施，致力于把信息技术融入学校的日常管理之中，并充分运用现代信息技术开展教育工作。

1. 建设硬件设施

1999 年初，该校投资 96.6 万元，为各办公室配齐电脑设备，并用资金补助的方式，为教职工配备了 138 台台式电脑，使其走进了每一位教职工的家庭；继而，又投资 10.6 万元，为教师配置了打印机，开创了现代化办公的新局面。

1999 年 9 月，又花了 70 万元建成了拥有 70 台电脑的电脑室。

1999 年底，贷款投资近 200 万元建成了校园网，在办公大楼、实验大楼、教室、教师宿舍之间分布了 461 个信息点，实现千兆光纤到楼，布点落户，百兆到桌面。

2000 年 8 月，投资 70 万元，拥有 80 台电脑的第二个学生电脑室建成。

2001 年 9 月，投入 310 万元，为每一位教师配备了笔记本电脑。

2001 年 10 月，投入 330 万元，为 35 个课室及所有的功能室安装了液晶投影机。

2002 年 5 月，100 台最先进的液晶显示屏电脑的电子阅览室验收并投入使用。

2003 年，邓兵领导学校自主开发了包括办公系统、资源库、成绩管理系统、网络教学平台、FTP 管理系统、应用型学校网站、网络试题库等应用平台。

2. 信息技术管理方式

邓兵带领学校走教育信息化的道路，从一开始，便是力求高起点、高标准，既注重实用求实效，又力求"高、新、强"。

首先在教师培训方面，在以前进行了基本技能培训的基础上，继续加强中高层次技能的培训，从 Authorware、Flash 到 Photoshop，到学科应用软件的掌握，到网页制作，每周两晚从未间断过。

在邓兵的倡导下，教师们还实现了备课电子化，实行"电子备课流程"，由备课组长主持，提前一周备课，研讨教法、学法及设计练习；各备课组成员分章节，负责设计电子教案，充分利用丰富的网络教学资源，加工成为教学共享课件；各备课组成员下载、修改、完善，最后形成个性化电子教案。

2001 年，邓兵去俄罗斯拍摄了许多珍贵的镜头，收集了不少资料。回来以后，就将其做成了课件，总共 100 多张片子。开信息校会的时候，各班老师都把课件下载到了自己的电脑上，使校长的演讲在每个教室的扬声器里播放，在学生中引起了很大的反响。

邓兵还会在每周安排 10 多节由学校领导、科级组长和普通老师执教的电教教研公开课，使教师们每周都有许多互相学习、借鉴、讨论的机会。

在这样的培训和管理下，南海一中教师们的教育信息技术水平得到了不断提高，由制作简单的课件到出精品、建立专题网站，再到每个科组都建立了学科网站，到每人都制作出了个人主页，实现了绝大多数学校和校长想不到、做不到的飞跃。

现在，学校运用信息技术辅助课堂教学的课时率超过 78%（其中 3 位正副校长超过 80%），全校 100% 的学科、100% 的教师都能充分运用现代信息技术辅助学科教学，100% 的教师都能制作课件。

学校的 167 位教职工都有自己的个人主页，数位老师的个人主页还在

"中国园丁网教师主页排行榜"上名列前茅，其中，邓兵的个人主页更是排名全国第二。

3. 信息技术教育方式

对于学生，邓兵力争让学生有更多的机会掌握、运用现代信息技术并辅助学科学习。

在他的指示下，学校在高一、二年级每周开设了两节电脑课，3 个年级每周上 1 节网上阅读课。其中，高三年级即使到了高考的冲刺阶段，网上阅读课也未间断过。

另外，邓兵还注意通过对学生进行网页制作的培训来吸引学生，来充实学生。目前，学校共 1 889 个学生拥有个人主页，成为广东省拥有学生个人主页最多的中学。

4. 网络德育

邓兵还带领学校运用信息技术对学生开展德育工作，形成了具有一中办学特色的"网络德育"，在省内外都产生了很大的影响。如今，在邓兵的积极影响下，学校的领导和教师们都已能自如地运用信息技术来上班会课、开年级会和校会，以及搞学术讲座。

这 3 年来，先后有 10 多次国家级及省级的大型研讨会在学校举行，至于到学校参观、交流的教育考察团，更是达到了每学期都有几十批的程度。

邓兵在南海一中信息技术的成功运用，使学校的管理工作日益高效而科学，教学效率也得到了大大提高，学生的视野也更加开阔，从而有效地促进了学校教育质量的大提升。

《中共中央、国务院关于深化教育改革全面推进素质教育的决定》中明确规定："中小学专任教师以及师范学校在校生都要接受计算机基础知识和技能培训。"校长作为学校工作的首席管理者，显然更应提前一步掌握现代信息技术。

若想成为一名成功的现代校长，就必须提高自身的信息素养，学会把现代信息技术运用到学校的各项管理工作中，促进学校管理的信息化和现代化，探索网络与其他学科课程的整合，有效地开发利用教育信息资源，提高教学效益和管理效能。

案例分析

面对南海一中蓬勃发展的景象，我们可以毫不夸张地说，如果没有教育信息化，就绝不可能有南海一中教育质量大提高的今天；而如果没有邓兵校长在其中所起到的倡导和表率作用，南海一中也很难在这么短的时间内找到正确的发展道路。

毋庸置疑，在发展南海一中教育信息化的历程中，作为校长，邓兵的贡献是不可磨灭的。他在建设学校教育信息化环境、推动信息技术与课堂教学活动整合、提供丰富的学习资源、提高课堂教学质量方面，作出了显著的成绩，值得每一位校长学习并效仿之。

众所周知，21世纪是信息技术的世纪，而信息技术无疑将使学校教育突破时空的限制，为学校教育和管理带来新的机会和挑战。

那么，作为现代学校的校长，应该如何在信息技术迅猛发展的今天，运筹自己的学校，使学校始终沿着现代化的正确轨道前进呢？

1. 建立新型的信息观念

信息技术等现代技术手段的应用，要求人们变革传统的教育观念和管理模式，代之以尊重人的独立性、主动性、首创性、反思性和合作性的教育思想和管理方式。

因此，在普及信息技术教育，以及利用信息技术进行学校管理时，广大校长一定要充分认识到教育信息化的潮流不可逆转，应主动建立新型的信息观念，以锐意改革的思想和决心，以艰苦奋斗、迎难而上的创造精神，推进学校的信息化建设。

2. 重视信息技术基础设施建设

校长要善于拓宽信息化基础设施建设资金投入的渠道，充分运用政策性倾斜和社会化措施，根据"适当超前，分期实施"的原则，通过商家垫资、银行贷款、社会捐赠等方式，高起点地搭建信息硬件框架。比如：

建立局域网、校园网等，力求功能齐全、容量充足；

要有高度的安全技术防范设施；

建设信息支持管理系统、办公自动化系统、数字图书馆系统、教学资源库系统、电子备课系统等综合性信息化体系。

同时，校长还要注意处理好发展速度与学校实际、建设规模与办学效益、近期计划与远期目标的关系，使学校信息技术设施建设得到长远的发展。

3. 以发展的眼光建设高水平的信息资源

校长在抓硬件建设的同时，还要善于以构建高水平、实效性的技术平台为基础，以基础教育课程改革为核心内容，抓好软件建设。例如：

加强学校自身教育信息资源与软件的建设，包括教学软件、多媒体软件开发和学科资源库等；

加强信息技术与学科整合，发挥信息技术平台在研究性学习中的作用，以改变传统教学方式和教学手段；

主动加盟国内基础教育网站，开辟网上论坛、虚拟实验室等，不断丰富网络资源，以满足师生教与学的需要。

4. 注意提升教师的信息技术水平与素养

校长在进行学校的信息化管理时，首先要培训教师，使教师懂得信息技术的地位和重要性，明确信息技术与学科教学整合的重要作用，认清自己在学校信息化中的位置，确定自己工作的坐标。

在对教师进行培训时，一般应以校本培训为主，外出培训为辅，以外出培训带动和促进校本培训，实现资源共享，充分发挥校本培训在针对性、灵活性、多样性方面的优势和作用，让教师充分掌握现代教育技术工作的原理，提高操作技能，成为教育信息化的合格实践者。

5. 切实落实信息技术教育课程

现在，信息技术教育已成为学生课程中不可或缺的重要内容。所以，校长在发展学校的信息化体系时，一定要做到开足并上好信息技术必修课。

为进一步调动学生学习信息技术的主动性，学校还可以借助"科技文化艺术节""信息学奥赛"等载体，鼓励学生把信息技术知识应用到生活和学习中，提高信息技术课的吸引力。

信息时代的到来，已使教育信息化成为一股不可逆转的潮流。作为现代信息技术背景下的校长，应不断地根据时代的需要调整自己的素质结构，除了使自己具备深厚的人文素质、广博的科技素质、锐意进取的创新素质外，还要有现代的信息意识和信息素质。

　　现代校长只有具备极高的信息素质，才能有效地推进学校的教育信息化和管理信息化进程，才能真正率领学校不断地适应社会的需要，使学校在教育市场化、教育产业化、教育全球化的大潮中不被淘汰，并占据遥遥领先的地位。

铸造高绩效领导力之质量管理

永不放松的质量管理

> 教育思想是办学的灵魂，教育质量是办学的生命，学校管理是办学的关键。
>
> ——王文湛

研究发现：名校的校长无不视质量为学校之生命。他们认为，支撑名校的根基不是学生的数量，而是学校为学生提供的高质量的教育服务。

这种质量管理意识十分有利于校长在治校的过程中，认清短期功利与长远利益的区别，从而采取更加负责任的、有预见的、加强质量评估和保障的管理模式。

譬如，斯坦福大学校长卡斯帕尔把该校成功的第一因素，归功于该校在教学和科研中追求一流的神圣目标，而不只是满足于为学生提供了一般的训练。

他认为学校必须持续地专注于改善自身的品质，这是学校自身的重要责任。虽然这是一项十分艰难的工作，但学校必须以追求完美的理想为前提。他为"世界上有太多的大学似乎已经放弃了追求完美的理想"而感到遗憾。

为了保持斯坦福大学持续的质量优势，卡斯帕尔主张控制研究型大学的学生数量。因为一个人口负担过重的大学，既会削弱对那些有天分学生的吸引力和对他们卓越潜能的开发培养，也会忽视对那些天赋平常的学生提供必要的训练。

在卡斯帕尔看来，"在一所超负荷的大学里，一种追求卓越的文化是不可能发展起来的。"质量第一的强烈意识，使斯坦福这个以研究生教育为主体的巨型大学，始终将其规模控制在 2 万学生以内。

台湾大学校长陈维昭在自己的治校实践中也十分注重质量，他指出："当大学向着 21 世纪迈进为新时代培养知识分子时，我们应当遵循平衡和卓越两个原则……优先集中精力提高质量……"

教育的质量，毫无疑问应该是每所学校追求的目标，也是学校生命力和竞争力的所在。因此，从 20 世纪 80 年代末起，世界教育的发展就呈现出了以质量发展取代数量追求的趋势。

尽管联合国教科文组织认为，学校教育的质量取决于人员、教学、生源、设施及内外部环境的质量，但对这些要素的管理却在其中起着不可替代的作用，而管理的质量又取决于校长是否有质量管理意识。

"视质量为办学的生命"是校长应该树立的"大质量观"。校长应从宏观上把握"教育教学的高质量"，并努力通过"全员""全程""全面"的管理来达到这一目的。

 经典案例

无锡市南长街小学校长陆菊芬常说，有着 90 年办校历史的南长街小学就像一棵枝繁叶茂的玉兰树，她从玉兰树的片片绿叶和阵阵芬芳中读懂了教育事业在她生命中的全部意义。

熟悉陆菊芬的人都知道，她不仅有着优雅的气质，而且有着睿智的头脑和丰富的学识。她崇尚科学，将教育科研紧紧结合到自己办学的全过程之中，并形成了"以科研助教学，以科研促管理，向科研要质量"的办学理念。

无锡市南长街小学是无锡市南长区的窗口学校。陆菊芬接任校长职务后，确立了将学校办成现代化、开放性的实验学校的办学目标，走上了一条"科研兴校，向科研应用要质量"的管理之路。

陆校长说："现在是改革碰撞时期，办学要坚持同心圆战略，要将学校的工作紧紧盯住圆心——教育科研。"

一、科研助教学

1.1995 年无锡市南长街小学启动了教学科研课题，以教学科研作为学校发展的突破口。

这一年，陆校长担任了小学主体性实验课题"弘扬主体精神，探索小学主体性教育模式"的课题责任人。从课题方案设计、方案论证、课题启动、组织人手实施到阶段成果结题、汇报……她都亲力亲为。

2. 陆校长将教育科研定位为解决教育教学中的实际问题，采用层浪式推进、行动研究的方法，着重对课堂教学作了研究，完成了"示范模仿式""问题导示法""思品辅导模式""激发情感效能"4个教学模式方案。

3. 在教育科研的研究实践中，陆菊芬陆续发表了《课堂教学中影响学生主体性发挥的因素分析》《运用主题思想，实施课堂教学五转换》《试论班集体智力背景及其培养》《关于主题性发展课堂教学模式》等近20篇高质量论文，受到教育界的普遍关注和好评。

4. 在日常教育教学工作中，陆菊芬要求教师注重在常规工作中渗透教育科研，自觉在工作经验中总结自己的特色，将教学特色上升为理论。

她说："办学就要将学校办成有'灵魂'的学校，将教师培养成有学识、有底气的教师。"教育科研的实施转变了教师观念，科研成果的应用让教师看到了光明，校长对教育科研的亲力亲为更是激发了教师从事科研的热情。

现在，结合课堂教学进行教育科研在南长街小学已蔚然成风，两年来南长街小学教师在市级以上报刊发表了近30篇论文。

在对外交流的过程中，他们的教育观念都给人以耳目一新的感觉，无锡市教委、教研中心的专家称南长街小学教师"教学观念是新的，教学方法是新的，教育科研的操作样式值得推广"。在陆菊芬的带领下，无锡市南长街小学还多次被评为"无锡市教科研先进集体"。

二、科研促管理

陆校长深刻认识到办学效益和教育质量是学校的生命线，在工作中提出了以科研推进教学和管理，以教学质量来确定工作任务和目标的方针。

1. 制订了科学的年度发展目标，实行目标管理责任制和量化考核制度

每学期初，学校与各处室、各年级以及全体教职工签订工作责任状，使得人人有目标、有动力、有措施；期末对各处室、各年级、各教研组比照责任状条例进行量化考核。

2. 加强了教学常规管理

采取行政干部下年级制度，把常规工作落到实处，既抓教师的教学常

规，又抓学生的学习常规，向常规要质量。

采取以检查促落实，以考试促落实，以听课促落实，以奖惩促落实，以评比促落实，以细致的思想政治工作促落实的办法进行监督。

他们加强了巡堂检查，对备、教、改、导、考五个环节提出了明确要求，考试实行考教分离，流水交叉阅卷，及时召开教学质量总结会。

3. 组建了"专家委员会"和"家长顾问委员会"

聘请各个学科的名师、特级教师、正教授级研究员担任专家委员，加强了对各个学科的指导，同时认真听取、广泛征求家长们的意见和建议，借以推动学校教育、教学质量向前发展。

4. 建设教师科研队伍

人们都说南长街小学是南长区教育干部的培养基地，是培养教育人才的摇篮。

近几年来，南长街小学的中层领导、骨干教师一个个被附近学校选调过去。但使人不解的是，在这里，一批批教学骨干被选调走，而一茬茬新的骨干却又不断涌现，奥秘在哪里呢？

其实，南长街小学的人才辈出和陆菊芬建设教师队伍的指导思想密不可分。

陆菊芬常说："撬动学校发展的主要杠杆不是经济利益，而是丰富教师的生命质量。"因此，她在管理中贯彻以人为本的科研意识，提出学校管理要立足互动发展，要使管理者、教育者、学生都有发展。她指出，该校教代会制订出的10多个包括校园文化建设、教职工一日常规等在内的规章制度都是符合学校发展和教师发展的。

她说："教育科研是丰富教师生命质量的重要内容。要搞好教科研，要先将人才准备好，设备可以买回来，但人的观念、技能不是一夜之间就能调整过来的。"因此，她将青年教师作为从事教育科研的生力军进行培养，从落实好培训时间、人员和内容方面，对各级教师都提出了不同的发展要求。

她特别强调教师要掌握现代教育技术在课堂教学中运用的技能，要求青年教师必须人人会做课件，中老年教师也要懂得操作电脑。她还将一些教师送出去培训学习，为学校的发展增添了后劲。

曾经有这样的事例，当南长街小学教学电脑室设备还未配备齐全时，南

157

长区许多学校在上多媒体课程或制作多媒体课件碰到困难时，总要到南长街小学去讨教解决办法，请求南长街小学电教老师给予指导。

此外，陆校长还将每位教师都作为一个人力资源库去开发，对于每位教师的每个优点，都尽量开发。她从教师自身出发，鼓励教师参加各种活动，不放弃进修、学习的机会。由于常年来学校人员被区教育局抽调，学校教师配备非常紧张，但为了学校长远发展和教师自身发展的考虑，她硬是让两位教师到江苏师院进修、另一位到新开河小学援教，而她自己却因师资不足常常去顶班上课。

陆校长的"向科研要质量"这一办学理念，让南长街小学在科研、教学、管理和人才培养上取得了丰硕成果，并为学校博得了一个又一个荣誉："无锡市德育工作先进集体""无锡市文明单位""无锡市教科研先进集体""无锡市电教工作先进集体""江苏省教育先进集体""全国'双有'先进集体"……

教育质量就是学校的生命。

没有了生命，"生物体"便失去了存在的意义；同样，没有了质量、没有了对高质量的追求，学校也就没有了生存的空间，失去了办学的意义。

学校教育纷繁复杂，要经营好教育，首先要保证教育质量。

校长若想求得办学的长期效益，就必须按照教育规律办事，处理好学校工作中各要素之间的关系，取得教育教学的高质量，并从更深的层次、更广的范围为其提供保障。

案例分析

追求教育教学的高质量，要持之以恒、矢志不渝、千方百计。校长要把对育人高质量、育人高效益的追求作为学校管理的终极目标，像无锡南长街小学一样，一刻也不停地落实在办学实践中。

1. 提高全员质量意识

有位老教育工作者说，办学质量，从人的因素上说，学生加教师加领导是高质量；从管理要素上说，人力、物力、财力、时空、信息资源相加是高质量；但从社会资源上说，学校加家长加社区加上级领导就是高质量。

学校工作是一个有机联系的整体，任何因素都会对质量产生影响。我们必须认识到学校工作的每一方面都与质量有着密切的关系。

因此，校长应在学校管理中，把质量意识融入学校的每一名教职工心中，使学校中的每一个人都把各自工作的高质量作为工作追求的目标，从而达到每个人工作质量相互影响、共同提高的目的，形成人人追求高质量的大气候。

2. 追求各个工作环节的高质量

任何事情都有个自始至终的过程，没有过程中每个环节的优化优质，就不能保证最终结果的高质量。"过程比结果更重要"，不是淡化结果的重要，而是强调过程的重要，过程决定结果。

校长要以质量为目标，追求每一个细节的完美，在每一项工作的全过程中，时时追求各个工作环节的高质量，以过程的高质量保证结果的高质量。

过程的质量保证可以借鉴美国中小学全面质量管理的步骤：

（1）找出改进的问题，进行质量管理。首先必须找到需要改进的地方，也就是说找出当前存在的主要问题，如学生学习缺乏积极性，学生负担过重或过轻，逃学率高等，从中确定投入和产出、教育者和受教者之间的关系。这个阶段一般有过去和现在的动态对比分析。

（2）确定当前现状，即确定必须改进的目标是什么，要求目标必须具体明确。

（3）进行因果分析。找到存在的问题后，就要分析产生问题的原因，在进行分析时，一般都采用因果分析图的方法，同时借助头脑风暴会议从表面现象中找出最根本的原因。

（4）测量实际情况，找出潜在的解决办法。一般来说，针对上一步找出的原因而提出可能的解决办法，并对其有效性和可行性进行估计，然后根据学校实际情况选择实施。

（5）结果的重新分析。实施一段时间的质量管理后，对所取得的结果进行分析，并和原来状况进行对比，再一次找出产生问题的原因，确定是否消除了原来的某些原因，如果没有则须重新修订计划；如果获得成功，则须把原因进行重新分层，再次确定基本原因，如结果还是不能令人满意，则须采取另外的测量方法。

（6）标准化。如果采取的方法获得成功，那么就在操作过程中形成一定的标准，以预防产生类似问题。在这个过程中需要定期进行检查，以防重新回到原来的习惯行为中，导致类似问题的出现。

（7）制订未来计划。解决问题全过程的最后一个阶段是评估质量改进队伍本身的有效性，并从中吸取教训，认识进一步改进的机会。

3. 在校园里营造全方位、高质量的大氛围

"大质量观"的树立，是学校教育的必需，也是"教育质量是办学生命"的必然要求。校长要在校园里营造重视教育教学质量的氛围，使师生时时处处受到感染和熏陶。

人们通常说的"让学校的每一面墙壁会说话，让学生每到一处都受到感染，让学生每次活动都受到教育"，就是指良好大氛围的营造。这种做法对学生有着潜移默化的重要作用。

4. 抓好常规教学和管理的质量

教育家安文铸先生曾经说过："育人是一个长周期、迟效益的社会活动，经不住忽左忽右、时东时西的折腾。回顾历史，我们有着深刻的教训。"

要保证教育教学质量持续不断地提高，除树立"大质量观"之外，就是要抓住常规不放。常规是学校教育教学的基础，是学校教育教学中规律性的东西。

只有抓好常规的教学和管理，学校的教育教学工作才会有秩序，才会孕育高质量的教育。没有良好的常规，教育便不会有高的质量，即使一时有好的成绩，也只能是空中楼阁，不会长久，因为这种高质量没有根基。

可以这样说，不重视、不切实抓教育教学质量的校长绝不是好校长。

校长，作为教育质量的第一责任人，一定要全心全意抓质量，带头深入课堂听课、带头参加教学研究活动、带头参与新课程改革实践……确实做到树立质量意识、确定质量目标、加强质量管理、收集质量信息、明确质量责任、保证质量服务。

只有学校的教育质量提高了，社会声誉好了，学生和老师才能进得来、留得住，学校才能兴旺发展，这是事物发展的必然规律。

铸造高绩效领导力之坚持目标

确立目标，矢志不渝

> 事有顺乎天理，应乎人情，适乎世界之潮流，合乎人群之需
> 要，而为先知先觉者所决志行之，则断无不成者也。
>
> ——孙中山

没有目标的跋涉，是徒劳无功的；有目标而不能坚持或偏离，同样也会功亏一篑或半途而废。

人若想成大事，必须有远大的志向。志向就是目标，但单有远大的目标是远远不够的，还需要矢志不渝地去努力实现它，这其中更不能偏离努力的方向，否则将功亏一篑。

在很久以前，太平洋上有一座美丽的无人小岛。有两个国家都想把这个小岛据为己有，但是他们实力相当，觉得为了一座小岛进行你死我活的战争有些得不偿失。

于是，两国的主要领导人商定各派一支船队向小岛进发，谁先把自己国家的旗子插在岛上，这个岛就归谁。

两国的船队同时出发了，但很不幸，他们遭遇了暴风雨，但是甲国的士兵凭借船上稍高一筹的设备，提前到达了小岛。

刚到小岛的士兵被小岛的美丽惊呆了，这时一群美丽的蝴蝶飞了过来，带队的队长和士兵都被这些漂亮的蝴蝶迷住了，他们开始追逐这些飞舞的蝴蝶，忘记了来小岛的目的是什么。

过了一个小时，乙国的士兵也拖着疲惫的身躯登上了小岛，他们虽然发现了甲国的船，却没有发现他们的国旗，他们的队长要求士兵迅速地把自己

国家的国旗插在小岛比较显眼的位置。

当甲国的队长带领士兵回来时，一切都已经晚了。

由此可见，为自己的组织设立一个比较合理的目标，对于一位有远见卓识的领导者来说并不是一件非常困难的事情。但是，要想实现这个目标，就应该全心全意，矢志不渝，更不应该偏离努力的方向，要毅然决然地远离那些光彩华丽的诱惑。

而校长作为学校的领导者，也会面临这些困难、歧路、诱惑。因此，在面对这些事情时，若想带领全校师生走出困境、获得成功，就必须时刻告诉自己：坚持就是胜利，只要沿着自己所定的目标走下去，终会获得理想的成绩。

作为学校领导者的校长能够坚定不移地沿着既定的目标前进，就能为全校师生树立起前进的信心。

如果一位校长对他所制订的目标朝令夕改，就会让教师和学生无法适从，整个学校的人员都会穷于应付这些不确定的命令。大家在疲于奔命之余，对校长就很容易失去信任感。

这样的学校将成为海上一艘摇摆不定的帆船，如果刮起暴风，那后果将不堪设想！

因此，校长作为一所学校的掌舵人，其矢志不渝的工作态度，不但关乎个人的成功，而且关乎学校师生努力的总体方向与师生对其的信任，更关乎学校的发展。

 经典案例

2002 年 7 月，40 岁的大学教授杨骞博士，怀着对青少年学生的无比热爱和对基础教育事业的无限憧憬，通过公开竞聘来到了辽师大附中（以下简称附中）担任校长职务。在这里，他是学校共同体的领导者，学校事务的管理者，师生员工的教育者，国家教育意志的执行者，组织文化的引领者，学校教育与管理的研究者。他为附中的变革以及再度腾飞做出了突出的贡献。

在继承附中 50 年传统的基础上，他始终坚持以"专家型校长，智慧型师资，多样化课程，鲜活的课堂，人文化环境，健全的学生"为办学目标；

以"开发潜能，夯实基础，扬长补短，持续发展"为教育目标，努力把辽师大附中建设成办学理念独特、教育思想先进、学校管理规范、教学设施一流、学校特色鲜明、办学成绩优秀、社会贡献突出、充满生命活力的省内一流、全国知名、国际上有影响的学习型实验性示范高中。

为了实现这一系列目标，杨校长始终不渝地贯彻执行下列举措：

1. 深化教育改革，推进素质教育

"以教学为中心，狠抓教学改革，提高教学效率"是杨校长的工作重点。2004 年 3 月又有一件大事载入了辽师大附中的史册，在杨校长的倡议和指导下，学校成功地召开了首届教学工作大会，从南京师大、辽宁师大、大连市教科所、大连教育学院请来了专家、博士生导师为教师、学生做报告，开展了"好教师""好学生""好课堂"的"三好"调查与大讨论，评出了首届辽师大附中"十大名师""十大教学能手"；实行了面向社会的教学开放日，吸引了多家新闻媒体的连续报道，也吸引了大连多所高中教师的积极参与，极大地增强了附中广大教师的教学改革意识；还出台了《辽宁师范大学附属中学关于教学改革的若干指导意见》。在其中明确指出：积极推行课程改革。对此，杨校长出台了具体的课程改革举措：

实践欣赏型德育。德育是学校教育的首要任务，学校提出并实践了欣赏型德育，淡化德育"工作意识"，强化"目的意识"，建立全员德育机制，把道德教育的实效性作为工作的出发点，忌"讲起来重要，做起来次要，忙起来不要"；按三个年级各有侧重地有计划地实施道德系列活动（如诚信教育、责任教育等多种社会实践活动）；针对学生的各种心理问题，如考试焦虑、恋爱、同学间关系、网络文明等强化心理健康教育与咨询活动；充分挖掘教材中的德育因素，加大学科教学中实施德育的力度；强调教职员工的言行对学生道德和行为的各种影响。

不断深化课堂教学改革。鼓励教师开展教学改革，学校以立项的方式资助、扶植课堂教学改革实验；确保教学常规的落实，要求教师全面达到课堂教学的基本要求，努力提升课堂教学水平；倡导学习方式的多样化与科学化，把对学生的学习兴趣、学习习惯、学习方法、学习能力的培养放在首位；全面开展"学科教学耦动模式"的教学实验（这是杨校长在博士论文研究中所创立的一种新的教学模式）。

强化信息技术与课程、教学整合。加快学校教育信息化与现代化建设的步伐是杨校长办学的一个重要思路。在他的指导下，学校拓宽了"现代教育技术中心"的职能，加大了校园网的建设力度，尤其是投入130多万元修建了"数字化智能教学双向控制系统"，实现了"班班通"；明确要求教师建立"教学、课程资源库"，要求教师备课、上课充分利用信息技术和网络资源，实现信息技术与课程、教学的有效整合。

2. 强化教师教育，推动教师成长

杨校长不仅把教师教育纳入日常的管理之中，还将其作为工作的热点和重点，并在中学界第一个成立了"教师教育处"。杨校长将教师教育定位在"提高教师专业化水平、培养专家型教师"上，学校建构并实践着以教师专业自主发展的"五步曲"为主、多种形式为辅的校本教师教育体系：

（1）全面实施校本培训，有计划地实施"四个工程"。

把校本研究作为教师教育的重要形式之一，仅2004年学校就设专项资金2万多元资助教师开展课题研究，奖励科研成果。

（2）强调教学反思对教师成长和发展的重大意义。

（3）开展多种教学竞赛活动，提高教师的教学改革意识和教学技能。

（4）鼓励并资助教师参与校外各种形式的进修和研修。教师攻读教育硕士在附中蔚然成风，仅2002年和2003年全校就分别有10人和12人考取教育硕士，学校全额资助，教师本人几乎不用负担，解除了教师求学路上的后顾之忧。

（5）建构以学术报告为主、校际交流和承办学术会议为辅的教师培训网络。杨校长每学期至少要请2位以上的专家来学校做学术报告，每年要派2批教师参加"全国大学附中联合体"和"东三省教学联合体"的教学观摩和交流活动，每年派一个学科组外出参观考察，每年至少要承办3次省级以上的学术会议。

3. 打造组织文化，重建精神家园

为了将校园打造成师生的"精神家园"，杨校长一直大力推行学习文化、服务文化和探究文化。

杨校长的"服务"思想和行动在附中已深入人心，他提出并构建了"学校为社会服务，教师为学生服务，教为学服务"的服务性理念，尤其是"校长为教职员工服务"的理念：校长要树立强烈的服务意识和诚挚的服务态度；校长要为教师的教育工作提供最优质的服务，经常听课、评课、指导教师备课、上课；校长组织教师参与学校的管理与决策，学校成立了教学委员会、评职委员会、分房委员会等多个咨询和决策机构；校长要关心教职员工的生活与发展等。

在杨校长的主持和指导下，学校编写印刷了《校长视线》《校本教师教育前沿》《教学简报》《班主任在线》《星海石》（校刊）等材料，及时反映国内外教育动态和研究成果，交流校内外各种信息。这些文化产品组成了辽师大附中一道亮丽的风景线。

"锲而舍之，朽木不折；锲而不舍，金石可镂。"

一所学校的发展面临着很多选择，并非固定而一的模式，但是校长在进行合理的深思熟虑之后，不但要为学校设定一个发展模式或思路，还要矢志不渝地沿着这一目标坚持做下去，这样才能让学校走上名校之路。

因此，在建设学校的过程中，校长不能人云亦云，看到别的学校在某一方面取得了成功，就掉转船头要跟上别人的步伐。这种朝令夕改的做法，不仅违背了确立目标的初衷，也会令一切努力前功尽弃，其结果还很可能南辕北辙！

案例分析

当你确立了一个目标并矢志不渝地努力之后，你会成就别人不能成就的事情。

微生物的开山鼻祖列文虎克是荷兰德尔夫市政府的一个看门人。少年时期，列文虎克因家贫离开了学校，到一家打磨玻璃透镜的作坊里做学徒。

在那里，列文虎克对玻璃透镜产生了浓厚的兴趣，虽然他后来换了工作，做了一名看门人，但是依然把工作之余的时间用来研究、打磨、装配玻璃透镜。

开始，列文虎克用自己磨制的透镜装配成的显微镜，观察蜜蜂蜇人的"针"，看蚊子叮人的嘴，以及小甲虫的腿，等等。

随着制镜手艺的不断提高，1665年，列文虎克制成了能放大200倍的显微镜，这是当时最好的显微镜。

列文虎克用显微镜观察干草浸剂，惊奇地发现一些从未见过的"小虫子"在不停地蠕动。他把这些"小虫子"叫做"微动物"，这就是首次被人类发现的微生物。

列文虎克认为自己发现了新的未知世界，就把这一消息公之于众。

此后，每当他在这一领域有所收获，便写信报告当时世界最著名的科学研究管理机构——英国皇家学会。最初，英国皇家学会没有人相信这个看门人，但是由于他坚持不懈的努力，最后皇家学会经过考察承认了他的成果。

1677年，他报告自己观察到了狗和人的精子。

1680年，他报告发现了酵母里含有球形的小颗粒（即酵母菌）。他是世界上第一个用放大镜看到细菌和原生动物的人。

为了表彰和鼓励列文虎克的研究工作，英国皇家学会吸收他为会员，一个小学徒终于成了著名科学家。

矢志不渝地坚持自己的志向，使一个看门人最终成为了一个伟大的科学家。

而校长作为领导者矢志不渝地坚持自己的工作目标，不仅是成就自己，更是在管理中为学校的全体师生确立了中心任务，为学校确立了前进的方向。

在校长执行目标任务的过程中，难免也会像列文虎克一样碰到破裂的镜片，但是镜片破了，我们就否定要走的路吗？

作为学校的最高决策人，校长不能轻易言败，因为他对目标的坚持是对学校未来发展的描画，对未来人才的描画，这种手笔将为社会的发展添上最为光彩的一笔。

在颜色没有涂满画布前，没有一个人知道画出的图将是什么，而中途停下画笔，作为画家的校长也将会失去自己的蓝图。

因此，每一位校长都应像杨骞一样，树立自己的管理目标，而且无论在通向目标的道路上遇到的是歧路还是荆棘，都要矢志不渝地坚持下去，带领师生打造理想的学校。

为此，各位校长要对以下方面加以注意：

最重要的是，校长要树立一个合理的目标，使学校师生可以在这个目标的带领下不断地前进。

这需要校长具有渊博的学识和审时度势的判断能力。渊博的学识可以让校长对多种事物做到融会贯通，更能公平地对待学校的所有科目。审时度势的判断能力意味着权衡各种复杂的因素，从不同的人和事物的不同方面中，充分了解事物的本质和发展趋势，使校长在纷繁的事物中保持清醒的头脑，而不迷失方向。

杨校长继承了学校的优良传统，结合自己的教育理念，为学校制订了科学的战略目标，保证了学生的良性发展。

目标确立后，关键是如何执行。这就需要校长将目标分解，在此基础上制订详细的规划和决策，并坚决地贯彻实施。

杨校长从教学改革、师资队伍、校园文化等方面入手，开展了一系列创新的举措，让学校能够不断地向目标迈进，从而取得了一系列辉煌的成就。

目标是前进的方向，当校长睿智地确定了正确的方向，并坚定地往前迈进时，必能使学校迎来美好的明天！

校长确立的目标，就是师生征途中的一座灯塔；而校长对目标矢志不渝的坚持，则让师生在前进中能够拥有坚强的信念和无限的激情。

因此，对于一所学校来说，不能没有一位对目标矢志不渝的校长。因为这样的校长不但可以带领学校从最艰难的困境中走出来，还可以带领全校师生找到学校发展的新契机。

铸造高绩效领导力之知人善任

知人更要善任

> 一位最佳领导者，是一位知人善任者。
>
> ——〔美〕罗斯福

众所周知，一切创造性领导活动的核心，都离不开对人的管理。知人善任——透彻全面地知人、扬长避短地用人，正是所有管理者的成功之道，也是一位肩负兴教立业重任的校长必须具备的重要领导能力。那么，"知人"与"善任"的关系究竟是怎样的？对校长而言，怎样才算做到了知人善任？

所谓知人，包括知人所长和知人所短，就是校长必须了解、熟悉每位教师和行政人员的基本情况和个性特长，并根据他们的个人素质特点安排、分配工作，使他们在工作中各司其职，扬长避短，人尽其才。

所谓善任，则是要用其长而避其短，就是校长必须能够根据教师和行政人员的特长，为其安排适合的工作，并大胆信任，不求全责备，使其在工作中发挥重要的作用，以求才尽其用。

刘劭在《人物志》序言中有这样的话："夫圣贤之所美，莫美乎聪明；聪明之所贵，莫贵乎知人。知人诚智，则众材得其序，而庶绩之业兴矣。"

可见，知人善任，首先在于"知人"，"知人"才能"善任"，"善任"才能"兴业"。

毋庸置疑，人才的鉴识是人才培养和任用的基础，"知人"是"善任"的前提。但反过来说，"善任"也是"知人"的目的与归宿，为进一步"知人"奠定基础，二者相辅相成，缺一不可。

校长只有既知人又善任，才能真正做到人尽其才，才能充分发挥人的潜力和调动人的积极性，才能把更多的人才聚集到自己的周围，才能树立起学校的良好形象。

一所学校的校长，不可能在方方面面都比别的教师强，但好的校长必然是"思贤若渴、荟萃英华、识才爱才、扬人所长"的人，必然拥有爱才之心、识才之眼、求才之渴、用才之能、容才之量、护才之魄和举才之德。

作为一校之长，必须明白并实践好这一点。唯有如此，才可能成为一位真正优秀的名校校长。

 经典案例

在选用人才方面，浙江省杭州市学军小学杨一青校长有着自己独特的理念和方法。"我不是来招募劳动力的，而是来挑选优秀教师的苗子。"这是杨校长选拔优秀毕业生的口头禅。孔子说："苗而不秀者有矣夫！秀而不实者有矣夫！"杨校长认为，如果"苗子"不"秀"不"实"，是无法培养成才的，只有好的"苗子"，才能通过培养脱颖而出。

有一年，杨校长到浙江大学去选拔人才，看中了外语系的毕业生小吴。当时有很多中学都向小吴伸出了橄榄枝，但小吴考虑再三，最终选择了当时仅有一位将近退休的外语教师的学军小学。之所以做出这种选择，就是杨校长的一番话打动了她——"虽然学校的外语教学还不成气候，但你将是我们学校外语学科的第一棵苗子，我们会创造一切机会培植你。在这里，你施展才华的空间会更大！"后来，一诺千金的杨校长让她到上海、北京参加培训，并送到她英国伦敦大学进修。现在，因为教学和管理才能较强，她已经成为省府路小学的校长。

小卢在杭州师范学院学习期间，连续4年通过班级的民主选举，成为少有的连任4届的班长，以较强的组织协调能力和团队合作能力凝聚了一个优秀的班集体。了解到这些情况后，杨校长立即与之见面洽谈。在交谈中，杨校长立刻被小卢的激情吸引：闪亮的眸子，恰到好处的手势，清亮的嗓音，积极向上的谈话内容，无不显示出她是一个天生的好教师。这次面谈，也促使小卢融入学军小学的大家庭中来。作为一个年轻教师，她的组织协调能力极为出色，赢得了人们的普遍赞赏。如今，她已经成为学军小学最年轻的优秀年级组长。

小钱是湖州师范学校的体育尖子，字写得好，文笔亦佳，舞蹈优美。然而就是他，曾经因为一次酗酒而背上了警告处分。杨校长等前去考察时问他："在被推荐的这5个人当中，你认为你会选中吗？"小钱回答得非常干脆："如果你们想选最能干的人，我想应该选我！"杨校长不由赞叹，这是一个好小伙，有个性！优点突出的人，往往缺点明显；能力出众的人，往往个性鲜明。结果，他被录用为学校的体育教师。如今，小钱已经成为学军小学的副校长、杭州市的教坛新秀、省科研青年标兵、全国体育先进工作者。

唯才是选，是杨校长坚定的用人原则。也正是他这种选人理念与行动，才有了学军小学优秀教师的源头活水。

乐陵市实验小学校长李升勇也是一个善用人才的领导者。在人们多言用人要"扬长避短"之时，李校长却提出了另一种用人的理念——"用人之短"。他认为，人各有异，任何人都有一定的缺点或短处。但有的时候，这种缺点或短处却又可以变成优点与长处。

学校有一位教师，工作非常认真，但是对别人要求却非常严格，这往往搞得他自己人际关系比较紧张。2003年非典时期，阻止各种各样的进校人员成了管理人员的一个难解之题。李校长就让他分管这一工作。很快，非典防治工作有了明显的进展。一天，市教育局一位局长进校检查工作，也被他义无反顾地挡在了门外。随行人员告诉他这是教育局长时，他一脸严肃："没有校长的条子，谁也休想进学校大门一步！"局长就是来检查非典防治工作的，见有如此认真负责的人员，非但没有批评该校，反而格外高兴。他说，这个"闭门羹"吃得好，吃得让我放心。

管理学家汤姆·彼得斯曾说过：企业或事业唯一真正的资源是人，管理就是充分开发人才资源以做好工作。既然人才资源如此重要，那么作为一个学校的领导者首先必须具备优良的择人艺术。

这就要求校长要识别人才，用人之所长，将不同类型的人安排到适合的岗位上，为发挥他们的特长创造条件。只有才尽其用，人员的积极性才能得到充分发挥，也才能实现人员心理结构的优化。校长的用人艺术就是要通过各种方法，使每位教职员工的情感、意志、气质、性格和能力等心理品质，都能适合学校的需要，从而达到所有员工之间心理上的认同性、相容性和适应性，使员工之间赤诚相见，心情舒畅，并在相互支持、相互启发下发挥各自的才能和创造性，提高工作效率。

案例分析

知人善任，古今有之。

"伯乐相马"的故事脍炙人口，刘备"三顾茅庐"的典故千古传诵。

唐王李世民认为：有德有才为君子，有德无才是庸人，有才无德为小人。其用人之道是：有君子用君子，无君子用庸人，宁用庸人勿用小人。正是由于李世民的知人善任，才开创了为后人所颂扬的贞观盛世。

最适当的时间、最优秀的人才、最合适的位置——这是古往今来知人善任、量才录用的高深境界，也是以上两位校长的治校之道、人才之策。

赢得教师，才能赢得 21 世纪的教育！作为"学校之魂"的校长，知人善任是其吸引人才、发现人才、挖掘人才和合理使用人才的前提和保证。

通常来说，校长在学校教职工的管理上，往往比较重视对教职工现实能力的激发，而疏于对教职工潜在能力的挖掘。而激发教职工的积极性和创造性，充分发挥他们的潜在能力，才是增强学校活力的源泉。

因此，校长要想真正发挥学校人才的优势，就需要先识人、知人，即发现人才所具有的潜在能力。这是现代校长人才管理的重要内容之一。

校长的"知人之心"，首先表现为对人才标准的准确把握。现代校长理性的人才标准应该是：不唯资历看能力，不唯文凭看水平，不唯职称看称职，不唯既往看发展。

校长的"知人之心"，更多地表现为对那些缺点明显的教师个体也能见其所长、录其所专。很多时候，优点越突出的人，其缺点也就越明显，有眼光的校长往往能见其所长、用其所专，化不利为有利，使各类人才都能各得其所、各尽所能。

校长在"知人"的时候，只有坚持全面地看人、历史地看人、发展地看人，才能真正克服"知人"过程中的心理偏见，做到准确、客观地识别和发现人才。

《淮南子·兵略训》道:"若乃人尽其才,悉用其力。"能够做到"人尽其才"的校长,自然能够使人才"悉用其力",也必然能够实现学校的大发展。因此,校长在具备了"知人之心"之后,更要懂得"善任之道"。

首先,要不失时机,大胆任用。

现代人才学告诉我们,人才的特长有衰变性和用进性。

所谓衰变性,是指人的特长随着年龄、生理和心理条件的变化,可能增长也可能衰退。

所谓用进性,是指人的特长具有用进废退的特征,在一定时期内,特长越用越增进优势,反之,废置一边,就会退化。

校长要善于在青年教师特长的增长期和峰值期予以重用,还要善于在使用中开发教师的特长,促进其发展。

其次,要能级对应,人事相适。

所谓能级对应,是指"岗位能级"和"人才能级"的协调对应。

"岗位能级"指胜任这一工作岗位所必须具备的能力,由于不同的岗位有不同的要求,因而就有不同的能级。

"人才能级"指人都有各自不同的学历、经历、知识和能力,因而也就显示出不同的能级。

校长要合理地对教职员工划分能级层次,做到心中有数。

校长还要对人事适时地进行动态调整,因为随着教育事业的不断发展,"岗位能级"在不断地变化;随着教师主、客观条件的改变,"人才能级"也在不断地改变着。一个教师通过不断学习和实践,能级就会上升,校长要适时将其调整到较高的能级岗位,反之亦然。

再次,要用其所长,避其所短。

合理地使用人才,就要扬长避短,尽可能用其所长、避其所短,实现人尽其才、才尽其用。如有些教师教学水平很高,学术上有一定造诣,许多校长往往通过提拔其当行政干部来表示对他的承认,而不管其组织管理能力如何。这实际上是一种用人误区。

最后,严格要求,但不苛求。

校长对学校各类人才应严格要求,但同时也不能过分苛求。教师在工作上遇到挫折、生活上遇到困难的时候,校长要满腔热情地帮助他们解决;要创造条件让教师实现自身的价值，真正形成"教师依靠学校成才，学校依靠教师育才"的良性循环。

总之，校长在知人善任方面要不以个人好恶为标准，不以条条框框定取舍，不以"小恶"忘"大美"，而应扬长避短，求其所长。这样，学校才能广开才源，使各类人才各得其所，各尽所能。

对于一所学校来说，校长是钢琴家，只有熟悉每一个琴键，用好每一个音符，才能弹奏出美妙的乐章；校长是棋手，只有运用好每一粒棋子，才能下出一盘好棋、妙棋来……

校长，官儿不大，但责任可不小。因此，他只有具备伯乐相马的识才之智、海纳百川的容才之量、知人善任的用才之艺，才能真正成就学校发展的宏图大业！

铸造高绩效领导力之鞠躬尽瘁

放下架子，亲力亲为

> 管理者和领导干部应该是真正能吃苦的人。
>
> ——〔日〕土光敏夫

在管理中，领导者发号施令看起来是非常容易和简单的事，但要使他的"命令"被下属心甘情愿地执行则绝非易事。这还要看领导者能否放下架子，亲力亲为给下属树立一个榜样。

领导者常犯的错误之一是只注重"动嘴"而非"动腿"，认为凡事皆让"食我之禄，为我分忧"者"动腿"是天经地义的事，自己则无须如此。其实，这种想法是幼稚荒谬的。一个高绩效的领导者，不只是发号施令，仅仅做一些宏观指导和部署，还要放下架子，俯下身子，亲自抓，亲自干。只有这样，才能提高管理效率，令行禁止。

众所周知，诸葛亮被誉为"千古良相"，其"鞠躬尽瘁，死而后已"的高尚品格，一直被后世传颂。作为管理者，诸葛亮之所以能取得这样的成就并受到世人的尊重，与他能"放下架子，亲力亲为"有很大关系。这种亲力亲为的做事风格，使诸葛亮的管理十分科学、有效且能深得民心。可见，领导他人不能仅用嘴巴去说教，更要用行动来引导，这样才能真正发挥领导者的作用。

在管理工作中，领导者常犯的错误之二是经常流于空疏的宏观管理，缺乏操作性强的微观调控；流于模式化的统一管理，缺乏个别的关照。即使注重实行微观管理，也往往缺乏深入细致的个性化管理。这些情况就降低了管理的绩效，减弱了领导的管理效能。

在学校管理中，管理的对象较为特别，小细节往往就是大问题，所以校长端着架子作空疏无当的遥控是极其可怕的，更无高绩效可言。校长亲力亲为，则不仅能及时发现问题、解决问题，还能起到监督和模范带头的作用。

为避免上述的失误，在现实工作中，作为一名校长，首先要做好实践工作，做事前要精心筹划，反复论证；做事中要亲自体会、摸索、不断地修正；做事完毕要及时总结。而且对布置下去的工作要亲自过问、亲身了解、亲手指导，放下架子，俯下身子多做个性化管理；对管理中的个别问题，要亲自解决，对突出问题要进行深入细致的全程管理，让自己成为问题解决的终结者。其次，作为一名校长，还要淡化权力意识，关心下属，凡事要亲自去看，亲自督促，自己能做的事不要让教职工代做。这样才能增强服务意识，巩固自己在师生心目中的地位，提高自身的领导力。也只有这样，才能成为一位深得人心的校长。

 经典案例

2007 年 5 月 10 日，《中国教育报》用一整版的篇幅报道了蔡林森在河南永威学校任校长的先进事迹。他在不到半年的时间，把一个生源质量、师资水平都不太高的民办学校，"管"成了各项指标都非常突出的名校。

蔡林森的事迹，在教育界引起了不小的轰动。很多学校的管理者不禁问：蔡校长为何具有这么大的领导魔力呢？答案就蕴含在蔡校长以下的一言一行中。

蔡林森认为，学校工作中的各种问题不是单靠校长的口头或笔头的指示就能解决的，要领导好一所学校，校长必须放下架子并深入实践中去，不论大小事情，都应该去亲身体验和落实。

基于这种思想，蔡校长从不端坐在办公室里纸上谈兵而是以一个实践者的姿态，去落实学校工作的每一个细节。

在永威学校任职之初，学校的卫生状况很差。实地考查后蔡校长很快制订出了新的卫生评比规定，亲自和学生处工作人员、值班教师一起，定期、不定期地进行卫生检查。教学区、生活区以及会场，只要有人的地方就会有蔡校长的身影。蔡校长亲自统计出各班总分，填入公布栏，排出名次，给得分前三名的班级发循环红旗，并在大会上予以表彰。

为了保持良好的卫生状况，蔡校长同时采取了包、查、控、督、关的五字方针，每项都由他亲自督导。

包：要把卫生工作包到学生，包到每一个人身上；

查：发现问题一定要一查到底，落实责任追究；

控：与高中部分开控制外来人员；

督：人人监督，教育学生不要串班，不要乱扔纸屑废物，不要胡写乱画；

关：告诉学生放学后、吃饭时要记住关门，防止出现卫生被人有意破坏的问题。

在这五字方针中，每个环节蔡校长都亲自抓，亲自落实。此外，蔡校长还告诫教师要带头吃苦，不遥控指挥，对学生进行强有力的习惯教育。只有这样，保持优美环境的工作才能长期落到实处。

在蔡校长看来，所谓校长，绝不是人们习惯思维上的"领导干部"，而是为学生和所有教职工服务的领导者，做事的带头人。他深信苏霍姆林斯基说的那句话："如果你占着一个校长的职务，认为只要自己有一些特殊的行政工作能力，就可以取得成功，那你还是放弃想当一个好校长的念头吧。"一个有领导力的校长，一定要起到表率和示范的作用。

谁也不曾想到，蔡校长竟利用双休日，亲自和工人把整个教学楼的教室、办公室、厕所进行了内外粉刷。同时，利用全体教师会，把维护墙壁整洁的任务承包给班主任。蔡校长说："墙干净了，但这是我和工人刷的，一年后情况如何，能保持现在这个样子吗？如果能，这说明我们的教育水平提高了。"他还说："一所好学校，它一定是干净的，一个好班级，它也一定是干净的。如果你没有能力把地扫干净，还有能力来提高教育质量吗？要把墙放在你们的心上。"看见校长亲自把学校粉刷一新，教师加强了管理，学生的纪律性也提高了。

经过蔡校长的整顿，半个月不到，学校的地就变得干干净净，没有了卫生死角；教室里窗明几净，一尘不染；楼梯走道看不到一点纸屑痰迹；墙壁上既无鞋痕，也无手印，更没有笔墨的涂鸦；花盆和草坪上也没有教师丢下的烟蒂；垃圾箱排列有序——整个学校秩序井然，与往日形成了鲜明对比。

蔡校长常说："要让全体师生每天一开门就能看到我，总能看到我在做事，这所学校就好办了。"他每天早上5：40准时到操场看着全体师生出早操，然后检查早读。一个66岁的老人，忍着膝关节骨刺的病痛，四层教学楼上下64个教室他都一个一个地巡视。一天到晚跑两三趟，不停地发现问题、研究问题、解决问题。

按理说，一个校长敦促教务处去抓教学质量就行了，但蔡林森却不这样想。他认为，学校主要领导如果只是忙于开会和操心其他事务而不走进教室，不接触教师和学生，那么，他的管理工作也就失掉了原本的意义。他认为，校长应该亲自抓教学质量。

在他看来，要提高教学质量，就要不断改进课堂教学；要改进课堂教学，校长就需要掌握学校的课堂教学情况。只有经常听课的校长才能真正了解学校教学的情况。正是这一信念，促使他给自己规定了严格的听课制度：每天至少要听别的教师三节课。在听课时，也不是只听一两节或一个片段，至少会连续听一个单元，然后对这位教师的授课做出科学评价。

在永威中学，蔡校长每天都是第一个在晨曦中开启永威中学新的一天的人。操场、会场、赛场，所有师生集体活动的场所，都能看到他的身影，都能听到他热情洋溢的讲话。在家长会上，他是一个负责任的校长；在演讲会上，他是一个非比寻常的主持人；在赛课场上，他是一个令人敬仰的教育教学专家。他不停地做事，不停地干活。他说："只有放下架子，亲力亲为，学校才能办好。"

如果说在学校对工作的亲力亲为体现了蔡校长的责任心，那么，在平时的生活中，对有困难同事的亲自关怀，体现出的则是蔡校长的无私爱心。

学校周老师身体有病，年老的父亲又瘫痪在床，家庭的负担让他的事业发展受到了严重影响，曾对学校牢骚满腹。蔡校长得知情况后，对他给予了关心和帮助，亲自给他送去专业书籍让他学习，亲自指导他提高教学水平。第二年，周老师所带学生的成绩有了很大的提高，自己在全市优质课大赛中还获得了第一名。

周老师曾这样说道："……走上工作岗位之后，我本想大干一番，但由于自身水平欠缺，加上家庭、生活和身体等方面的原因，给学校带来的尽是麻烦。在这种状况下,蔡校长对我不仅没有一点嫌弃,反而亲自给予特殊照顾和关心,他用父亲般的关怀温暖了我曾经冰冷的心。一次上课时,我犯了病,晕倒在地上后摔伤了,其实没什么,只不过耳后多了道伤。蔡校长闻讯赶来,亲自送我回家休息。回到家,他坐在我的身边,握着我的手和我唠家常,此时的我激动得手直打颤。

"病好后上班的第一天,会计通知我到财务室,让我领补助金。原来这是蔡校长在了解了我家庭的状况后,给予我的特殊照顾。拿着补助金,从未掉过一滴眼泪的我泪流满面……"

在蔡校长看来,亲自去看望职工、爱护职工,能产生强大的激励作用。某位教师气色不太好,蔡校长就主动问候;遇到学校的"老病号",蔡校长总会询问病情,送上自己的关怀;特别是学校有老师突生疾病或者家里有婚丧嫁娶的事情时,蔡校长都一定会主动看望……

在蔡校长的管理思维中,学校里大大小小的事情以及学校职工的事,自己都要做到心中有数。正是蔡校长深入实际的作风和强烈的事业心,才让永威中学迅速走向辉煌。

在蔡校长的管理下,河南永威学校在短时间内发生了翻天覆地的变化,教学质量迅速得到提高,学校的知名度也不断提升,成为很多学校争相学习的榜样。

在管理学校的事务中,校长的亲力亲为,一定能激发全体教职工工作的积极性,并给学生带来潜移默化的影响。校长的积极参与,能提高教职工群体做事的效率和质量。对于校长本身而言,自己动手,更有益于发现问题,解决问题。因为实践出真知,实践能让领导者积累更有效的管理经验。

因此,作为校长要到学生中去,走进教师的课堂,了解教师;要有勇于实践的工作作风;要有真抓实干的精神;要在亲力亲为中不断完善自己。

校长高绩效的领导力,不是仅仅靠书本知识学出来的,更不是动动嘴就能"指挥"出来的,而是在实践中磨炼出来的。

 **案例分析**

历史经验证明，各种问题的解决都取决于对实际情况的周密调查研究，而周密调查研究来自于研究者的亲力亲为。如果不亲自体验，凭老经验、想当然，把主观愿望当做客观现实，就不可能实施有效的管理办法。因此，学校领导亲自去做一些事是很有必要的，因为没有实践就没有发言权，没有实践更没有决策权——这样，校长就不能体现出较高的领导素养。

另外，校长的亲力亲为，能起到极强的表率作用。孔子说："其身正，不令而行；其身不正，虽令不从。"意思是自身的行为端正，就是不发命令，下面的人也知道该怎么做；自身的行为不端正，即使三令五申也没有人听从。这在某种意义上就是强调校长的表率作用。校长作为学校教学和管理的组织者和带头人，其行为不仅关系自身形象，而且对全体教师有着重要的导向、示范和激励作用，能产生强大的感召力、影响力，能增强巨大的凝聚力。校长求真务实，教师就埋头苦干；校长严于律己，教师也会兢兢业业。这种情况在蔡林森校长的身上得到了很好的体现。

作为校长，蔡林森不仅有"岗位是担子，权力是责任"的服务意识，还有甘于奉献的"孺子牛"的工作热情；不仅用心想事、用心谋事，还用心干事，对工作亲自动手，以垂范影响同事、带动同事、服务同事，增强自身的感召力，使得广大教职员工都自觉地按照学校的要求做事。

那么，在学校管理中，校长的亲力亲为，其高效的领导力又具体体现在哪里呢？

第一，体现"管"与"理"的结合，防止细节疏忽。

词典里，"管"有担任、过问、保管、料理、照管和约束等意思；"理"有事理、表示态度、发表意见等意思。

在工作中注意"理"而忽视"管"，缺乏真抓实干的精神是一些校长在管理中较常出现的现象。校长偶尔发现了学生的问题，欲进行处理，因为一些学生不明白校长的身份，有时会出现双方产生冲突的现象，这就是"理"而不"管"造成的。而校长的亲力亲为，既有"理"，又有"管"，会让管理真正落到实处。

对于学生的教育和教职工工作上的管理，往往是小问题居多，这是学校管理的特点，但正是这些细节决定了教学质量的高低。如食堂饭菜不太热、学生整体的不良动向、厕所的卫生不好等，这些细节问题，可能不是一般老师分管的工作，面对问题，他们无力处理。只有校长亲力亲为，关注到这些细节，才能有效解决这些问题。这样，学校的工作才能做得更全面，更细致。

第二，展示领导的示范作用，提高领导的感召力。

首先，校长放下架子、亲力亲为，树立"服务"和"人本"的新理念，体现服务化管理的思想，适度淡化领导者与被领导者的界线。校长为师生服务，关注师生发展与成长，有利于学校组织结构扁平化和创建学习型学校。

其次，体现尊重教师的理念。日常管理中，常常是校长发现了管理中的问题，就指示下属解决问题，然后了解解决的结果，而这样做会给教职员工形成工作中的"等级"差异。如果校长及时处理问题，能够让教师感受到尊重，可以消除校长在教师心中一味命令指挥的印象，从而打破决策层、管理层、执行层、操作层的明显界线，使校长与被管理教师共同参与学校管理。

再次，校长的亲力亲为，还能给教师树立务实的领导形象，克服领导工作人浮于事，作风散漫的弊病。

校长放下架子、亲力亲为，能给教师以示范，容易获得下级的认同，形成领导权威，展示领导的人格魅力。

第三，获得学校管理的大量信息，增强治校的针对性和实效性。

校长放下架子，事事亲自过问，能让自己掌握大量的管理信息，这是"走马观花"式的管理者无法得到的。领导者只有拥有丰富的信息资源，才会摸透实情，形成科学的决策，保证管理的科学性。校长只有拥有丰富的信息资源，把握管理的复杂性，才能学会管理的艺术性，形成与人为善的人本管理思想。

第四，提高案例研究能力。

领导通过亲自做一些事，可以获得大量的个案资料。面对管理中的问题，与教师一道分析研究，通过深刻地分析问题，寻求良好的解决问题的方法，能较好地提高领导的实践能力。这样，校长用研究行为带动教师的研究行动，让学校形成领导与教师互动的研究风气，促进教师成长。

　　每所学校都有一套管理制度，但最完善的管理制度也需要人去执行，而校长就是这个制度的执行者、引领者、监督者。因为只有校长才能让完善的管理制度在实际中发挥实效。

　　所以，校长放下架子，亲力亲为，犹如一个巨大的磁场，能够把所有教职工紧密地团结在一起，产生一种巨大的凝聚力和创造力。作为校长，要以表率强化领导力，这样才能成为一个高绩效的领导者。

铸造高绩效领导力之注重实践

摒弃纸上谈兵，增强实践能力

> 理论所不能解决的疑难问题，实践将为你解决。
>
> ——〔德〕费尔巴哈

美国学校管理者协会出版的专著《成功学校领导的技能》中，系统阐述了学校领导所应具备的技能：学校文化气氛的培育和评价、课程开发、教学管理、职员评价、教师队伍建设、资源配置和教育研究评价等。

学校管理是一个系统的工程，校长作为管理核心，应该系统、深入、创造性地抓教师管理、学生管理、教学管理、后勤管理，突出抓好课程、评价、规范、制度等教学环节。

校长的实践能力主要分为两个层次：一是与校长管理实践直接相联系的特殊能力，如形势判断力、学科敏感性，以及对改革过程进行规划、引导和控制的战略领导艺术和现代管理技巧；二是深化校长对管理实践认识的研究能力及自我完善能力。

教育是一门实践性科学，教育工作者只有处在具体的环境和氛围之中时，才能真正有效地实施自己的教育思想。作为一所学校的校长，提高教育质量和效益是其最基本的工作，不到一线研究教育教学的校长就是不称职的校长。

值得一提的是，课程改革一直是教育教学改革的核心问题，纵观世界教育改革的发展历程，几乎每次重大的教育改革都是以课程改革为载体的，课堂教学改革也因此成为人们关注的焦点。

在这一系列的课程实施中，校长显然扮演着重要的实践领导者角色——

只有领导全校师生把课程改革的先进理念真正落实到实践层面，才能够充分发挥它的功效。

因此，校长必须认准自己的角色，做好自己的角色定位，立足课堂，深入课堂，解读课堂，加强先进课程理念的吸收与内化，在具体的实践中充分发挥自己的课程领导作用。

事实上，一校之长的重要职责，就是深入学校教育教学的第一线，以亲身行动充分调动教师的积极性，充分发挥和挖掘他们的潜能，领导他们把教育思想和教学理论通过一系列的教育实践活动过程，内化成一种自觉的行为。

校长必须首先认识到，教育教学工作不是单纯地说出来的，它只能源于实践，因为这是学校推进教学改革的唯一途径，必须从"宣传动员，通识培训"阶段转入"勇于实践，积极探索"的阶段！

 经典案例

湖南省岳阳市一中是全国中学整体优化改革试点学校、全国现代教育技术实验学校、全国青少年劳技教育发明创造实验学校、湖南省培养优秀体育后备人才试点学校、湖南省素质教育示范校和岳阳市环境教育基地。学校能获得如此多的荣誉，应该说与现任校长宋卓辉是分不开的。

在湖南的普教战线上，宋校长被人们称为"岳阳教育思想的先导"。他一直本着理论和实践相结合的办学思想，坚持求真务实的治校理念。正是他这种勇于实践的思想和理念，造就了今天的岳阳一中。

宋校长认为，学校中的大量问题，不是靠开会、发指示、作决议所能解决的，校长的主要工作，应当是深入课堂，到教师中去，到学生中去，研究教学和教育工作的客观规律，依靠科学来领导和管理学校工作。

基于这种思想，宋校长在长达19年的校长工作岗位上，从不把工作局限在行政领导和处理日常事务性工作上，而是以一个教育者的姿态在学校的每一个领域发挥强有力的领导作用，将他的思想变为全体教师的思想，进而推动各项工作的运行。

他在担任岳阳一中校长的同时，还一直坚持亲自授课，承担初中一个班的语文教学工作。宋校长认为课是滋养思想的源泉，校长工作的实质就是以身作则地钻研教学业务，脚踏实地地研究教学问题，身体力行地带领全体教师搞好教学工作。

整个教育过程的文明，取决于每天都要有所改进的课堂教学，要改进课堂教学，就需要校长对教学进行深思熟虑的分析。而只有经常听课的校长才能真正了解学校的教学情况。

正是因为坚守这一信条，宋校长给自己规定了严格的听课制度：每天至少要听别的教师两节课。对因开会或出差耽误的听课任务，也都要一节不少地全部补上。

在宋校长看来，校长听课的目的不只是找缺点和错误，发现好的经验还要进行推广。因此，他既听青年教师的课，也听老教师的课。而且在听课时，也不是只听一、两节或一个片段，至少会听一个单元，以便对教师的授课做出全面客观的评价。

此外，宋校长还经常带动和组织教师对学生进行全面的研究，其具体方法之一就是每隔一周举行一次以研究学生为主要内容的讨论会，会上请一、两位班主任或教师作《某某学生的教育学鉴定》（下简称《鉴定》）的详细报告。

这种《鉴定》要求对某一具体学生进行仔细而全面的观察。它大致包括：学生的健康状况及身体发育情况；学生智力发展的个人特点；学生的智力和精神面貌形成的环境；学生的道德面貌；准备采取何种措施。

为了让思想教育工作落实到每个具体的人，宋校长不断观察和研究"差生"和"调皮学生"的心理状态、情绪表现，以及这些情况与教师采用的教育方法之间的关系，从中找出正确地进行思想教育工作的规律。

正是宋校长这些细致而具体的工作，让他对教师和学生的状况有了深入的了解，从而能制订出合理而又符合学校实情的规范制度，使岳阳一中得到了长足的发展。

常言道："打铁先得本身硬。"因此，一个追求卓越的校长，必须不断增强自身的实践意识和能力，必须不断丰富和更新自己的知识。

作为一校之长，只具有管理好学校的愿望还不够，还必须是博学多识、德高望重的领导者。只有校长各方面的素质都高于教师，并能处处以身作则，深入实际，他才具有权威性，才能一呼百应，这是校长做好学校管理工作的根本保证。

 **案例分析**

美国管理大师德鲁克曾说过，一个成功的企业，不可能给另一个企业提供完全可行的成功经验。

另一位管理大师邓肯也认为，严格地说，管理没有原理。

中外管理大师，都存在着一个共识，那就是——管理的实践意识第一，管理的本质在于实践！

宋校长将这一理论做到了实处。在长达19年的校长生涯中，他一直躬身课堂，和师生交流，参与讨论，潜心研究，勤于实践，从而形成了自己独特的办学模式和教学风格，真正成了教师心目中的校长，并打造出了闻名全国的岳阳一中。

宋校长这种亲身实践、严谨治校的精神，值得所有校长学习与效仿。

1. 实践教学改革

课堂教学结构的优化、教学改革的实施，是评估一所学校的重要指标。而校长则必须起到"领导的示范和榜样作用"，以上课为切入点，率先上好实践课、研究课、探讨课，参与指导课程内容以及教学流程的管理。

校长亲临课堂教学第一线，既是指挥员，又是排头兵，这是非常重要、很有必要的。因为只有这样做，才能真正调动广大师生教与学的积极性与创造性，让师生共同参与学校管理，真正把课改落到实处。

校长只有亲历课堂教学，才能掌握信息，及时反馈，调整教学思想，开拓新的教学思路，激活教学思维。

校长只有亲自上课，知道师生教与学的酸甜苦辣，才能成为沟通师与生、生与生的桥梁，做出行之有效的指导性决策。

2. 实践课题研究

在学校管理中，校长还必须先成为课题研究的主动参与者和实践者，然后才能成为师生学习的有力促进者、有效组织者和高明指导者。

作为参与者，校长必须经常深入教师课题的研究与实践，深入学生课题组的活动，了解师生的需求，倾听师生的心声。

作为组织者和促进者，校长必须善于创设轻松和谐的活动环境，组织课题组活动和交流，利用"走出去，请进来"等形式，借鉴兄弟学校、名校的经验，指导学校教学实践，充分挖掘学校自身潜力，在实践中逐渐探索出学校自身发展的办学模式。

作为指导者，校长必须有针对性地对教师进行课题研究方法与实践指导，如信息资料、数据的获取分析和处理、课题方案、专题报告、实验报告的撰写技能、论文的认证方式方法等。

3. 探索教育理念

探索课程改革和教学实施，这是校长教育理论探索的基础工作。而更重要的是对教育教学改革作深层次的思考。

如随着时代的发展、经济的增长、教育现代化的建设，如何加快人的现代化教育？

如何在课程改革实践中塑造有正确的人生观、价值观、好的文化素质和行为方式的学生，以弘扬民族精神？

如何通过自主学习、开放学习、课题学习来改变传统的学习方式，确立终生学习的观念，培养有人文关怀精神的学生？

如何培养学生的创新意识、创新思维、创新技能和创新人格，以保持中华民族持久发展的动力？

如何通过平等交流、合作学习来培养具有民主和科学精神的社会栋梁，以推动中华民族的民主化进程？

作为一名校长，一定要高瞻远瞩、心系大业，但问题的探索，首先还是要从基础做起，以课改实践、课堂教学和以人为本的理论研究为起点，由内及外，层层展开，去发现问题、研究问题，从而形成自己独特的方法和理论体系。

作为一所学校的旗帜，校长所肩负的使命显然是重如泰山的。因此，他不但要具有一流的领导才能、一流的管理水平，还应该是学校教育教学工作的先行者、探索者、实践者。此外，他更要懂得身先士卒，让自己真正成为教育教学改革实践前沿阵地的排头兵。

这样的管理和实践工作，没有现成的模式可以套用，没有固定的道路可遵循，校长只能不断实践、不断研究、不断探索，才可能真正打造出 21 世纪的明星学校！

铸造高绩效领导力之教师培养

为教师的专业成长搭建舞台

> 为了给学生一颗知识的火星，教师应当从整个知识的海洋中吸取营养。
>
> ——〔苏〕苏霍姆林斯基

学生的发展是通过教师的教育教学实践活动得以实现的。教师专业能力的高低直接决定了学生创设实践的效果。因此，学校不仅应该是培养学生的地方，还应该成为教师专业发展的舞台。

中国有名老话，"家有三斗米，不做孩子王"，说的是教师的辛苦；教师也多被誉为"蜡烛"，燃烧了自己，照亮了别人。其实，教师的职业应该是专业性的，要时时富有创造的精神。教育是科学，要讲求真；教育是艺术，要讲创新。传统的教育观只讲传道、授业、解惑，淹没了教师的专业性、创造性，至多只能做"红烛"。现在，教师在教育教学中引入专业精神，不断改革创新，在引领学生进步的同时不断提高自身的专业素养，教师形象就会有新内涵、新魅力。

学校要想拥有一支"爱学生、乐学习、善教学、会研究"的教师队伍，就要在促进学生全面发展的同时，让全体教师都得到专业的发展，使他们成为不仅仅是能"拿出现成真理的人"，而且是能够不断"发现真理的人"，从而能够从事富有效果和创造性的教育教学活动，并在知识的探索中不断实现自己生命的升华。

要成为一所教师专业发展良好的学校，就必须最大限度地把握和利用社会上一切可以利用的资源。同时，为保证教师的专业培训和发展，学校应该进行教师专业发展预算，将"人事管理"变为"人力资源管理"，做好教师专业发展的"司令部"和"后勤部"。如今，应教师专业发展的需求，社会上许多机构已经开始提供教师培训的服务，普通教师的热情也非常高涨，愿意以个人或家庭的支持来完成专业成长，如配偶的支持、进修资金的付出、周末时间的贡献等。但是，每一种方式都有它们的优势与缺点，如果学校能够"多方整合"，充分利用每种教育培训方式的优势，在适当的时间向教师提供适当的学习机会，相信教师的专业成长就一定会更迅速、更充分。

教师的终生专业发展，能够为学校的内涵发展提供不竭的源泉与动力。只有具备一支专业精湛的教师队伍，教育之花才会常开常新。

经典案例

在文登市实验小学，为了促进教师的专业发展，侯溪萍校长为他们搭建了一个又一个舞台。

1. 为培养教师"一掷千金"

侯校长在教师培养的开支上历来都是"一掷千金"，特别慷慨大方。近几年在威海举行的几次课堂教学研讨会，她都想方设法让更多的教师参加。她说，不能错过良机，能多去一个就是一个。当时，有人问侯校长，开会要交费，一下子去这么多人，你就舍得？她笑笑说："到外地学习，坐火车和住宿要花很多钱，我们都支持；现在全国的教育专家送到门上，既少花了钱，又少耽搁了时间，为什么不去？"

学校还定期让教师去北京师范大学学习，每人需要2000多元的培训费。每次教师们到她那里去报名，侯校长从来都没有犹豫过，常常一边挥笔签字，一边快乐地笑着。那种发自内心的支持与鼓励，令教师们在感动的同时，也有了不辱使命的责任感。

不过，侯校长的经济支出是需要精神回报的。教师们是奉命而行，任务在身，学习之后，必须写出自己的体会、感受，每周四下午，要在全体教师会上交流。与会者要将自己学习的主要内容讲给全校教师听，让没有去的教师分享专家的理念和会议的精神，而且还要为之设立档案，作为学校与教师一种永久的精神收藏。

侯校长还提倡教师写反思文章，认为这既是教师对教育教学再认识的深化，也是培养其良好写作习惯的必由之路。在教师们不会写或写不好的时候，她就联系有关专家，专门对教师进行培训。同时，要求教师每月将自己所写的反思文章送到阅览室，再由学校择优向有关报刊社推荐。现在，不少教师学会了反思，也学会了写作，见诸报刊的文章也越来越多，仅2005年，教师们在各级报纸、杂志上就发表论文139篇，其中122篇获奖。

2. 在学校内部提升教师的教育教学水平

侯校长认为，学校应当想方设法为教师们的成长创设平台，通过经常性的专业培训、名师观摩、学术沙龙等活动，帮助青年教师零距离接触最先进的理念，使他们茁壮成长。

侯校长经常和学校领导班子成员一起，对教学管理进行深入研究，并广泛征求教师的意见，形成了一种具有实验小学特色的管理机制。

一是成立科研小组。这个小组由6名分别来自语文、数学、英语、艺术学科的骨干教师组成，学校将他们定位于新理念的实践者、先行者和指导者，使其参与到课题研究及对青年教师的培养工程中来，让科研骨干由幕后走向前台，由单一走向多元，全方位发挥他们的龙头带动作用。

二是重用教研组长。他们是各个学科的教学精英，是教学工作的中坚力量，让组长参与日常教学活动的检查与评比，给他们施展才能的机会与权限，可以最大限度地凝聚团队合力，激发团队活力。

三是分层管理教师。要求各个年龄段的教师都要调整好心态，把握住自己发展的方向。老年教师放下包袱，轻装上阵，全力主攻上课与辅导；中年教师需要均衡发展，在课堂教学、课题研究或经验积累等方面选准突破口，干出成绩，凸显特色；青年教师则要注重文化积累与教学研究，力争早日脱颖而出。

四是倡导个体互助。既要挖掘教师个体的内在潜力，又要突出对他们团队精神与合作意识的培养。每当教师们在教学上遇到困难时，学校领导则建议他们互相帮助，甚至结成对子，让个体在群体的合力中有较快的发展。

五是建立学习机制。让"学习是荣耀，学习有压力，学习见成效"的观念深入人心。如选派业务骨干和有发展前途的教师外出学习，归来之后要上交所有学习资料、日程安排及学习记录，并且做到三个一，即：撰写一篇有个人见解的书面报告，进行一次规定范围内的专题讲座或执教一节有创意的公开课，上交一份讲稿或教案。

正是在这种学习环境中，教师们才有了特殊的努力与收获。一教师颇有诗意地说："走出心灵设下的重重关卡，细细品味人生的酸甜苦辣，擦一擦晶莹的眼眸，甩一甩飘逸的长发，不再感慨人心复杂，不再倾听小雨沙沙，如烟似梦的昨日，已成为记忆中快乐的潇洒。"

3. 在相互评课中提升教学水平

学校常常举行互相评课的活动，让教师在互评中提高教学水平。教师之间相互评课，不仅可以起到"他山之石，可以攻玉"的目的，而且可以激励教师自身奋起直追。

如周老师评价杨老师的课：杨老师的教学风格独特，看似无心却是匠心独具，要达到这样的教育境界绝非一日之功。不由得想起一句诗："纸上得来终觉浅，绝知此事要躬行。"临渊羡鱼不如退而结网，光羡慕赞叹别人没有用。如果赞美只是停留在嘴上，而不渗透到血液里，学习就是一阵风。我觉得，在教学上，不是只有他们几位优秀的、可以登台展示的教师才是精彩的，我们每个教师都不是观众，而是演员，只有用心投入角色中，才能演得精彩，博得掌声。

4. 与失误对话，在反思中提高

侯校长认为，反思是一个思想与行动的对话过程，人们通过这一过程，会变得更有技巧。而教师与教育教学实践对话，则是对"有源之水，有本之木"的再生性思考，有利于提高反思的有效性，提升自己的教学素养。因此，她要求教师在每节课后，要对自己的教学过程来一个"回头望"，回味、捕捉教学目标、重点难点、知识处理、教学方法、学法指导的经验之得；领悟和发现生生互动、师生互动、学为主体的精彩行为；追求和思考已发生的教育事实，提炼隐藏在教学行为背后有价值的教学理念，总结师生在交往互动中生成的知识技能。

但侯校长在重视教师反思教学成功原因的同时，更主张反思课堂教学的不足之处。从某种意义上说，课堂教学是一门遗憾的艺术，即使是一节看似设计得非常完美的课，也会有这样那样的不足。所以，她提出，我们"不追求平平淡淡的完美，而追求有遗憾的突破"。遗憾是课堂教学的失败和挫折，对教师有其他事物不可替代的价值。现代教师要善于反思失败和挫折的原因，将其升华为有价值的教训，从而不断强化自己的有效教学意识，不断超越自我。目前，教师们已经习惯了与教学失误的自我对话，而这种反思性的优秀文章也越来越多，有的开始见诸报刊，并引起了较大的反响。

案例分析

侯校长认为，校长的重要使命之一，就是为每一个教师的专业成长搭建舞台。因为没有教师的专业成长，就不可能有学生的发展，也不可能为学校的持续发展输入不竭的动力。

教师与学生都是学校的"本"。对学校而言，首要任务是促进教师的专业发展，打造一支高水平的教师队伍是学校整体发展中的重中之重，是校长职责的重中之重。

那么，学校如何搭建舞台，并推动教师的专业发展呢？

1. 开展系列活动，促进教师学习

学习是教师专业发展的基本前提。过去，为了促进教师的专业成长，学校采用比较多的形式是集会、听报告、听专题讲座等，这些都是获取信息、开阔眼界的重要途径。但这些方式毕竟是"自上而下"的学习，教师作为受训者已经习惯了这种"接受式"的学习，这也会导致教师或多或少地养成思维的惰性，导致教师接受培训的被动、盲目、低效。

除了"请进来"，学校也要注重让老师"走出去"，出去看看"他人"在做些什么、怎样做的。于教师而言，"走出去"不一定要离开学校，也不一定要争取更多"观摩课"的机会，最重要的是要走出自己个人狭小的生活世界，去看看"他人"的实践与态度。要达到这个目的，最重要的是多看书，校长应从以下几个方面入手解决问题：

（1）策划读书活动，促进内在需求形成。

读名著犹如与大师对话，能使教师更深切地洞悉教育的真谛。让书成为教师发展的源头活水，让教师读书像吃饭穿衣一样自然。因此，学校可以制订一个教师读书计划，给教师推荐书目，对不同层次的教师提出不同的读书要求。

比如，要求全体教师每学期阅读一本书，每个长假期（主要是寒暑假）阅读一到两本书，在教师有了一定的阅读要求（如摘录一定数量的读书卡片、在书上记下阅后感等）后，由学校对教师购书给予一定的经济补助。优良的教育传统与崭新的现代教育理念会给教师的思想以感染、冲击和碰撞，使教师以新的视觉和思维方式来审视自己的教育行为，树立终身学习的观念。

（2）开设教师讲坛，丰富"输出"平台。

学校应鼓励教师在各种场合与人平等交流，强调教师在各个方面积极展现自我。每次全体教师会前为教师开设"教育教学中的我思我行"教师讲坛，鼓励教师自由报名主讲，可以讲自己的读书心得，也可以讲自己对教育理论的理解与实践。在这种参与中，教师们不断体会到自己的见解被重视的喜悦，从而激发起主动要求进步和提高的内在动机和愿望。

（3）教学随想交流，促进教师互相学习。

"活到老，学到老"这句话是学习的座右铭。不断的学习，随时记录教学中的感悟、思考、困惑、理解、心境等，是教师成长、提高的重要途径。学校可以要求教师每周至少写一篇教学随想，学期末每人提交两篇供集体交流。这样，经过一段时间的积累，教师们就会对教育有更深的感悟，"写教育"的能力就会更强，也就促进了教育教学水平的提高。

2. 强化实践体验，促进行为转化

知识需要经营。学习不应只表现在对知识的占有上，更应表现在对知识的驾驭和运用上。教师的学习则更需体现在对教育理论的实践、研究与探讨上，教师应学有特色，教有风格。

（1）开展教学展示，追求艺术课堂。

一方面，学校多让教师观看特级教师上新教材课的录像，了解新课堂教学的模式、新课改给学生带来的好处，领会新教材的编写意图、新课程改革的精神内涵。

另一方面，让教师人人参与，共同探索新教材的教学方法。经常开公开课，学校领导及组内教师深入课堂听课、评课，让教师们在"真刀真枪"的教学实践中接受点拨指导，以解剖教学细节为抓手，让教师体会到教学思想不是虚无缥缈、不着边际的东西，而是实实在在的、触手可及的、体现在教学的每一个环节中。

（2）倡导叙事研究，记录教育行为。

当教师把读书当作一种生活方式，阅读成为教师职业生活中不可或缺的事情之后，教师观念的更新将推动其日常教育实践的改进。这时，让教师们进行"叙事研究"，就是一个很好的选择。叙事研究大体可以理解为教师讲述自己的教育故事，并以此为研究对象，重在对自身教育行为内涵意义的揭示。叙事研究让教师"写自己的故事"，从某种意义上讲，也降低了一线教师从事科研的难度，让教师易于接受。

3. 立足科研根本，确保专业成长动力

课题是激活学校发展的驱动力，能促进教师不断完善自我、超越自我，主动发展。

学校可以向教师提出"专题研究"的要求，要求各个教研组甚至每个教师，针对本学科组（或者个人）在教育实践中所碰到的问题进行选题，所选专题宜小不宜大，并确定研究思路，每天带着问题和思考进课堂、接近学生，展开实证操作和观察分析，及时记录与总结。

这样，让教师们常以研究的心态工作，让边教边研成为他们工作的习惯，最终实现科研为教学实践服务的目的。

4. 尊重教师差异，"量身"打造专业发展

教师是有差异的，学校管理的重心不是对教师的优劣进行甄别和选拔，而是在承认差异的基础上帮助他们认识自己，找准位置，最优化地实现自己的人生价值。

教师是学校的核心资源，教师队伍建设是学校教育事业永恒的主题。从一定意义上讲，教师素质的高低决定了学校的生存、发展与品质。

校长作为学校的最高领导者，应高度重视对教师专业水平的提高，努力为他们搭建"主动发展"的舞台，从而推动教师专业发展，提高学校的教育教学水平和质量。

铸造高绩效领导力之依法治校

树立法律意识，坚持依法治校

> 法律就是秩序，有好的法律才有好的秩序。
> ——〔古希腊〕亚里士多德

我国《宪法》第 5 条规定："中华人民共和国实行依法治国，建设社会主义法治国家。"

随着科教兴国战略的实施和依法治国方略的确立，依法治教已成为我国管理教育的基本方针，而依法治校作为依法治教的重要组成部分，也必将成为 21 世纪学校校长的必然选择。

近年来，各级各类学校的法律纠纷频频见诸报端。而其纠纷的实质，就是教育者法律意识的淡漠和学生日益崛起的主体权利意识之间的冲突，是关于学生权利的法律规定与学生管理制度中不当因素的冲突。

而减少、避免、解决这些法律冲突的必由之路则是：校长、教师能够理解、掌握教育法的条文和实质，依法科学地管理和教育学生。

然而，纵观现在的校长和教师队伍，其法律素质却并不尽如人意，很多学校和教师一方面不能很好地利用法律武器维护自身的合法权益，一方面却又不断地制造侵犯学生合法权益的事件。

要知道，学校是一个以青少年为教育对象、以育人为目的的组织，是一种特殊的社会规范化、制度化的场所，所以，一切教育活动和所有人员的行为当然都应该受制于一定的规范和纪律的要求。

在这种情况下，依法治校自然成了应时而生、势在必行的一种学校管理方式，是法治社会对学校管理者提出的客观要求，是现代教育改革与发展的必然趋势，是依法治国方略在基层的具体实践。

因此，校长作为学校的管理者、领导者，增强自身的法制意识，确立依法治校的办学思路和治校方略，全面提高依法治校的能力，把学校管理纳入科学化、规范化、法制化轨道，便成了十分迫切的任务。

前教育部部长陈至立同志，在全国教育法制工作会议上的报告《全面推进依法治教，开创 21 世纪教育振兴的新局面》中强调指出：

"依法治校就是要在依法理顺政府与学校的关系、落实学校办学自主权的基础上，实现学校管理与运行机制的制度化、规范化，形成政府宏观管理，学校依法按照章程自主办学，依法接受监督的新格局。"

从学校管理学的角度来看，依法治校，就是指学校校长运用法律手段，规范学校工作，对学校各项事务进行依法管理。其本质，就是校长在学校管理中所体现出的法治精神，并以法律为最高权威，从管理体制到具体管理行为等各方面采取切实可行的办法和措施。

校长实施依法治校，有利于规范办学行为，有利于营造学校教育的法制氛围，有利于维护学校及师生的合法权益，这对学校本身的建设与发展、对我国整体教育水平和综合国力的提高都具有重要意义。

因此，校长在管理学校时，必须要有严明的法制观念，严格的纪律制度；校长在组织教师进行教育教学时，也必须遵守教育法律的规定。这是现代学校管理的必然要求，也是提高管理效率和教育质量的保证；这也是现代学校治校的根本，更是时代精神的深刻体现！

经典案例

陈惟凡从事教育工作 21 年，从 1990 年开始，先后在湖南省小沙江镇中学、隆回八中任校长，隆回二中任副校长，2001 年起担任隆回二中校长。他在教育改革中作出了突出成绩，在师生中享有崇高威望，并赢得了"教育战线实干家"的赞誉。

隆回二中的前身，是 1924 年创办于金石桥镇的高级女子专业学校。近年来，学校在陈惟凡的带领下发生了翻天覆地的变化，已经成为一所"规模大、环境美、有特色、质量高"的省重点中学，他为隆回二中争创全国"千强"奠定了坚实的基础。

几年来，日本大野町教育考察团等100余家单位来学校参观学习，中央电视台、《人民日报》《光明日报》《中国教育报》等新闻媒体也对学校各项工作给予了全面报道。

陈惟凡本人也因此连续受嘉奖5次，记三等功6次，记大功1次，被评为全国优秀教师和市优秀教育工作者、名优校长、优秀共产党员，曾多次在省、市、县大型文化教育活动或表彰活动中介绍教育教学管理经验。

陈惟凡在进行学校管理时，一直以"依法治校，以德育人，科研兴教，特色办学，创建名校"为工作思路，把加强青少年法制教育作为学校的重要工作来抓。

他还重新亲手编制了近20万字的《隆回二中规章制度汇编》，使其成为了隆回二中治校的一部"法"。同时，他还努力推进科学化、民主化、规范化的教育管理模式，并通过从严治教、从严治学，形成了严明的校风、严格的教风、严谨的学风，走出了素质教育的新路子。

1. 责权明确到位

陈惟凡首先组织成立了由自己负总责、副校长戴明礼具体负责的依法治校、安全保卫综合治理、普法帮教领导小组，并由办公室、政教处、保卫组，负责具体开展各项工作。

陈惟凡还订立了"谁主管、谁负责"的原则，层层签订责任状，落实到人，对各岗位和责任人都制订了完善严明的制度。如各班由班主任及保卫委员签订《安全保卫责任书》，政教处、保卫组与各班及个别学生结成普法帮教对象，开展"一帮一""二帮一"等帮教活动。

陈惟凡同时还指导各职能部门制订了各项管理条例，如IC卡系统制订了《食堂卫生与安全管理条例》，教务处制订了《计算机安全管理制度》《剧毒药品管理制度》，政教处制订了《隆回二中学生管理制度》《流动人口管理制度》《门卫制度》等。

学校还在陈惟凡的领导下，成立了督评领导小组，督查到位，按章办事、依法办事。

2. 创造和谐校园

为创造安宁祥和、清洁舒适的学习环境，维护和遵守学校各项规章制度，陈惟凡还带领学校的领导班子制订了《校园住户公约》，要求全体教工及家庭做到：

综合治理遵守"六个不"；

保护环境做到"四要""四不要"；

协调关系和睦相处；

热心服务，关心学生成长。

同时，学校还制订了《评选文明家庭实施细则》和《"星级"文明住户评比条件》，每年都要评选出"五爱星""法纪星""计育星""环卫星""团结星"，在全校师生大会上，陈惟凡会亲自为其披红挂彩，予以表彰。

陈惟凡还对科教楼、图书馆、餐饮楼、办公楼等重要学舍的人防、技防、物防，实施了严密的措施。例如，每晚坚持由一名行政人员和两位教工值班巡逻，风雨无阻，从未间断。

3. 净化周边环境

隆回二中的周边环境较为复杂。2001年，在校长陈惟凡的组织下，学校召开了周边联防工作会议，制订了《校群治安联防公约》。

此后，每年开学初，学校都要请桃洪镇政府、邻近的氮肥厂、村委会领导、综治专干以及周边村组的部分群众一起，探讨校群联防新路，制订和完善校群治安举措。

4. 加强学生思想教育

2003年3月18日和10月17日，陈惟凡两次邀请县法院副院长兼该校法制副校长朱颖坚同志，利用校园风声电视台给师生上法制教育课。11月20日，学校全体教工和部分学生进行了"四五"普法考试，成绩优秀率达100％。

5. 重视法制培训

在陈惟凡的指导下，学校每学期都要举办后进学生"法制培训班"，积极预防青少年犯罪，促进后进学生成才。

培训班学员一般是个性上、心理上有较大缺陷，行为上有劣迹的后进学生。每期人数在40～60名不等，由政教处牵头，安排教育转化能力强的老师当班主任，每周进行一次活动。

2003年，学校共举办了8期法制培训班，极大地激发了学生们的上进意识，使其心灵得到净化。通过这样全方位的教育，培训班 95％以上的同学在不同程度上得到转变，有的还成了学习标兵。

在校长陈惟凡的带领下，学校的法制工作和法制教育取得了显著成绩，学校无刑事案件，无违法乱纪现象，无一安全事故。近几年来，学校更是先后获得省文明卫生单位、市双文明单位、县综治工作先进单位等荣誉称号。

目前，我国正在大力发展社会主义市场经济。而市场经济其实就是法制经济，所以，随着经济建设的快速发展，我国的法制建设也正在逐步加强。

在这种环境中，不仅要求每个公民都要具有较强的法律意识，做到知法守法，而且也要求作为学校法人代表的校长要逐步增强法律意识，认真学法，知法守法，正确贯彻执行国家的各项法规，做到依法治校，依靠法律来维护学校及师生的合法权益。

案例分析

随着我国市场经济的深入发展，改革开放进程的不断加快，学校依法管理问题已被提上议事日程，并渐已形成共识。《教育法》出台后，在我国的一些报纸杂志上经常会见到"依法治校"的字样，依法治校已经成为现代学校管理发展的必然趋势。

而校长作为学校管理工作中的灵魂人物，必须具有很强的法律意识，在学校管理中充分发挥出《教育法》及有关法律规定的威力和作用，使学校的各项工作都在法律的约束下进行，从而保证学校的纯洁性和健康向上的发展。

在这方面，湖南省隆回二中的校长陈惟凡无疑做得十分出色，他不仅具有强烈的法律意识和完备的依法治校观念，而且还把这种意识和观念落实到实际行动之中，在管理工作中能够严格依法守法，使学校的教职工和学生都能够充分学法守法，并运用法律武器维护学校正常的教学秩序，保护学校及师生的合法权益不受侵害。

校长的法律意识，直接关系到学校各方面权利、义务的实现，关系到学校工作的开展。而校长的依法治校也绝不能只是写在墙上、挂在嘴上的口号，而应当是在学校管理方式上的重大转变。

校长在学校管理中要实现依法治校。

第一，要认真学习教育政策、教育法规，增强执法、守法的自觉性，提高依法办学的自觉性。

近些年来，我国教育法制建设的进程大大加快，并陆续出台了一系列重要的教育法律、法规，如《中华人民共和国教育法》《义务教育法》《教师法》《职业教育法》《高等教育法》《学位条例》等。

我国的教育法律、法规，就学校的法律地位和学校、教师、学生等教育法律关系主体的权利和义务及教育经费的筹措和使用等学校管理的重大问题都作了明确的法律规定，为校长的学校管理工作提供了重要的法律、法规依据。

校长学习这些法律知识，不仅是实施依法治校的需要，也是履行职责的必然要求。在法制逐步完备的现代社会里，不掌握法律知识，不懂得、不善于运用法制手段来发展和管理教育事业的校长，是不能适应现代教育发展需要的。

第二，校长还要学习一些与教育相关的法律知识。

如学习《宪法》《民法》《未成年人保护法》《教育经费法》等法律文件，多了解一些法律的基础知识，更好地把办学纳入法律控制的轨道。

第三，校长要依法制订、完善各种学校管理制度。

学校管理制度是学校内部的"法"，是依法治校各主体共同一致的说话、办事依据，在学校内任何人都不能有超越它的特权。一是依法制订一个全面规范学校工作的基本制度。如《××学校工作管理条例》，它是对学校工作的原则规定，是学校各项工作的出发点和依据。二是根据学校某些工作的需要制订单项条例。如《常规教学管理条例》《关于财务管理的若干规定》等。

第四，校长要抓好学校管理制度的实施，依法管理学校。

学校的管理制度一旦被教职工代表大会通过，就应立即贯彻实施，否则再好的制度也只能是一纸空文。校长不仅要带头遵循和执行学校的规章制度，而且要引导教师自觉按制度办事。对违反规章制度的行为，要坚决制止和纠正，必要时给予适当的惩罚。

校长还要善于依据法律、法规来指导、协调学校管理活动中的各种关系，如师生关系、学校与社会的关系、学校与教育行政部门的关系等，正确行使权利，严格履行义务，将学校管理活动纳入法制轨道，积极运用法律手段来维护学校及师生员工的合法权益。

校长还要坚持在动态中完善、强化管理制度。学校工作不是固定不变的，学校的管理制度也不是永恒的。要根据学校工作的实际情况和主要矛盾的变化，不断修改完善规章制度，否则，规章制度就会落后于学校的发展。

最重要的一点是，校长在实施管理制度的过程中，诸如管理和教育学生、教师管理、收费等均不得违法，要不断强化依法办学观念，发挥它在学校管理中的作用。

第五，要加强学习，不断提高自身的法律素质。

加入WTO后，教育的国际交流与合作将日益广泛，校长如果仅使用我们国家的法律来处理这些国际性的教育问题，显然是不可行的。因此，校长必须学会超前性地关心、了解和学习一些有关的国际教育法律、法规的知识。

除此以外，校长在依法治校时，还必须慎重处理如下两个方面的关系：

一是权与法的关系。校长的"权"是教师通过法赋予的，校长权力要受法的约束，不能在学校管理中以权代法，甚至以权废法。

二是依法治校与发挥个人作用的关系。有人认为，依法治校会妨碍校长个人在学校管理作用上的发挥。这无疑是一种误解，法要由人来制订，也要由人来遵守和执行。在合法的范围内，人的积极性、主动性和创造精神可以充分发挥，是应该而且能够统一起来的。

总之，现代校长应当认真学习、宣传各种教育法规，牢固树立依法治校的观念，提高自身的法律素质，不断增强依法治校的能力，以利于更好地实施素质教育。

法律所起的作用是双重的，它不仅能够调整学校内部的关系，还可以调整学校与社会的关系。因此，校长的依法治校主要有两个最基本的作用：

一个表现在"治"上，校长可以让法律成为一种有效的管理手段，使学校管理自制化、规范化，使管理工作更有秩序、更有效率；

另一个则表现在"护"上，即校长要保护学校、教师和学生的合法权益，使学校、教师和学生的合法权益不受来自学校外部的侵害，或者当合法权益受到侵害时能及时通过法定程序得以补救、保护。

校长增强自身的法律意识，加强学校的法制建设，其意义就在于，法律对学校管理工作能够起到保驾护航使之不偏离大方向的积极而重要的作用。

愿所有校长们都能学会并善于依法治校！

第四篇
名校长高绩效领导力之领导风格

　　领导风格是组织发展的重要影响因素，具有明显的个人特征。领导风格影响着组织的价值取向、文化氛围和发展导向。领导风格和组织文化的协同性意味着领导者及其领导风格在组织的建设、发展中具有不可替代的主导作用。

　　时代呼唤优秀的校长，优秀的校长要拥有自己独特的领导风格，可以有效地协调人际关系，创设团结和谐的工作氛围；可以唤起教师的进取意识和创造精神，形成整体优化的教师队伍；促使办学思想和办学目标的高度认同，形成良好的校风和鲜明的办学特色等。

　　本篇甄选了名校长的几种领导风格，并提供了相应的案例及分析，对广大校长形成自己的独特领导风格有着指导意义。

铸造高绩效领导力之求真务实

坚持注重实际的务实作风

> 大人不华，君子务实。
>
> ——王　符

东汉思想家王符在《潜夫论》中说："大人不华，君子务实。"北宋著名理学家程子曰："欲当大任，须是笃实。"

这些就是中国文化注重现实、崇尚实干精神的"务实"思想。"务实"就是讲究实际、实事求是，这是中国农耕文化时期较早形成的一种民族精神。

"务实"思想排斥虚妄，拒绝空想，鄙视华而不实，追求充实而有活力的人生。正是由于这样的思想的产生和主导，中国古代社会创造了灿烂的文明和一个又一个的昌盛时期。因此，这么优良的传统理应为现代人所继承。尤其是身负培育后人之重任的校领导，更应该把"务实"思想铭刻肺腑，落到实处。

然而，在现实中，我们经常看到这样的现象：从上级教育部门到各个学校为推进事业发展提出的好思路、好措施不少，但很多措施往往是刚提出来时热闹了一阵，以后并没有真正落实，更没有达到预期的效果。

追根寻源，重要原因还是由于领导者没有做到求真务实。那么，如何把"务实"思想落到实处呢？

人大附中校长刘彭芝在"21世纪校长论坛"中说："当校长，作风要务实，工作要扎实，要有实心，明实理，讲实话，办实事，求实效，立实功。"

这一连串的"实"字精神说明，做校长一定要有一种注重实际的务实作风。

通常，校长抓工作，总喜欢把出思路、做计划、定目标这些事前的工作抓得仔细，抓得认真，因为这正是可以体现个人远见卓识、创新思维的时刻。

其实，事后的检查和落实更是忽略不得，一个英明的决策、一个新奇的思路或一个完美的计划只有在这些具体工作确实抓好的时候，才能真正成熟并发挥功效。

如今是改革的大时代，我国的现行教育体制中还存在很多不适合时代发展需求的地方，因此，教育改革从一开展便是轰轰烈烈，群起响应。这说明教育改革是符合广大教育工作者和管理者的实际需求的，而且大家都做好了打持久战的准备，尤其是各个学校的校长们。

因此，以校长为首的领导者和管理者一定要在工作中有求真务实的精神，紧紧围绕落实国家的各项教育政策来进行学校管理，最重要的是将政策付诸实践、见诸行动，取得成效。

当然，校长的务实，并不是要事必躬亲，并不是事事一竿子插到底，具体的事情要放手让各部门的同志去做，校长的任务就是检查结果抓落实。

校长要务实，就要深入群众，了解实情，解决实际问题，而不能是会上讲得好，纸上写得妙，却行动做得少，措施不得力。

校长要务实，就必须改变会议上重视，实际工作中忽视；形式上重视，内容和方法上忽视的华而不实现象。

校长要务实，就要善于运用必要的经济手段，奖励先进，搞好教职工的福利，从而调动起广大教职工的积极性。

……

总之，奋始怠终，修业之贼；抓而不实，等于不抓。抓落实，是务实的重要体现，更是当好校长、搞好教育和学校发展的重要条件。

经典案例

人们常说，一个好校长就意味着一所好学校。从踏上讲坛的第一天起，广东省梅州市五华中学校长孔宪忠，就立志为山区教育事业奋斗终生，为山区经济建设培养优秀人才。执教 28 年来，他坚持以校为家，用一颗忠心、热心、诚心对待工作、对待学生、对待同事，凭着高度的事业心和责任感，扎根山区，辛勤耕耘、无私奉献。

自接任五华中学校长以来，孔宪忠更是兢兢业业地工作，秉承求真务实的工作作风、勇于创新的开拓精神，带出了一所上下齐心、奋发拼搏、办学效益好的省内名校。

为了学生的成长、学校的发展，孔宪忠在工作中率先垂范，每天早上天刚蒙蒙亮，他就开始了一天的工作。他天天带领学校行政人员、年级组长、班主任、值日教师，深入教室、学生宿舍进行检查，用辛勤的汗水换来了良好的校风和学风。

孔宪忠坚持"以人为本、面向全体学生"的教育理念，坚持以父母般的爱去感化教育每一位学生，努力把爱融进每一位学生的心田，做学生的知心朋友。小文是学校有名的特困生，为此不止一次萌发辍学心理。得知此事后，孔宪忠就从自己微薄的工资中拿出一些钱资助他，帮他排忧解难，并鼓舞他增强学习的信心。在孔宪忠的扶助下，小文在当年的高考中获得优异成绩，考上了他梦寐以求的大学。

五华中学地处山区，经济拮据、人才缺乏，要留住教师，让教师安心工作，是个很棘手的问题。但是，孔宪忠没有气馁，而是以其"捧着一颗心来，不带半根草去，淡泊名利，甘为人梯"的处世理念；以他关心他人甚于关心自己，与人为善、为人厚道的做法，赢得了每一位五华教师的心。

"士为知己者死。"孔宪忠以自己高尚的人格魅力和率先垂范、务实工作的作风带出了一批安贫乐教、全身心致力于山区教育的优秀师资队伍，为学校的可持续发展提供了最重要的人才保障。

孔宪忠认为，一所学校要想又好又快地发展，必须从根本上注重实际，处处务实。为此，在管理上，他紧紧地抓住"务实"一词，大做文章：

1. 管理体系的务实

他坚持"以人为本"的做法，把每一位学生、教职工都看成是具有个人尊严与价值的独立个体，都享有受尊重、拥有实现自身价值的权利。为了使广大师生在工作、学习中感受到务实的意义和乐趣，孔宪忠建立了一套务实的管理体系。

他采取年级管理与部门分线管理有机结合的管理模式，将学校分成三个年级组进行管理。各年级分别设立年级组长，由一个副校长和所在年级的中层干部管一个年级，同时按各个学科设立教研组和备课组。学校行政人员蹲入各个教研组和相应的备课组。分工明确地做好自己的工作。

"人人有事干，处处有舞台，时时有进步"，不管是刚分配来的大学生教师，还是年老体弱的老教师，学校都根据实际情况，给他们安排了适当的工作岗位。学校行政人员、年级组长、班主任日常值班实行"全天候的值日负责制"。

就这样，领导、教师、职工各司其职、各尽所能，形成了高效的工作团队。

2. 学校制度的务实

孔宪忠建立了一整套适应学校自主办学、自我发展、自我约束的运行机制，实施校长负责制、岗位聘任制，把竞争机制融于学校管理之中，使校长的负责意识、依靠教工办好学校的民主意识、班子其他成员的助手意识都得到了提高。

他还不断完善学校的人事分配制度，建立教学及高考的激励机制，打破平均分配的分配机制，尽最大努力提高教师待遇，激发教师教书育人的积极性。同时，学校还通过召开教代会，制订了合理的评价和奖励制度。同时，学校努力做到制度面前人人平等。

在制度的实施过程中，要求教师做到的，孔宪忠本人及所有行政人员都会带头做到。校长模范遵守制度，不图私利，秉公办事，以身作则；校级领导率先垂范，中层干部自身要求与制度管理相结合，这使得全校形成了奋发向上、不甘落后的局面。

3. 教师培养的务实

孔宪忠要求每个教职员工树立全心全意为学生服务的思想，要求每个教师努力发展自我，力争成为优秀教师，都有过硬的教学本领及良好的班主任工作水平。

近年来，面对青年教师多，师资水平参差不齐的状况，以孔宪忠为核心的校领导班子科学决策，进行扎实有效的校本培训，安排学科把关教师和经验丰富的老教师给新教师、青年教师上示范课，开知识讲座，结师徒对子等。这些教师培训举措使老教师和新教师明确建立了师徒关系，使所有参与教师都相互学习，相互促进，有效地提高了学校的整体师资水平。

有了好舵手，乘风破浪时才不会迷航。如今的五华中学就像是一艘乘风破浪的轮船，在孔宪忠校长的驾驭下，正在大力发展中等教育的大潮中乘风前行。

虚夸浮躁，只能昙花一现，唯有求真务实，才能树大根深。

要把握重要战略机遇期，推动教育的发展。教育改革的实施，很重要的一条就是要始终坚持求真务实，全面科学地判断形势，抓住机遇，迎接挑战，克服困难，把加快发展的立足点放到真抓实干上。

案例分析

搞好教育，不是简单地说说而已，而是必须坚持求真务实的工作作风。一个学校要想发展，其领导者就必须求真务实，干时事，做一个坚定的行动派。

五华中学是一所山区学校，当地经济发展滞后，学校师资力量缺乏。像这样一所软硬件都跟不上的学校，如果再有一个华而不实、夸夸其谈、不做实事的学校领导或者领导团队的话，无疑会被社会所淘汰。

好在他们选出了一个做事务实、踏实的校长——孔宪忠。作为一个求真务实的好校长，孔宪忠没有辜负学校与学生家长的重托，不管在对待个别学生的小事还是对待学校管理的大事上，他都力求做好。

分工明确、协同合作的管理体系，让每一位五华中学的管理者和教师都能在岗位上有所为；务实的人事制度、分配制度，让每一位教师都会受到激励，严格要求自己按制度行事，努力借助制度的约束力，提升自身素质与学校竞争力；师徒结对的教师培训制度，则让新老教师都在培训中学有所得。

很多像孔宪忠这样出色的名校长们都用他们的成就，为我们阐释了"务实"在校长对学校管理中的作用，并以自身的行动为经验，证明在抓落实的过程中，校长一定要注意处理好以下三个关系：

一是局部和全局的关系。既要坚持从本校的实际出发，创造性地开展工作，注意克服脱离实际、照本宣科的教条式做法，又要牢固树立全局观念，增强在大局下行动的自觉性，坚决杜绝"上有政策、下有对策"的不良现象。

二是眼前和长远的关系。既要抓紧解决当前教育发展中亟须解决的突出矛盾和问题，切实提高工作效率，认真纠正推诿扯皮、办事拖拉的衙门作风，又要着眼未来发展，建立长效机制，追求长期效果，坚决防止急功近利、寅吃卯粮的短期行为。

三是继承和创新的关系。既要坚持和发扬行之有效的好传统、好经验、好做法，又要根据新形势、新任务的要求，积极推动各项工作与时俱进，坚决克服不思进取、墨守成规的观念和行为。

爱因斯坦曾说："成功＝艰苦的劳动＋正确的方法＋少说空话。"

南宋政治家、词人陈亮在《三部乐》一词中说得好："春花无数，毕竟何如秋实。"

抓而不紧，等于不抓；抓而不实，等于落空。抓好落实，教育事业的发展就充满生机；不抓落实，再好的蓝图也是空中楼阁。

目前，我国教育改革正处在一个关键时期，尤其需要广大校长们具有强烈的时代责任感和历史使命感，把求真务实的精神牢固地树立起来，确实以求真务实的行动抓好学校各项工作。

铸造高绩效领导力之民主管理

始终注重发扬民主精神

> 民主与科学是人类进步的两大主要动力。
>
> ——陈独秀

众所周知，学校教育是一种特殊的社会实践活动，教育者的劳动普遍具有复杂性、长期性、潜在性和创造性等特点，这在无形中使得校长在进行学校管理时必须更加注重对全体教职工主观能动性的调动和激发。

《从现在到 2000 年教育内容发展的全球展望》一书中提到："今后需要预见到的另一种趋势，是教师将更广泛地参与影响学校生活的所有决策。没有这种参与，便难以克服许多教师对变化和创新的自然抵抗。……琼·托马斯曾说过一句名言：'革新的成败最终取决于全体教师的态度。'"

教师是学校真正的主人，学校教育教学质量的提高，在很大程度上取决于教师的主人翁意识。所以，校长要想提高学校管理效能，就必须树立强烈的民主意识，懂得尊重教师、爱护教师，善于激发教师的成就感和责任感——这是学校保持旺盛生命力的管理基础。

一般而言，一校之长是学校的"魂"，但这是指学校在进行决策时校长所起到的作用。而在实际工作中，校长与教师的基本关系应该是平等相处、协商办事的同志关系、同事关系；校长在学校管理上也应该保持民主的工作作风和踏实的工作态度，形成与教师们同舟共济的管理氛围。

学校是一种教育组织，其组织结构层次不多，管理中幅度不宽，地位悬殊不大，校长与教师在权力与地位上的等级差距远不如其他组织那么明显，"下情上达"与"上情下达"的双向沟通也比其他组织来得容易，这在一定程度上决定了校长易与教师进行直接的人际沟通，也决定了校长必须进行民主管理的趋势。

在一所学校中，校长一般是教师的优秀代表，与教师有着天然的联系，双方都具有教育学、心理学的专门知识，又都具备较丰富的教书育人的实践经验。在学生面前，他们同是教育者，都要为人师表，树立良好的教师形象，这使得校长与教师之间存在了易于进行交流的内容。

另一方面，学校的兴衰荣辱不仅仅是一校之长的事，也是与教师的工作、学习和生活息息相关的。教师既是校长管理的对象，又是管理学校的主人，校长的管理必须依赖于全体教师，因为绝大多数教师都会在教学中体现校长的办学理念。

……

因此，校长要完成学校的既定工作目标，要规划学校的未来发展，要实现学校的宏伟蓝图，就必须摒弃"家长式""一言堂式"管理，主动加强自身的民主意识，积极建立与教师之间的民主关系，切实实行民主型、服务型管理，为广大教职工提供能够充分施展自身才华的舞台，让学校充满无限生机与活力。

 经典案例

广东省荔湾区合兴苑小学的沙育红校长在刚上任的时候，听到这样的传闻：前任校长提前卸任的真正原因是这里干群关系比较紧张。

为此，初来乍到的沙校长小心谨慎，细心观察，经常来到办公室主动与教师交谈，也不拘小节地与学生进行接触，随便闲谈。

很快，沙校长就发现了合兴苑小学干群关系紧张的原因：

第一，学校的各项规章制度虽然十分健全，但是某些细节却脱离了实际情况，操作起来有一定的难度。

第二，在教学方面，教师们精力投入不足的主要原因是对学校奖教方案不满，认为此方案是校长对各学科教师的付出不一视同仁的最具体表现。

让沙校长感到困惑的是，所有的制度、方案都是经教代会通过的，为什么事后连教代会成员都不认可自己当初同意通过的制度、方案呢？这一切引起了沙校长的深思。

他发现，合兴苑小学的校教代会程序一般是：呈现方案——讨论——质疑——解释——通过——执行。这种会前缺乏调查研究，会中没能充分讨论斟酌，会后执行过程缺少反思的所谓学校民主管理只是走走过场，并不能解决实质性的问题。

找到了问题的根源并不等于就能解决问题，沙校长知道还必须了解教师的需求，熟悉学校的情况。于是，他决定从改革奖教方案入手，先让班子成员广泛深入群众，并让大家针对不合理之处提出修改意见，几处争议比较大的环节，沙校长亲自找不同科任老师商讨。他征求意见的技巧也很独到，比如，"刘老师，借你脑子用用，你看这……""杨老师，你数学了得，帮忙算算，这分值是否合理？""老前辈，早发现你很有想法，您看这类问题怎么解决？""才女，请教一下，这段文字的表述老师们会不会有歧义？"……不久，一份崭新的奖教方案出台了，教师们士气大增，工作热情之火重新点燃。

接下来，沙校长依靠班子的力量、依靠教师的智慧，很轻松地理顺了学校的各种棘手问题。

在学校管理方面，许多教师提出了很多意见和建议：例如，进一步修改教师考核条例，充分调动教师的教学积极性；要让学校的中层领导既不荒废学业，即自己所教学科，也不耽误学校的行政工作；学校应加强对青年教师的培养力度，使大家有目共睹，但不能操之过急，需要循序渐进；学校领导要主动关心教师，包括教师的福利待遇；还有学校新学期设置的音乐铃声是否能再科学合理些，等等。各办公室负责人热情高涨，畅所欲言，会议氛围相当热烈。

对于教师提出的许多意见和建议，沙校长都虚心听取，有些问题他还耐心地分别给予了答复。

这样的教代会才是民主的教代会，教师充分发扬民主，参与到学校管理中来。这种使教师为学校的发展出谋划策，敢于讲真话、说实话的举措，真正体现了教师当家做主的精神，也使教师真正成为学校管理的主人。而沙校长则悉心听取大家的合理化建议，并认真记录。能答复的，马上给予答复；不能马上答复的，等教代会再次商议后给予答复，体现了学校管理层尊重民意，以人为本，高效、规范化的工作理念。

沙校长的民主管理主要可以分为以下三点：

1. 人人参与管理

沙校长善于将权力合理分配，让其他各部门领导各行其职，让他们通过调查研究，将奖教方案修改意见呈报上来，让下属体会到上司的信任，充分调动他们的积极性。

办好学校要集思广益，教师是直接的实践者，最有发言权，把教师作为主体，校长权力的实施才有坚实的基础，威望才能在群众中自然形成。校长的民主管理思想，需要通过深化学校内部管理和运行机制的改革，集思广益，充分论证决策是否科学，方案是否可行，并由教代会审批通过。

2. 尊重下属

增强民主意识的关键是尊重教师。尊重是相互的，尊重教师就是尊重自己。沙校长尊重教师做到了：看到每位教师的优点、长处；以诚相待，平等待人；能倾听各种意见、建议和批评；尤其是耐心倾听反对意见，正确对待牢骚，毛主席说过："让人说话天不会塌下来。"

所以，沙校长才能够在来校时间不长的情况下，能准确发现教师各自的长处，并能用其所长，避其所短。

同时，沙校长还善于听取不同意见，进而使得学校信息沟通通畅，利于及时发现和克服管理工作中存在的缺点和错误，不至于成为孤家寡人。

3. 营造健康心态环境

创设民主氛围的关键是优化学校内部心理环境。学校内部良好的人际关系不仅直接影响着每个教职工的工作热情和工作效率，而且影响着每个教职工的成长和发展。

在优化合兴苑小学内部心理环境上，沙校长的做法是：不仅创设了良好的人际关系环境，还建立健全了必需的规章制度，设立了公平合理的既体现多劳多得、优质优酬，又注意团结协作，比奉献讲风格的劳动工资制度；注意建设优雅舒适、绿化、美化、净化的校园环境；通过联欢活动、家长学校、共建活动等营造和谐的人际关系，优化自然、社区心理环境。

除此之外，沙校长的成功之处还在于，一方面，他熟悉前任校长的强项和弱项，前任校长理论水平高对学校发展规划有前瞻性，但民主管理方面相对较弱。因此，他就在前任校长的强项上继承，弱项上开拓。另一方面，沙校长了解到当时学校和自己本身的优势和劣势，扬长避短，带领师生员工最大限度地把学校的绝对优势、相对优势和比较优势做强做大。

沙校长认为，增强民主意识，发扬民主作风是校长实施管理的保障。正因如此，直至今日，合兴苑小学仍然在沙校长的带领下，上下同心同德，沿着学校发展目标继续前进。

"校长是一所学校的灵魂""一个好校长就是一所好学校"，这已经成为许多人的共识。

然而，如果一个校长只会把一所学校的兴衰完全系于自身的德才高低之上，而忽略了其他人的协助和支持，就无法建立一个民主管理的科学机制，那么，这个所谓的"好校长"一旦拥有了"绝对权力"之后，能否成为学校发展的最大助推力，将成为一个令人担忧的问题。

古往今来，任何一个成功的校长无一离开了民主的支撑。作为学校领导核心的校长，必须尊重群众意愿，实行民主管理。因此，校长必须真正树立起自身的民主意识，迅速建立、健全与学校相匹配的民主管理机制，从而达到既能够充分开展自身工作，又可以不断调动教职工工作的积极性和主动性。

案例分析

"民主"二字，其含义看似简单——

日本前首相中曾根康弘说："民主是什么呢？从根本上说就是多数决定的原理。"

美国第一任总统华盛顿说："在民主的政体中，每个人就是主人。"

但事实上，当"民主"真正落实到实际工作中时，其涵义却显得比较复杂，并很容易产生很多争论和分歧，不能简单地将其归结为一种领导风格或管理方式。在校长领导和学校管理方面，"民主"的主要涵义，首先在于校长自身的民主意识，其次才是学校整体有效的民主管理体制。

校长的这种民主意识，体现在学校管理的方方面面——课堂教学中，师生交往中，有组织的师生活动中，学校管理决策的过程中——凡是与学生、教师有关的事情，具备高度民主意识的校长都会交由师生自己去决定！

从沙校长的案例中可以看出，学校管理者只有真正发扬民主，让下属有主人翁的感觉，才能充分调动其工作积极性，才能真正把校长从琐事中解放出来，集中精力策划学校的发展前景。

实现学校管理民主化，是教育体制改革的一个重大课题，是学校管理现代化的重要组成部分，是保证全体教职工行使当家作主的民主权利的重要途径，是调动教职工积极性、办好学校的关键。

沙校长的成功经验，提醒学校管理者要学会综合运用民主管理方法。

例如，坚持在管理过程中与教师的平等地位，为其参与管理提供"心理背景"和精神动力；提高民主管理的自觉性，坚持合理分权、各司其职、各负其责；增强民主管理的主动性，深入群众，广开言路；讲究民主管理的艺术性，结合实际，创设情境，把握分寸，充分调动各方积极性；实行校务活动公开性，这是创设参与民主管理氛围的核心问题，公开用人、理财、办学情况，激发教职工维护决策的责任感和执行决策的自觉性；加强自身责任感，严于律己，身体力行，持之以恒，使自己的言行尽量贴近实际、贴近教师，为教职工参与民主管理创设持久不衰的民主和谐氛围。

毋庸置疑，沙育红校长的所有管理行为，无不体现出他的办学理念——发扬民主！这显然值得所有现代校长学习！

1. 树立平等观念

教育家叶圣陶曾说过："校长、书记、教师应当和平相处，这是时势的必然。校长、书记、教师只是分工不同，没有高低的分别，当然必须平等相处。非但必须平等相处，还在于思想认识上，习惯行动上，出言吐语上，彼此基本一致，才能收到学校教育的好效果。要是你东我西，他又不东不西往南，对学生将产生怎样的坏影响是不言而喻的。"

平等观念可以说是民主意识的核心，校长必须明确，师生员工既是管理的对象，又是管理者，必须承认师生员工的主人翁地位，尊重他们参与管理、参与决策的权利。

2. 虚心听取意见

校长应自觉接受全体教师的监督，在教育集体中把自己当作集体的一员，虚心听取、乐于采纳教师的意见，以改进自己的领导工作。

如果校长在制订学校发展目标、做出决策时，创造机会让教师充分发表意见，并采纳他们的正确意见，那么，教师群体的智慧和力量就会得到充分发挥，校长的领导力也会得到大大增强。

3. 深入实际的工作作风

校长必须明确认识到，自己绝不是高高在上的"大人物"，而且要与教师建立良好的工作关系，必然要求双方有良好的个人交往相辅。所以，校长一定要深入教师中去，多与他们进行私下交谈。

私下交谈能使校长听到正式场合下听不到的意见，有利于沟通和统一认识，了解教师的真实思想、情感和态度，增进双方的感情联系，加强相互了解，从而产生相互理解和支持的气氛，有利于教育教学工作的顺利开展。

4. 掌握具体的工作方式

（1）随时关心教师，满足教师合理的需求。校长越是关心教师，在教师生活中的重要性也就越高，教师自然也会转而关心校长，从而建立起融洽、和谐的民主关系。

（2）坚持诚心的表扬和善意的批评。表扬应是发自内心的；批评，应使对方感到批评后面的善意和友情。

（3）保持反映自己完整人格的行为模式。

5. 重视教代会

学校教职工代表大会制度，是教职工行使民主权利，实际参与民主管理学校的保障，也是校长管理民主化、科学化的重要途径，是学校民主管理的基本组织形式。

《中华人民共和国教育法》第30条明文规定："学校及其他教育机构应当按照国家有关规定，通过以教师为主体的教职工代表大会等组织形式，保障教职工参与民主管理和监督。"

校长应充分发挥教代会的作用，保证教代会对学校重大决策有审议权，对重要规章制度有决定权，对学校领导有评议、监督、选举权，以调动全体教职工合作共事的主人翁积极性。

校长是学校行政的最高领导人，是学校的法定代表人。但是，他的行政决策权、行政指挥权、人事权和财务权，却必须是建立在认真听取教职工意见、吸收教职工参与管理、充分发挥教职工聪明才智的基础上的。

现在，校长只有充分发挥学校民主管理的作用，建立民主管理、民主监督的制约机制，才能充分调动广大教职工的积极性，为进入 21 世纪的教育事业添砖加瓦！

铸造高绩效领导力之过人胆识

大手笔做大文章

> 才智和勇气必定满意地与机遇共享荣誉。
>
> ——〔英〕约翰逊

"可怜的心愿只能成就可怜的人。"一个人能够发展到什么层次，取决于他最初所制订的目标。同样，一所学校的发展前景是否远大恢弘、气势磅礴，也取决于其领导者的手笔，只有大手笔的校长才能成就名校的大文章。

大手笔虽然可以为一个学校带来"大文章"，但是利润伴随的永远是风险，利润越大风险也就越大。

校长若利用大手笔为自己的学校塑造未来，就要把胆识注入智慧之中。只有学校的校长在决策和执行中，拥有过人的胆识和气魄，才能够拓展自己的思维，用开阔的目光看待问题，在重大问题面前，能够进行冷静的分析，审慎的思考，才能为学校画出宏大的蓝图，乃至铸造学校的辉煌；才能在学校所面临的困难中力挽狂澜，让学校成为一面永远飘扬的旗帜。

畏首畏尾、瞻前顾后的校长不会具有大手笔，因为他缺少突破藩篱、承受风险的勇气。这样的校长看重的是结果，因此害怕投入，没有大手笔自然很难获得巨大的成就。

抱残守缺、墨守成规的校长没有大手笔，因为他缺乏长远的目光，他太过留恋眼前。因此，他很难运用大手笔进行大的规划，只能为学校做一些无关痛痒的小文章，从长远来看很不利于学校的发展。

而在今天这个飞速发展的社会中，小手笔的决策往往只是波涛汹涌的大海中的一只小小的纸船，一个微小的浪花打过来，这只纸船就会淹没在海浪

219

中。因此，这样的投入只会是浪费有限的资金。

一位校长要打造一所名校就得把资金、精力和各种有力措施结合起来，并以这些基础为实力绘制伟大的蓝图。

20 世纪末，福克斯公司运用大手笔为世界制作了一部经典的电影——《泰坦尼克号》，这部巨作耗资 2.5 亿美元，是历史上最为昂贵的电影。

这部昂贵影片的拍摄过程并不是一帆风顺的，因为要在影片中重现《泰坦尼克号》沉没的场景，需要很大的资金投入，而如果电影的卖座率不高则很难收回这笔投入。

这部影片的导演詹姆斯·卡梅隆认为，影片中除了伟大的爱情和悲惨的结局外，重现当年宏大的场面也是其最大卖点，因为这些都会吸引众多观众的眼球。因此，这位凡事追求完美的世界著名导演便运用大手笔创造了观众身临其境的感觉。

他的大手笔为这部影片带来了巨大的成功，在不足 8 个月的时间里这部影片就风靡全球，不但获得了丰厚的收益，还获得了金球奖的 4 个奖项，同时还为好莱坞托起了新星莱昂纳多·迪卡普里奥。

詹姆斯·卡梅隆的大手笔带来了丰厚的回报，使《泰坦尼克号》创造了电影史的奇迹。而学校的奇迹是由学校的"导演"——校长，带领全校师生来缔造的。

因此，校长只有放手当前，注重未来，运用大手笔才能作出学校需要的大文章来。

 经典案例

每一所名校都需要一位极具魄力的校长运用智慧不断为其铸就辉煌，才能使其在林立的名校中立于不败之地。

浙江温州中学始建于 1902 年，是一所百年名校，有过许多的辉煌业绩，培养出了郑振铎、夏鼐、苏步青、杨忠道、谷超豪等一大批驰名中外的专家学者。

这样一所拥有厚重历史的名校，又地处中国经济最为繁华的浙江，未来的发展会面向更为广阔的天地。因此，作为这所学校的校长更应该具备用大手笔做大文章的魄力。

胡海帆，这位浙江温州中学的校长用他不同凡响的领导气魄，使这所百年名校焕发出青春的朝气、勃勃的生机，掀开了百年名校新世纪的篇章。

2002年，浙江省教育厅厅长侯靖方参加温中百年校庆并视察新校园后，无限赞叹："新理念，大手笔，精制作。"

2000年8月，40岁的胡海帆带着市教育局的期待，带着创建一流学校的重托，走向了这个充满挑战的新岗位。

刚刚到任的他面临两件全市人民关注的大事：一件是温州中学新校园的建设，另一件是温州中学的百年校庆。

来不及沉浸于履新的喜悦，也没有心思陶醉于成功的欢乐，胡海帆就开始默默地勾画起未来温州中学的蓝图。

他认为，只有具备超前的意识，才会有超前的发展；只有大手笔的投入，才能换来教育上的大文章；只有具备了现代化的办学条件，才会有现代化教育的保障。

就这样，为了办一流的学校，在胡海帆的领导下，学校开始了肩负巨额债务的建设和发展之路。

2001年1月，新校园建设破土动工。

2002年8月，顺利搬迁；同年9月，迎来了2700名学生；10月，迎来了学校百年华诞……

那是一个金风送爽、丹桂飘香的日子。浙江省温州中学在新落成的校园里举行了建校百年的庆祝活动，宾朋四至。

他凭着踏实干练的作风和一股闯劲、拼劲，凭着他的智慧和胆识，以及坚定不移的改革意识，克服重重困难，向全市人民交上了一份优异的答卷。

如今的温州中学新校园占地338亩，总投资2.2亿元。七岛六桥，亭台水榭，设施先进，环境幽美，融生态型、园林式、现代化为一体，处处体现着以人为本的理念。

迁校不到半年，温州中学已接待来自海内外的参观团百余批次，成了温州教育发展的一张精致名片，引起了全国教育界同仁的极大兴趣和关注。

胡海帆用他的大手笔为温州中学创造了温州教育史上的一个奇迹，这所气度恢弘的校园，政府只投资了两千万，可是胡海帆仅用两年多的时间就把蓝图变为了现实。

温州中学的教师都知道，自从胡海帆校长来了以后，学校在发生着巨大的变化：

学校创办数学实验班，向全国招聘优秀教师，教育科研成果越来越多，教学质量稳步上升；

教师队伍里，兼职的少了，无私奉献的多了；

发牢骚的没了，潜心钻研的多了。

而更重要的变化，是教师的教育思想和教育行为非为以往，非为现在，而专为将来。

作为一个现代型的校长，他勤于思考、勇于开拓、乐于探索，成就了他深邃的思想、敏锐的洞察力。在他的影响下，领导班子团结实干，教师群体奋发向上。

一个人，一个集体，总要有目标。该校领导班子在胡海帆的主持下，广泛征求教职工意见，准确定位、认真分析、缜密论证，根据"高起点、高规格、高品位"的大手笔总体原则，绘制了顺应社会经济发展和教育改革发展的未来五年发展规划……

在新形势下，胡海帆继承传统，走内涵发展道路，深入实施系列改革，引入新的竞争机制，激活现有教育潜能，不断扩大优质教育资源，不断提高教育质量。

他明确提出：温中要成为实践素质教育的示范性学校——丰富素质教育内涵，推进课程改革，优化教育行为，在省内外起实验性、示范性作用；

温中要成为塑造创新型教师的学习型学校——强调合作性学习和反思性实践，树立"工作即学习"的学习观，有良好的校本师资培训机制，建设乐于奉献、优于教学、不断创新、适应未来的师资队伍；

温中要成为培育高层次人才的开放性学校——营造宽松开放的环境（观念开放、资源开放），造就"素质全面、个性鲜明、富于创造、适应发展"的高层次基础人才。

温州中学的老师感叹道："这是温州中学建校以来最完整、最全面的规划。"

胡海帆在管理上还推出了全方位的内部体制改革。

学校施行教师教学评估方案和班主任工作评估办法，建立教育教学评价体制，修订结构工资制，体现"按劳分配、优质多酬"，取消统一福利；

深化教师聘任制，"低职高聘，高职低聘"，评聘分离，改变职称一贯制；

制订岗位责任制，明确职责，因岗定人，不因人设岗。

在胡海帆的"大手笔"下，学校不断深化改革，完善措施，从而有力地激发了教职工的积极性，形成了良好的竞争机制。

在胡海帆的努力下，2002年，学校成功实现了由走读制学校到寄宿制学校的过渡。

他以身作则，发动教师"全员参与"管理，克服了实行寄宿制管理以来的种种困难。现在，温中寄宿制办学模式正逐步体现出"素质教育为主题，创新精神培养为核心，校园文化建设为特色"的良好态势。

虽然胡海帆为温州中学作出了不少的"大文章"，但是谈起温州中学的发展前景，他仍感慨万千。

他说压力很大，不发展不行，现在正计划做几个国际教育项目：筹建学校国际教育部、创办七年制双学位课程班，举办"英语村"夏令营活动……

胡海帆的"大文章"不仅仅限于温州中学的工作，他还时刻关注着整个温州的教育，关注着10年、20年、甚至30年之后，我们到底培养了多少对社会作出杰出贡献的人才。

胡海帆知道，温州一向有很好的数学传统，出了一大批举世瞩目的数学家，现在要把这种传统优势继承并发扬光大，为国家培养出更多的数学后继人才。

几年来，他多方奔走疾呼，最终有了今天"数学家摇篮"工程的启动。在市人民政府及市教育局的支持下，"数学家摇篮"工程基金会一共筹募了200多万元。

这位富有胆识和气魄的校长，用他手中的笔不但为这所百年名校创造了今日的辉煌，更为她创造了一个发展壮大的良好环境。

教育事业的迅猛发展，对学校发展的投入要求也越来越高，特别是在发达地区，教育已经呈现出"大投入，大产出；小投入，没产出"的态势。这就更需要作为学校决策者的校长在为学校作规划时，凭借智慧和胆识，运用大手笔为学校开创未来。

大手笔是成就学校大事业的基础，没有资金的巨大投入，学校的硬件措施就很难具有较高的水平；而较高的薪水，也能吸引实力较强的教师，同时还能激励校内的教师不断前进。只有学校的软硬件都提高到一定的档次，才能为学校创造一个辉煌的未来。

 ## 案例分析

大手笔是一所学校争创名校的根基。

浙江大学在面向21世纪争创世界一流水平的大学中就本着大手笔的理念，加大力量进行全方位的建设，而她的新校区——紫荆港校区的建成并投入使用就是最好的证明。

紫金港校区建设工程于2001年9月正式开工，12月主体工程全面开工建设。2002年10月正式启用，全校一、二年级本科生共1.3万人全部入住。

整个建设工程规划总建筑面积96万平方米，计划容纳学生2.5万名。

其中一期工程规划建筑面积62万平方米，现已投入使用，其他如图书馆、人文社科中心、学生活动中心、行政中心等8万平方米的建筑于2003年上半年交付。

紫金港新校区顺利投入使用，是浙江教育发展史上的一个重要里程碑。这对于浙江大学改善办学条件，加快布局调整，促进学科交叉，深化教学改革，拓宽发展空间，提高综合实力都具有非常重要的意义，将为学校创建世界一流大学打下坚实的基础。

新校区建设工程高起点高规划，高水平设计，高质量施工，软硬件设施齐全、先进、实用，初步实现了"现代化、网络化、园林化、生态化"的建设目标。

在规划设计上，罗致名师，充分发挥其想象力和创造力，追求变化中求统一，统一中寻变化的建设风格。突出大学校园的园林风格和特色，强调园林与主体建筑的互相渲染和烘托。

紫金港校区的整体建设始终贯彻以人为本的思想，以创造自由的学习空间和交流氛围、提高学生综合素质为立足点，一切围绕着培养创造性人才目标进行设计和设置。

这个新校区虽然耗资巨大，但是它为浙江大学扩大招生，提高教育水平奠定了坚实的基础。

如今，有着百年辉煌历史的浙江大学，肩负着新的历史使命。

作为中国高等教育管理体制改革的试点之一，她将通过改革与发展，努力建设成为以"综合型、研究型、创新型"为办学特色，具有世界先进水平的一流大学。

只有领导者的巨大手笔，才能为它的未来写下出色的文章。

大学需要大文章、好文章，中学也不能例外。因为中学建设得出色，才能为大学输送出色的学生，才能有利于创造大学的辉煌。

胡校长的大手笔重塑了温中百年的辉煌，在中学建设中投入 2.2 亿元，是令人惊讶不已的。但是正是这笔巨大的投入，奠定了温中在浙江中学中的实力，为温中招收更为出色的生源，招聘更为出色的教师打下了坚实的基础。

而且出色的软硬件环境为温中迎来了海内外的同行友人，从而奠定了温中与国内外一流学校进行经验交流的基础。

精致的校园环境，长远而完整的规划，以及先进的规章制度，可以让温中在未来的改革中省下许多力气，不必再对所有事物一一变革，因为这一次大手笔的变革已经为学校的未来设计好了科学的架构。

那么，一位优秀的校长怎样才能运用大手笔为学校谱写大文章呢？

首先，校长应该具备独到的眼光。

大手笔做大文章，是一件风险巨大的事情。如果校长是一位目光短浅，或是目光普通的领导者，恐怕作出来的不是大文章，而是烂文章，巨大的投入将给学校背上沉重的包袱。

因此，学校的校长若想运用大手笔，就必须先有独到的眼光，这就要求校长能够放眼世界，学习别人的长处，同时要根据学校和学校所处地区的实际情况，来确定自己能够使用的大手笔。

其次，校长要有为学校奉献、不计较个人得失的精神。

大手笔未必一定带来大文章，由于世界的瞬息万变，有可能带来或大或小的失败，如果校长害怕这种失败，不运用大手笔，虽然避免了失败，但永远也不能获得成功。

因此，校长只有在为学校描绘蓝图时能够把个人的得失放下，才能够完全面对大手笔带来的大风险。所以，校长在决策和执行工作中，必须不断地学习先进的思想，提高自己的道德水平与思想境界。

再次，校长应该具备较强的社会活动能力。

校长是学校对外活动的关键人物，而学校的大手笔建设需要外界的帮助。因此，校长必须具备较强的社会活动能力，能够协调学校与社会的关系，才有助于学校做大文章。

中国教育的发展是由一幢幢摩天大厦撑起的，而这一幢幢摩天大厦就是中国的名校，每一所名校的校长就是一个伟大的设计师。只有他们具有大气魄，才能具有大手笔，谱写大文章，为中国的教育事业拓展一片更为广阔的天空。

铸造高绩效领导力之以情激情

激情领导

> 激情不但能激发 120% 的潜能，而且对优秀职业经理人来说，衡量他是不是把这个企业做好，一个很重要的指标是，他是不是能把员工的潜能激发出来，而且不只是 100%，而是 120% 调动起来。
>
> ——〔美〕比尔·盖茨

苏霍姆林斯基以"相信孩子"的教育思想缔造了国际著名的帕夫雷什中学；

陶行知以"生活即教育""民主教育""创造教育"的教育思想创立了晓庄师范；

上海建平中学校长冯恩洪提出"合格＋特长"的育人思想，创建了闻名全国的建平模式。

从他们的传记和他们的文章中可以看出，在他们独特的办学理念中，在他们所办学校的特色和个性中，无不浸入了他们对教育的激情。

这些优秀校长都是在用激情创业，都是在用激情书写着教育诗篇。激情，是所有教育者应该具备的品格，更是所有管理者必需的品格。

教育家朱永新曾说："实际上，做任何一件事情，尤其是管理一所学校，作为校长，最重要的是应该有一种激情，应该有一种创造冲动，有一种不断挑战自我的成就动机。我认为，这是最最重要的。"

是的，人在激情的支配下，常能调动身心的巨大潜能，精神振奋、精力旺盛。激情可以使人产生动力，捕捉灵感，打破常规，冲破障碍。

有了激情，人们才会有创造冲动，才会有挑战自我的成就动机，才会使

227

理想的主旋律铿锵有力。激情所到之处，教育五彩缤纷，工作生机勃勃。

没有激情的人，必然是一个平庸的人；没有激情的人生，必然是一个惨淡的人生。同样，没有激情的校长，也必然是一个碌碌无为的校长，他所领导的学校也必将是死水一潭、无所发展、前途渺茫的学校。

激情，决定了校长两种迥然不同的境界。在激情的参与下，校长的管理工作就是成就一番事业；而缺少了激情的引领，工作将仅仅被看做一种谋生的方式。

没有激情的校长，只能本分地完成职业所规定的工作，按部就班，做一天和尚撞一天钟，仅仅解决了自己和学校的生存问题，打造理想的学校将成为一句空话。

而有激情的校长，他的境界是完全不同的。他会创造、会奉献，会把学校利益看得重于一切，会把学校发展视作终身的目标，会把学生的发展、教师的发展时刻记挂在心上。

但激情不是兴奋剂。假如校长只是偶尔心血来潮，搞点改革，出点创新举措，那只是一时的激情。激情过后，学校又会陷入沉默，也许比从前更让人心灰意冷。

所以，"激情不是瞬间的一个状态，而是一种文化"。激情必须要持久，必须要形成"一种文化"，一种激情管理文化。只有视激情为文化的校长才能办出一所富有鲜明个性的学校。

有激情的校长会有理想、有目标、有追求，诗意地栖息在校园里；有激情的校长会在他的任期内，充分发挥他所有的才能；有激情的校长必定会给后继者打下扎实的基础。

 经典案例

浙江省湖州市长兴县职教中心校长彭明才，致力于职教事业10多年，凭着他的胆识、谋略和高度的事业心、使命感和激情，把濒临困境的长兴职教中心在短短的几年内办成了市窗口学校。

论年龄，彭校长已届天命之年；论体魄，彭校长斯文有加，全然不见力拔山兮的气概，那是什么样的力量让他把一个濒临绝境的学校短期内办成了省重点学校呢?

回首长兴职教中心所走过的蓬勃发展之路,无处不闪耀着彭校长创新的智慧之光,更洋溢着他火热的激情和坚韧刚毅的精神。

1. 整治旧校舍,第一次激情创业

20世纪90年代初,长兴职教地处偏远的农村,前不着村,后不挨寨,20多亩荒园,30来名学生,校舍也是从前部队遗弃的营房,低矮潮湿,光线昏暗,惨淡之状令人寒心。

就是在这样的背景下,彭明才被推上了职校校长的岗位,背负起了拯救职教的艰难使命,也从此开始了他的创业历程。

彭校长抱着迫切而朴实的信念着手开始"治"校,他的第一个计划就是要把荒凉的校园变成花园式的乐园,使之成为穷乡僻壤的"亮点",以吸引更多的学生。

从报到到开学的近两个月,彭校长在教室的墙角搭了个铺,"坐镇"规划,从容指挥。他把校园的每一个角落"搬"到一张张的纸上,标上多种代码,即使是几平方米的空地也不放过。继而又将这些草图"贴"到校园的角角落落,通过能工巧匠转化成实物。

虽然清瘦的身躯更消瘦了,虽然身上的衬衫渗出的汗晒干后泛出了盐花,虽然身上被蚊虫噬咬得红一块紫一块,但彭校长的汗水没有白流,辛苦没有白费,第二年的职校招生终于迎来了第一次"火爆",学生人数一下子从几十人上升到了500人!

第一步的成功更催发了彭明才的雄心,从此一发而不可收。1996年,他扩征土地60亩,开辟了300米田径运动场,新建教学楼、学生公寓、教师宿舍等8000多平方米。

优美的环境,不但增强了师生的认同感和归属感,也引起了社会的关注。在1998年,开辟了学校的宽阔通道,添置了大量的教学设施后,长兴职教不仅在湖州市已颇有名气,还一举成为省重点职校。

2. 开拓新环境,第二次激情扩校

2001年,为适应职教发展的新形势,县里适时地将3所职业学校进行合并,组建职教中心,实现了职教大跨越。职教中心建立之时,也就是彭明才第二次创业的开始之际。

此时的彭明才，一改过去比较朴实的观念，将激情与浪漫的理念融入校园新建设的工程当中，筹资 7000 万，写下了一篇大手笔的文章。

（1）扩展校园。新征土地 260 亩，使校园面积扩大到 431 亩。

（2）校舍建设。新建教学大楼、学生公寓、老师公寓、师生餐厅、报告厅等 45000 平方米，并将原先的教学楼实行"包装"，形成整体风格，透露出现代气息。

（3）运动场建设。他精明地招募施工队，开挖土石 80000 方，构造了鲜见的下沉式 400 米田径场，气势宏伟壮观。

（4）环境美化。占地 7 800 平方米的中心广场富丽高雅，掩映在喷泉、绿阴和灯光下的中心广场，给人以安谧恬畅、柔和清逸之感。通道边、屋檐下、石阶旁，绿树成排，鲜花锦簇，俨然集校园与公园于一体，成为城市的窗口和亮点。

3. 以"德育为本"，把激情融于各种创新之中

彭明才校长不但是一个成功的创业者，而且也是一个活跃的创新者。在学校管理上，他往往不满足于现状，每每推出新招，常常出奇制胜。

（1）对学生采取"准军事化"管理。举办了预备役军人学校和国防教育实验学校。在学生中倡导军队的纪律，培养他们军人的作风，造就他们军人的风格。把准军事化的标准，印发给每一个学生，张贴在人群聚集的场所，让学生耳濡目染，自我约束。

（2）彭校长有一条"铁定"的规矩：对犯错误的学生，不许训斥，更不许"示众"，而是分"梯队"进行帮教。班主任个别教育不行，政教处上，政教处还不行，彭校长就亲自出马。在帮教过程中，主要不是以讲解"标准"为主，而是让学生心动，进而转化为实际行动。

（3）对住校生的管理，彭校长首创了"星级化"模式，做到生活用品"六个一"，重点培养学生的独立生活能力、团结协作精神和良好的卫生习惯。开始是天天检查，接着三天检查一次，而后逐渐稀疏，直至完全放手给学生自查自评。

（4）在文明班（室）创建中，彭校长创新实践：先挂牌，再创建，后验收。为维护荣誉，学生个个投入，争做文明标兵。

（5）彭明才还组建了一支庞大的德育队伍，上至校长书记，下至学生，

德育队伍之巨令人吃惊。不仅人多势众，而且人人有事做，事事有人管，各得其所，各展所长。

彭明才校长的心目中有这样的信条：不求人人升学，但求个个成才。他把培养人、塑造人、完善人视作学生管理工作的"主宰"。

"准军事化"也罢，"星级化"也罢，无不体现了塑造学生健全人格的特点。步入职教中心，无处不蕴涵着德育的成分，无处不透露出文明的气息。

4. "以人为本"的教师管理，激情、柔情加热情

无论是学生管理，还是教师管理，彭校长的主题都是人性化。每逢教师过生日，彭校长总是为他们到电视台点歌祝福；每逢教师有难事，彭校长总是上门慰问，送去温暖。

2001年，学校有8对教师喜结连理。彭校长择日为他们举办了简朴而热闹的集体婚礼。新郎新娘喜上眉梢，亲朋好友喜出望外。

2004年，彭校长又为退休多年的5对"金婚"教师举办庆贺活动。校长致贺辞，夫妇拍婚照，集体搞联欢，这些老年夫妇情不自禁地流下了激动的热泪。

5. "合纵连横"，激情连手高校和企业，为毕业生就业打开门路

社会赋予职业学校的使命就是为社会培养有熟练操作技能的各方面专业人才。因此，彭校长始终把握住毕业生就业这个命脉，以优质人才回报社会，为学校赢得更大的发展空间。

为顺应市场发展的需要，彭校长适时调整专业设置，既保持电子电工、服装工艺等传统优势专业，又不断拓展新兴专业：

2003年与浙大联手，推出了数控机械专业培养基地，成为省内的前沿专业；

与人武部联手，为复员军人的上岗转岗进行系统培训；

与各乡镇政府联手，为农村劳动力转移开设技能培训；

……

彭明才积极推行"合纵连横"的办学模式，"纵"挂高等院校，"横"连企业集团，先后与78家企业建立了实习、就业基地，与16家企业签订了"订单"招生协议，与6家企业联合办学，与企业"联姻"既扩展了学生的实习空间，也有效地解决了学生的去向。

10年来,学校培养毕业生13858人,有近万人找到了合适的工作,平均就业率达98%,还有1100人进入了高等院校。

学校先后被评为"省依法治校示范校""市文明单位""市德育先进集体"等,彭明才校长本人也已经拥有"名校长""劳动模范""优秀共产党员"等个人荣誉,先后被评为市劳动模范、市名校长、市党代表。

如今,职教中心在他的带领下已跻身全国重点的行列,回眸过去的10年,概括彭明才的奋斗史,可谓激情不绝,创新不断!

微软(中国)公司总裁唐骏说:"如果用两个字总结我的管理风格,那就是激情。不仅是我自己有激情,而且我的管理是让我周围的人都有激情。"

心灵只能由心灵唤醒,激情也只有激情能够点燃。校长不仅要个人有激情,而且要用激情去点燃师生心头的火焰。

只有一个充满激情的校长,才会调动教师的激情,才会挖掘教师的潜能,才会扬起教师理想的风帆,为共同建设名校而努力,为共同的教育理想而奋斗!

案例分析

结合彭明才校长在学校管理中的实践活动,我们可以看出,激情是一种情绪,激情管理就是校长通过自身的言语、行动所散发出来的激情,来带动教职工群体情绪的高涨。

那么,校长在管理学校时,如何把管理理论、技巧和激情相结合呢?下面便是校长通过文化、观念、制度来实施激情领导,激发"冰山一角"的一些要点。

1. 建设信任集体,为教师创设激情环境

一个缺乏信任的环境必然会相互猜疑、相互拆台,导致个体的个性受到压抑,智慧遭到泯灭。而一个充满信赖和给予无限希望的集体,必将团结在共同的旗帜下,为了一个共同的目标而激情四溢、竭才尽智,这样的学校肯定能到处生发出创新的生机和活力。

因此,校长要想创设激情环境,就必须给下属以关心和期待,给同仁以宽容和帮助。

2. 建设校园文化，为学生创设激情环境

教育家夸美纽斯曾说："校园应当安排得美观，成为一个快意的场所和对学生富有吸引力的地方。"

朱永新先生倡导的新教育实验，其中有一个目标就是"打造书香校园"，号召老师和学生一起读名著，这一号召在很大程度上也正是想通过营造一个特定的教育环境来感染学生。

因此，校长应注重校园建筑的建设和美化，更要加大校园文化建设的力度。如利用校园文化橱窗、班级板报、文学社、校园广播站、校园活动和课堂等。要在主导校园文化主流的同时，尽可能地满足学生对课外生活向往的心理需求，激发他们关注社会、了解社会的激情，培养他们收集信息、处理信息和认识问题、分析问题的能力。

3. 策划激情活动

（1）为学生策划激情活动。

教育本身就是一种活动。校园里有没有充满激情的活动，反映了学校文化水平的高低，直接影响了学校的品质。

策划激情活动，要善于将常规活动和传统活动打上文化的烙印，给活动润色，极大限度地挖掘其教育功效。

（2）为教师策划激情活动。

不仅学生需要丰富多彩的活动以引发学习的兴趣和积极性，教师也需要有各种活动来充实教学生涯。

校长应尽量多地为教师安排文娱活动或教学培训交流等活动，如教师野外活动、教师游园活动与外界联谊活动，教学方面的有教师培训活动、教师共同探讨等。

教师外出学习或活动后通常会把激情延续到工作中，如果辅以撰写考察报告或活动体会，学校再及时组织他们交流带回的新信息，交谈自己的认识和感悟，则会给校园带来一股清新的气息，激发大家开拓创新的豪情。

4. 实施激情管理，激发教职工潜能

（1）关键在于沟通、理解。

良好的沟通，充分的理解可以化解来自内部的冲突，使每位教师有满足感、安全感，让教师们放下包袱，将情绪调整到最佳状态。

（2）适当的授权，让教职工感到自己的重要性。

"让每个员工像总经理一样思考"是欧姆龙公司总裁皆川平先生提出的。只有员工有一定的职能权利，才能使其感到责任在身，激发其对工作的再审视，从而提出创新思想。

所以，校长应该赋予下属更多的权利与责任，让其感到价值所在，激发其冲天的干劲。

（3）创造良好的鼓励教职工的机制。

校长应该看到，对于有激情能创新的教师，除了不惜言辞给予赞美和鼓励外，更重要的是建立良好的机制鼓励他们。教师的激情是学校最好的资源，不但要善于应用，更应该将其置于良好的机制当中，使其源源不断地发挥作用。

今天，个人的成功源于对所钟情事业的激情投入，集体的成功则是激情成员的激情创作。管理者需要用心管理，使激情发挥出化腐朽为神奇的作用。

所以，校长必须要有激情，才能带动班子成员有激情，带动教师队伍有激情！校长必须要敢为人先，勇争第一，敢于负责，有为教育事业奋斗终生的激情，才能通过自身的激情去传导、影响，让整个学校都有一种勇于挑战现状、改变现状的决心和活力！

铸造高绩效领导力之人性化管理

管理注重以人为本

> 自始至终把人放在第一位，尊重员工是成功的关键。
>
> ——〔美〕托马斯·沃森

毫无疑问，管理的对象主要是人，人"管"好了，管理的效率也就出来了。管理学认为，研究人的特性并运用到实践中是管理学的核心部分。人们发现，根据人本身具有的特点和心理需求，本着尊重人、激发人、重视人的原则，制订出相应的管理措施。这样的管理不仅会被广泛接受，更会有很好的管理效果。在管理学上称其为"人性化管理"。

校长要管理好一所学校必须坚持以人为本。

要构建和谐校园，实现高绩效领导力，"人性化管理"是有效途径之一。校长的直接管理对象是教师，而教师又是办好学校的决定因素，学校的一切教育教学活动都要通过教师的参与和实践去落实。

教师与多数人一样，他们有思想、有感情、有需求，希望有自己的空间与天地，不可能像机器那样机械地、无条件地接受和服从领导者的一切指令。

而且职业的特殊性决定了教师的为人具有榜样作用，如果对这些具有较高思想、情趣、个性的教师过分强调制度的严格性、原则性，学校势必会出现人际关系紧张、气氛压抑的局面。

管理的目的是为了规避问题，促进发展。教师是一个高素质的群体，自我约束的能力相对较强，"响鼓无须下重槌"。在管理中，应给予他们人格的尊重与关怀，处理问题时多一些人情味，为他们创造一个温馨、和谐、舒适、宽松的工作环境。这种有利于人的生存和发展的管理方式，往往要比铁面无情、冷冰冰的制度化管理有效得多。

让被领导者感受到爱的温馨，体验到责任的重大，享受到成功的喜悦；让教育这项艰辛的工作，不再是令人望而生畏的事情，而是让人倍感亲切，充满活力，洋溢激情的神圣事业；校长再也不是威严、令人敬而远之的形象，而是可亲可敬的长者，是平等相处的知己与朋友。这样的管理才叫"人性化管理"，才是最优化的高绩效管理。

 经典案例

合肥一中原名庐州中学，1902 年由李鸿章之子李经方创办，是著名科学家杨振宁的母校。在百年的发展过程中，合肥一中培养了一批又一批优秀人才，除杨振宁外，还有多位中科院院士及国际知名学者都出自这所学校。

从 1902~2008 年，这所学校经历了近一个世纪的风雨，谱写了近一个世纪的辉煌篇章。特别是在改革开放的 30 年间，学校更是飞速发展。管理这样一所百年名校，并让其续写辉煌，作为校长，是不是感到压力很大呢？

在陈栋校长的案头，总会摆放着一本《老子》，他喜欢老子，更善于把老子的思想运用到管理中去。老子倡导"顺应自然"，劝导人们不可违背事物的天性，凡不合适的事不勉强，势必失败的事勿强行，而是因势利导地去做。

陈校长说："在学校的管理中，我绝不人为地用强制手段横加管理，而是顺应时势来实施管理措施，在'无为'中有为。这样的'无为'管理，我哪能很累呢？老师们都做得很好，对于学校的教育教学质量，我没有什么可担心的。"陈校长淡淡的几句话，却道出了一个校长的管理智慧："不用强制手段""顺应时势"不就是用温暖的以人为本代替冰冷的制度吗？这种管理有效吗？

看到学校的老师每天都充满激情，似乎是在享受工作，全校上下生机盎然，谁都会认为陈校长是个"严"校长，其实不然。

那是陈校长调到学校任校长不久，他发现不管是全校例会还是教研组活动，总会有老师迟到，为此，他决定实行开会签到制度。在一次全校例会时，看着迟到的老师冲到签到本前签名，陈校长对他们说道："迟到的人拿凳子坐前面。"这时，不知是谁回了一句："让我们坐前面是不是太不尊重人啦！"听了这话，陈校长事后沉思起来。迟到的人中有几位是班主任，平时工作都很认真，尤其是王老师，他所带的班级有口皆碑，他本人几乎是全校每天来得最早……不久，一位老教师告诉他，老师迟到往往都是在临时处理学生问题，老师往往是把学生的事放在第一位，所以顾不得开会迟到了。

又是全校例会，这一次没有一位老师迟到，但在会议最后，陈校长站起来说："我向上次开会迟到的几位老师道歉，对不起。"他深深地鞠了三次躬，然后诚恳地说："我道歉的原因有三点：第一，那天语气生硬，态度不好，请原谅；第二，既然已经宣布了纪律，按学校的制度处理，还要求老师坐在前面不够尊重老师，请原谅；第三，我不了解迟到的原因，制度制订得不合理，我失职了，请原谅。"陈校长的话赢得了一片掌声。

陈校长不仅关心教师们的心理感受，还投入更多的精力关心教师们的生活和身体。

在校长管理职责中，最显眼的有三条：关心教师健康、关心教师生活和关注教师成长。这三个方面看似是工会所做的工作，但在合肥一中，却成了陈校长的工作重点之一。

针对教师工作量大、活动时间少的特点，陈校长专门为教师购置了体育器材，鼓励他们利用课余时间锻炼身体。同时，学校还定期开展一些集体体育活动。

由于工作特点的原因，老师们经常会伏案工作，时间一长就容易患上颈椎病等职业病。针对这种情况，学校特地请专家为全体教师做了预防颈椎病的健康知识讲座，并鼓励下午四点半以后没有教学任务的教师走出教室，到操场参加体育锻炼。

在陈校长手里，有一份教职工体检报告单。学校里谁的血压高，谁的腰不好，谁的胆囊有问题，他都一清二楚。他让校医时常为这些有病症的老师做检查，并把这种检查制度化。

陈校长还特别关心职工的生活。在资金紧缺的情况下，他大力提倡兴建职工住房，使得很多老师改善了住房条件；每有新老师到校工作，学校都为他们配齐生活用品；学校每学期还利用假期，为教师宿舍修缮门窗、粉刷墙壁等，以此来美化教师的居住环境。"老师住得开心，工作才会开心。"陈校长如是说。

对于业务素质不能让学校满意的老师，陈校长很少对其批评，而是多对他们进行业务培训，为他们购置教育专家的专著并组织学习；组织他们到先进的学校学习先进的教学方法、教学理念和管理方式。

学校的发展在很大程度上取决于教师的整体专业素养和教育教学水平。因此，合肥一中把教师放在管理的首要位置。但这些管理好像都不太"切题"，而陈校长这样解释说："学校里有很多优秀老师，在教育理论方面，我掌握的不见得比他们多，站在讲台上我讲的不一定比他们好，因此我无需在这些方面上做无谓的指挥，因此我就想办法让他们健康快乐，这样，他们自然就能做好工作，我也少操了不少心。"

正是由于陈校长倡导了人性化管理，才使得合肥一中的教育水平有了跨越式的提高。陈校长在学校人性化管理上的成功实践，值得广大同行深思和效仿。

管人要管心，因为人的行为是在人的心理支配和调节下进行的。校长只有了解和掌握教师的心理规律，"因人施治"，才能提高管理绩效。"得民心者得天下"，管心就是得人心，实质上就是如何调动广大教师的积极性。管心重用情，对教师的管理，仅凭严格章法、简单指令难以充分调动其积极性，因为人不仅具有理性，还具有感性。在学校管理中，校长要多花心思，注意与教师的情感交流，并建立良好的情感关系，这样就能充分调动广大教师工作与学习的积极性、主动性和创造性。

案例分析

学校是专门的育人场所，培养人才的摇篮。在这个摇篮里，直接对学生起教育作用的绝不是一两个领导者，而是广大教师。校长应树立以师为本的管理理念，在做管理工作时，先考虑教师会怎么想，会怎么做，要走近、善待、培养教师；想教师之所想，急教师之所急，关心体贴教师，为教师排忧解难。

校长对待教师的态度，就是教师对待学生的态度。如果校长能老师至上，老师就能学生至上，这样层层推进，校长在管理中就犹如有了一根杠杆，在教师这头只要施以微小的一把力，在学生那头就会显现出明显的效果来。而合肥一中校长陈栋手里就有这个"杠杆"——以人性为本，以老师为本，而且善于使用这个"杠杆"。

陈校长明白，有了一定的权力，还不一定就能够把学校管理好，因为实施规章制度，不能单独依靠行政命令或强制性手段。在教师迟到问题的处理上，陈校长通过及时反思，及时向那些教师道了歉。陈校长这样做，是用平常人的心态去体味老师们的内心感受，他没有把自己看成学校的权威。

的确，陈校长先前的举动对杜绝迟到现象没有半点益处，还会对那些迟到的教师造成伤害。在意识到了这点后，他向那些教师道了歉。这种对教师充满情愫的举动更能感染教师，从而促进全体教师共同进步。

在管理学中，有个著名的论断是"领导就是服务"。这句话用在校长的管理中最为有效。因为教师本就是"为人师表"，职业的本身也对教师有很多约束——教师是自我管理较强的群体，有"不需别人提醒的自觉"。既然这样，校长就毫无必要在"管"教师上花太多的力气。

陈校长是一位智慧的领导者，他用更多的精力去关心教师的生活问题，为他们解决实实在在的问题，为教师健康、教师成长和教师生活服务，这不仅赢得了教师的信赖和拥护，还激发出了全体教师巨大的工作热情，使得他们自觉地为学校的发展作贡献。

从陈校长的例子不难看出，要调动教师的积极性，激发教师的工作热情，就必须对教师实行人性化管理。校长在管理中，多一些关怀，少一些冷冰的规范机制，多融入一些人文情怀，少一些无效的制度，对教师来说，这可能就是最有效的管理方式。

学校实行以人为本式的管理，是让每一位老师都能做到自我教育、自主发展，达到管理从"被动"向"能动"的转变。管理者在实施以人为本的方法时要意识到：尊重与理解、激励与信任、严格与宽松、公正与感激，对于提高学校人性化管理水平至关重要。

1. 尊重与理解

在管理过程中，领导者必须尊重教师的情感和人格，尊重教师的选择和合理要求。同时，还必须充分理解教师的需求，因为理解本身就是一种尊重，理解他们，赏识他们，教师就能把工作做得更好。

被人尊重是人的一种本能与需要。每一个人，尤其是优秀人才，一旦受到别人特别是领导的尊重，就会觉得自己的存在和做出的成绩能得到认可，就会产生一种成就感和自豪感，从而激发出更大的热情，进一步挖掘自身的潜能，发挥自己的才智。实践证明，尊重与理解人，才能够凝聚人心、招纳人才。

2. 激励与信任

激励与信任是人性化管理的一个重要方面。激励可以使人有更远大的目标，并为实现目标而不懈地努力。激励能激发教师的潜能，更好地调动教师的积极性。因此，管理者在工作中，要从激励着手，力求把有形的制度约束化为无形的情感约束，寓纪律约束于激励之中。教师受到尊重、激励、信任和理解时，他们才会产生"士为知己者死"的使命感，才会自觉遵守规章制度，自觉接受纪律的约束。

3. 严格与宽松

严格是指制度上的严格，要求上的严格；宽松是指环境的宽松和执行上的宽松。如果一个学校没有严格的规章制度，就很难有秩序的发展。但如果只是制度严格、要求严格，又显得过于冰冷，太没人情味；只有将制度与情感结合，刚柔相济，才是适合的管理。宽容，是学校领导者在实施人性化管理过程中，必须具备的最重要的品格与胸怀。俗话说"金无足赤，人无完人。"我们的教师不可能完美无缺，每个人都有这样或那样的缺点和不足。虽然他们在个性、品格、知识、能力等方面存在许多差异，但人人都蕴藏着巨大的潜力，人人都是学校宝贵的财富。因此，我们要做到的就是"睁大眼睛看优点，眯着眼睛看缺点"。

4. 公正与感激

要人性化地评价教师及其工作，领导者就要以同事、朋友的身份对待教师，用发展的眼光客观、公正地评价教师，平等地对待每一位教师。感激是一种智慧，是一种包容，是一种气度，更是一门艺术。拥有感激之心，领导和教师之间的关系会更加和谐。作为教师，普遍看重别人对自己的关注与赏识，当教师看到自己被领导认可时，内心就会油然而生一种成就感和自豪感，进而竭尽全力去努力工作。

总之，人性化管理的手段是多种多样的，我们要通过不断的探索和实践，对其进行提高和完善，让大家在制度约束下做到自我管理、自我约束、自我发展和自我提高，变人为管理为无为管理。只有这样，才能实现校长和教师齐心协力育人才、促发展的理想。

管理的根本是人的管理，人是管理的核心。就学校管理工作来说，就是要激发学校所有成员的积极情感，努力克服其消极情感。管理以人为本，可以让积极情感渗透在教师的思维中成为一种激励机制，对教师的认识和行为起着调节作用。校长在学校管理中要用这种真挚的、丰富的情感去领导和感化教师。只有这样，校长才能真正取得管理工作的主动权，才能成为一个高绩效的校长。

铸造高绩效领导力之除旧立新

名校由改革者的魄力打造

> 许多经验性的研究都集中于交易型领导行为的研究，这是非常遗憾的，其实真正的原动力和撼动者是变革型领导。
>
> ——〔美〕伯纳德·巴斯

改革，中文是由改变与革新或革命等含义组成，英文是 reform，意思都是对原有组织形式或结构进行重组，以达到改善状况的目的。

对原有组织形式或结构进行重组，势必要影响一部分人的生活习惯，触犯一部分人的既得利益，刺痛一部分人守旧的神经，从而引来怀疑、猜忌、反对和阻挠。

因此，不论改革的目标和方向正确与否，这种破旧立新，敢于挑战既得利益者的革新精神就是值得人们钦佩的。

当前，教育界已迎来了一个变革的时代，诸多的教育改革措施等待着实施，而改革能否取得成功，学校的管理者，尤其是校长是否具有改革的精神，在其中起着关键的作用。

人们常说，一个好校长就意味着一所好学校。

因为，无论从哪一个工作层面来说，校长始终都处于中心位置，担负着各种中心领导的重要责任。当面对学校的事业发展以及一些重大变革的时候，校长是集研究者、探索者和决策者于一身的学校最高领导者，同时更应该是一位改革家——改革型校长。

教育的改革涉及教育系统工作的方方面面，只有处于中心位置的校长以一个改革型校长的面貌出现时，才能以其一往无前的改革雄风，带动和推进教育改革工作的进行。

既然称之为改革型校长，那么就一定要有改革家的勇气、胆识和智慧，而这一切素质的集合体，方显现为一个改革型校长的魄力。

这种魄力，可以让一个人力挽狂澜，在困境中起死回生，敢于在风口浪尖上横刀立马，表现出一种挥洒自如的气势，一种永不言败的风范。

这种魄力，是激情与智慧碰撞出的火花，是果敢与灵感嫁接出的果实，无论是举重若轻，还是决胜千里，都闪耀着迷离与魔幻的魅力色彩。

这种魄力，是建立在智慧之上的胆量，谨慎之上的豪爽，细密之上的英武，它虽然不能保证一定能为改革者带来成功的辉煌，但是，即使失败了，也万分悲壮！

 经典案例

北京十一学校在教育创新的主旋律中，多次扮演第一个吃螃蟹者：在全国第一个实行国有民办体制，在全国第一个实行分层教学，在全国第一个开展综合活动课，在全国第一个对高三年级减课、减压，等等。

这么多的第一个，都是该校在当了32年教师、17年校长的李金初的带领下创造的。他说："我豁出去了，如果行，可以闯出一条路，因为中国的教育需要这一条路；如果不行，可以立一块红牌——此路不通。"为此，李校长做出了如下颇具魄力的大胆探索：

1. 自主办学，闯出国有民办新体制

1995年，十一学校酝酿改革办学体制。校长李金初提出了"学校国有，校长承办，经费自筹，办学自主"的设想，即政府将全民所有制的国有学校，按照有法定效力的程序，交由校长承办，其资产及以后的资产增值仍属国家所有，而事业费和日常运行经费的全部或大部分由承办者筹集。承办者同时享有民间办学的政策权利和办学自主权。

经过两个月的大讨论，决策会依然气氛凝重。外面风言风语，学校领导班子成员大多忐忑不安。搞"国有民办"制的改革，意味着放弃国家一年给的几百万元，还要自筹上千万元的办学资金；意味着放弃教师的铁饭碗，手拉手集体下海。但有一点大家达成了共识——如果一味地等、靠、要，实现学校的快速发展就没有希望。

1995年3月1日，海淀区教工委、教委正式批准十一学校体制改革实验方案，并开始实施。1996年4月，北京市批准他们作为市办学体制改革试点学校。

钱从哪里来？学校两条腿走路：一是向入学者酌收教育成本费，二是向海内外各种团体进行募捐。如此共筹集办学经费2.3亿多元，平均每年2909万元。这其中，1.7亿元用于校园工程建设和现代化教育教学设施设备，6283万元用于日常办学经费和提高教职工待遇。

国有民办的优势在第一轮改革的8年后显现出来：

国有资产——改革前，资产折旧后总价值1450.3万元。改革后，净增资产价值1.65亿元，还为国家节省财政拨款4130万元。

校舍——改革前，85％的校舍为20世纪50年代旧房，15％为20世纪80年代建筑。改革后，占地200多亩的十一学校，建成了北京市中学中最大的教学楼群之一。有小学综合楼、图书馆、初中教学楼、高中教学楼、科技实验楼、学生公寓、教师公寓、学生餐厅等10万平方米。这是学校在市区政府支持下，以自筹资金为主，花了2亿多元完成的。

事实证明，当年李金初选择的是一条成功之路。

2. 自主学习，教给学生终生创新能力

办学体制改革焕发的活力，激发了十一学校育人模式的创新。这一育人模式的核心是让学生由"学会"到"会学"，由"要我学"到"我要学""我爱学""我善学"。

李金初认为，人世间有两部书，一本是有字书，即教材课程；一本是无字，即社会和实践。学生会读两种书才算是会学。

在有字书的学习方面，十一学校强调培养学生自主学习能力。教师说，我们的学生不是教出来的，而是自己学出来的。记者采访了李煦、郭枫等10多名去年考入清华、北大、北京理工大学等重点大学的十一学校的学生，他们说，最难忘的是母校教会了他们自主学习的能力，一生都享用不尽。

十一学校还在国内率先实验分层教学，创造"有选择而无淘汰"的教育，解决了大班教学有的学生"吃不饱"和"吃不了"的问题。英语、数学、物理、化学等课程分为ABC三个层次，A层适合一点就透的学生；B

层适合学习能力适中的学生；C层适合慢慢读懂的学生。实验的结果是，对于初中三年的课程，A层学生用1年零3个月学完，B层学生用了1年零7个月学完，C层学生用1年零9个月学完。

学校还要求每个学生在上每一堂课前必须"提前看书"，培养他们的预习能力和习惯。记者听了几堂课，发现该校老师上课不是滔滔不绝地讲，而是不停地问，因此，"如果不提前预习，这课是没法上的。因为老师不是讲课是答疑"。

渐渐地，学生成了老师。从初二到高三，每个班40多名学生，大多数都上过讲台。老师哪儿讲得不对，或有另外的解题方法，学生随时可以打断老师，师生共同切磋。

学校还要求自习课不许教师进教室。刚开始自习时，学生有睡觉的，有看小说的，有窃窃私语的。站在窗外的老师想进去管，却被李金初挡住了："随学生去，自习自习，就是自主学习，慢慢就习惯了。"果然，尝够了上课"听天书"苦头的同学，渐渐地懂得了自习的重要，跟上课一样认真了。

高中阶段，升学率压得大多数学校都在加课、补课。可十一学校却来了个反其道而行之，不仅从不利用寒暑假、双休日补课，还来个每周仅5个半天上课，下午自习。

进入高三了，许多高三老师沉不住气，要求取消下午自习。李金初一句话："征求一下学生意见。"结果，两个实验班的82名学生几乎全部投反对票。李金初偷偷乐："学生们是对的。优秀的高考升学率是实施素质教育的结果，不是刻意追求的结果。我们的方针是，不为高考，赢得高考。"

在无字书的学习方面，十一学校在全国率先开设了综合活动课，学生每周都有一次走出书本、走出校园、走进自然、走进社会的体验。今年年初，初二学生在"街头英语标志甄别"活动课中，沿八大处到建国门一路"考察"，发现了33处91条英语标志错误，并给市长写信建议纠正。北京市民讲外语活动组委会办公室的叔叔阿姨回信表示诚恳接受建议，对全市公共场所的外文标牌、标志进行规范、统一。因此，孩子们颇有成就感，也添了个"后遗症"——见牌子就挑错。

自主学习育人模式的改革，促进了学校教学质量的提高。2001年中考，该校取得海淀区三项第一：总平均分第一，个人总分第一，进入区前500名的人数第一。海淀区 600 分以上的 241 人中,有十一学校的学生 38 人,占了 15.8%。2001 年,99.7% 的高中毕业生考入大学,16 人被北大、清华录取。2002 年,有 28 人考入北大、清华,600 分以上的学生 43 人,名列海淀区第三。

3. 自主用人,使每个教师成为奔跑者

学校改革办学体制,要靠教师的积极性。十一学校采取自主用人的改革,促使每一个教师成为奔跑者,向着"师德高品位、专业高学识、能力多方位"的高素质教师目标前进。

自主用人,体现在不拘一格聘用京内外优秀教师上。李金初恨不得把全国所有的优秀教师尽收十一学校。改革 8 年来,学校共收到求职材料近万份,近千人来校试讲,共招聘教师约 300 人。

用人自主,还体现在建立激励机制上。学校从改革之日起,就坚持用工资待遇激励教师,多劳多得。决定工资高低的要素是:岗位难度、工作数量、工作质量。鼓励教师承担高难度工作,坚持创新和发展。在这种机制下,2002 年该校教师工资比 8 年前增长了 336%。连许多名校教师也羡慕十一学校教师的收入和待遇。

在十一学校,学生是学校真正的主人,学校对学生满意的教师,给重任,给奖励。该校还实行"师德一票否决",对师德表现差的教师坚决辞退;对不胜任教学的教师,立即调整岗位。现在,98% 的学生都认为该校教师敬业爱生、勤奋探索。

通过李金初校长的大力改革,现在,学校已经拥有了一支师德高品位、专业高学识、能力多方位、科研高水平的优秀教师队伍。

教育改革虽然看上去不像社会改革那样刀光剑影,急流暗涌,但也一样需要勇往直前的勇气和热情,需要科学的思考和执著的精神。

因为,于纷繁复杂、腐旧衰败的形势中看到一条崭新的、光明的、通往先进教育的道路,需要的是大教育家的智慧;于众人的反对阻挠或冷眼旁观中坚持己见,需要的是信念;于困难重重的改革之路上,摸索探险,披荆斩棘,需要的是勇气。

改革型校长的魄力,正是一种为信念注入智慧,而投射以勇气的灿灿光华!

 **案例分析**

任何一场真正意义上的改革，无不具有革命性，试图通过协商一致的改革办法以寻求众人的理解与支持，充其量只是一场"改良"而已。因为改革的结果无可避免地会损及一部分人的既得利益，因此，改革也就无可避免地要受到这部分人的阻挠和破坏。

教育的改革同样是一场痛苦的分娩，同时，又是一种必然的选择。在历史的变更和时代的前进中，弃旧扬新，犹如蜕皮一样的改革是学校在顺应时代发展中的必经之路。

如何走上这条路，如何走稳、走好这条路，如何走到终点，这一切则取决于学校的领导者、最高执行者——校长的改革魄力。

建立与社会主义市场经济体制和教育改革发展相适应的用人机制和分配制度，造就一支思想、业务素质精湛的教师队伍，形成创新、竞争、高效的办学机制，充分调动广大教职工的工作积极性，全面提高办学水平和办学效益已成为当前学校改革的目标。

如何解决这些矛盾，积极稳妥地推进学校内部管理机制的改革，促进学校在新形势下不断发展，进而使学校走上良性循环的轨道，已成为摆在学校管理者面前的重要问题。

李金初校长正是以超凡的改革魄力，探索出一条学校改革的成功之路。其改革的措施大概有以下三个方面：

首先，探索建立充满创新活力的办学制度。把重点放在改革学校的办学体制上，让创新活力竞相迸发，确保硬件设施的完善，使学校的发展获得充裕的物质支持。

其次，创新教育观念和模式，深化教学改革，培养具有创新精神和实践能力的各类人才。通过大力改革，使学校的教育理念、内容、方法、手段和模式等适应时代进步、科技创新和人的全面发展的要求，着重培养学生的创新精神和自主学习能力。

再次，也是最关键的是实施"人才强校"战略，打造一支高素质的教师队伍。十一学校努力吸引和培养人才，坚持推进名师上讲台工作；重点建设一支高水平的教师队伍，形成可持续发展的优秀人才梯队；完善人才激励机制、竞争机制和流动机制，加大对青年教师培养的支持力度，真正把教师的积极性和创造性调动起来，形成人尽其才、才尽其用、人才辈出的局面。

学校的发展离不开改革，教育水平的提高同样离不开改革。校长只有具有改革的魄力，科学地制订改革的方案，坚决执行改革的举措，才能为我们的教育事业书写新的篇章！

我们正处在一个飞速发展，变幻莫测的时代，国家的富强需要优秀的人才，需要先进的教育；先进的教育需要发展，需要前进；教育的发展需要改革，需要尝试和创新；而改革则需要号召力，需要集体的努力，更需要的是有改革魄力的领导人——校长！

校长要想实行教育变革，推动学校和教育的发展，就必须要有与时俱进的精神，要有激流勇进的毅力，要有敢为人先的魄力——这是学校发展的需要，教育兴盛的呼唤，更是时代进步的必需！

铸造高绩效领导力之严格管理

待人要宽，治校要严

> 爱是必需的，但如果为了爱而舍弃管束，便是溺爱，是害人害己，是徒劳无功。
>
> ——谷 金

西点军校是美国最著名的军校，也是世界上最著名的军校之一。她除了以"盛产和培育"优秀的军事人才著称外，更以治校严格著称。

正是这种严格的纪律、严谨的作风使西点军校培养出了麦克阿瑟、巴顿那样大名鼎鼎的将军。而严格的管理，也使这些著名的将军受益匪浅，让他们在战场上，严于律己、严格带兵。因此，他们不但取得了战争的胜利，而且尽量减少了士兵的伤亡率。

只有严格的管理，才能换来战场上的绝对执行，才能换来军队的整齐划一，才能为战争的胜利作出最有力的保障。

同样，在一所学校内，也必须有铁的纪律。只有这样，教师才不会为自己在工作上的疏忽寻找任何借口，才会自觉提高责任心，对教学工作负责，对学生负责，也就是对社会的未来负责。

只有教师严格地执行纪律，才能使学生养成恪守纪律的习惯，才能使他们面对挫折有坚强的意志，面对未来的工作有果断的执行力。

因此，校长作为一所学校的指挥官，既是这所学校规章制度的制订者，又是这些规章制度的执行者，他对教师和学生严格要求与否，将直接关系到学校的发展。一盘散沙式的学校，永远都不会是家长们的首选。

一位校长要带领他的团队，在适应社会科技和经济发展中取得节节胜利，就必须严格治校。

经典案例

上海交通大学的前身是南洋公学，创办于 1896 年，至今已有百余年的历史了。她的创始人，也就是第一任校长是我国铁路创始人之一——盛宣怀。

1844 年，盛宣怀出生在一个封建官僚家庭，其祖父盛隆，是清朝嘉庆庚午年间的举人，做过浙江海宁的知州；父亲盛康，是清朝道光甲辰年间的进士，做过湖北武昌道台。

盛宣怀祖父及父亲两代仕官在任时，正是西学东渐、国门初开的中国社会行将巨变之时。其祖父是一个封建社会中尊孔读经、崇尚儒学的正统知识分子，父亲是一个封建社会末期经世致用、注重现实的新式务实之人。

盛宣怀生活在这样的家庭中，一方面深受祖父的影响，接受正统的封建伦理教育，继承几千年以来的中国文化历史传统，有较深厚的中学根底；另一方面又受父亲影响，比较关注正在变革中的社会现实，特别是对于国门洞开以后自西方传入的各种新鲜事物，更是予以仔细的观察。由此，形成了盛宣怀的"中学为体，西学为用"的思想。

洋务运动开始后，盛宣怀开始兴办实业。在兴建铁路时，因为中国落后的经济形态和缺乏近代科技人才，遇到了前所未有的阻力。他曾感慨道："在泰西为易办，中国则有三难：一无款，必资洋债；一无料，必购洋料；一无人，必募洋匠。"而在这三个问题中人才问题尤为突出，因为人才是近代工商业之本，资金匮乏尚可举债，材料短缺也可购买，可是人才问题却难以解决。

盛宣怀深感这一问题的严重性和紧迫性。他多次提出，"得人尤为办事之先务""不难于集资，难于得人""实业与人才相表里，非此不足以致富强"。

而他在申办实业探求人才的过程中，也深刻体会到人才的培养来源于教育事业的发展，而要培养优秀的人才，必须对学校、教师、学生实施严格的管理，只有严以励学，才能培养出精品人才，为中国工商业发展解决用人问题。

而当时的教育大多数是为了培养科举应试人才而设立，一是不能培养出适合工商业发展的人才，二是这时的科举教育由于已经发展到末期，严格要求学生这一教育传统在许多学校已经丧失殆尽。

1896年，盛宣怀在多次上书朝廷之后，卸任天津海关道，南下接任铁路总公司督办后，便着手筹建南洋公学。

自南洋公学建立后，"严格治校"便成了盛宣怀办学的突出风格，具体表现在南洋公学教学和管理的各个方面。无论是招生考试，还是学籍管理；无论是升级留级，还是出洋留学；无论是课堂教学，还是校外实习；无论是学生学习，还是教师授课……一律"严"字当头，而盛宣怀这一领导作风也极大地影响了后世，从南洋公学到后来的事业大学堂、南洋大学堂，直至上海交通大学，100多年来，他们一脉相承地都以"严"闻名于世。

盛宣怀为南洋公学的招生制订了很高的录取条件。1897年，南洋公学师范首次招生，数千名考生仅录取30名，真可谓是百里挑一，优中选优。

我国现代著名革命家、南洋公学校友邹韬奋曾经说过："南洋公学是上海最著名的学校，招生时的考试特别严格。所以有志投考的，在暑假期间常由父兄请人到家里补习功课。"

十分严格的考试保证了入学学生的质量。而入学学生的质量如何，直接关系到教学的成败和学校的发展。上海交通大学办学传统特色"起点高，基础厚，要求严，重实践"的12字方针中的"起点高"，首先指的就是严格把好新生入学关。

此外，南洋公学还有一套非常严格的管理制度。进入南洋公学读书者，如果不努力，不上进，以至于落伍，则立即被淘汰。

南洋公学学生的课业之多，课业之深，在国内是首屈一指的。南洋公学的校友在回忆录中写道："老师教书极严，大家静听不敢多言，如老师认为无故多问，即作不敬师长论，轻而斥责，重则记过。"

老师考试时的题目"又是十分苛刻。临考的时候，总喜欢从别的书上搜求最艰深最困难的题目给学生做。"

上海交通大学的档案馆中至今还藏有我国现代著名科学家钱学森院士的一份"水利学"考试试卷。水利学这门课当时是用英文讲授，因此考试是用英文出题和应答。钱学森在学校读书时十分用功，整份试卷整整齐齐，很少有误，但还是因为一个英文字母未用大写，就被老师扣去了3分。

在这样严格而又紧张的学习氛围中，学生的淘汰率很高。例如，1909年春天入学的14名学生，至1912年能够毕业的只有8名，淘汰率竟达到 43%。

盛宣怀为南洋公学制订了十分周全而详尽的章程，总共有 15 大项，100多条小项，对课堂纪律、教员职责、职工职责、学生礼仪、学生用餐、学生休假、学生游息、功过奖罚等均作了具体的规定。

《南洋公学章程》一开始就明确规定："凡章程所无，未经总理注入者，不准据事理擅行；凡章程所有，未经总理注废者，不准据事理擅废。"如有违反章程者，惩戒极严，轻则记过，重则开除，绝不姑息迁就。

据南洋公学校友回忆，当年下院有 3 个四年级的学生，夜间擅自越过校河外出购物，正好被学监发现，两人记过，一人开除。还有一次，有一个来自北方的学生，因常年不能出校门，有一次私自外出，两夜未归。被学校发现之后立即开除，学校派人将其送回原籍。

在创始人盛宣怀严以励学、严格治校的办学作风影响下，南洋公学及后来的上海交通大学用严肃、严明、严谨、严格的学风和校风，培养出了一批又一批社会公认的高质量人才。

古语有云："严师出高徒。"只有对学生实行严格的教育，才能使他们具备过硬的本领，从而拥有过人的胆识，勇于创新的决心。

是的，校长的严格管理，可以激发教师的责任心、积极性，使他们在教学工作中具有赶学比超的精神；也可以使他们像西点军校、南洋公学一样，通过严格的管理把学生对学习和训练的热情、智慧、信仰、创造力最大限度地激发出来，让他们在学业上学有所成。

案例分析

"良药苦口利于病"，对任何人来说，严格的管理最初都是一种痛苦。往往是被管者怨声载道，施管者必须忍受来自各个方面的压力，而施管者只有顶住这些压力与被管者的不断适应才能把严格的管理实施下去，从而打造高效的工作与学习环境。

1943 年 3 月 6 日，巴顿临危受命为第二军军长。

他带着铁一样的纪律赶赴第二军。他开着汽车到各个部队，深入营区。

每到一个部队都要啰啰唆唆地训话，诸如领带、护腿、钢盔和随身武器及每天刮胡须之类的细则都要让士兵严格执行。

巴顿由此成为美国历史上最不受欢迎的指挥官。但是，第二军很快发生了变化，它变成了一支顽强、具有荣誉感和战斗力的部队……

巴顿将军的严明军纪换来的是二战时北非战场具有扭转性的胜利，作为一位指挥官不能害怕严明军纪后士兵的抱怨，因为比起他们的抱怨，他们的生命对于指挥官来说更为重要。

同样，校长在严格治校的过程中，也难免碰到被人不理解，被人抱怨的阻力。但是，如果我们遇难则返，那制度将成为学校里最没用的摆设，严谨的教风，严明的学风将不复存在。

当年，南洋公学开除学生，并将其遣返家乡，以做到严肃校纪，并不是一件简单的事情。在那个时代，一个北方人到南方去求学是一件很困难的事情。如此看来，盛校长有一点不通情理，但是在严格治校上，没有情理可讲，因为此例一开，将后患无穷。校纪将不会被人重视，学校的管理即将松懈甚至瓦解。

其实，现在的上海交通大学的严格管理一样面临着人情关，每年被退学的学生家长都会想尽各种办法求见上海交通大学的校长，求他们网开一面，但是上海交通大学的校长一次次地狠下心来说"不行"。

校长的"无情"，并非是真无情，因为只有在某些方面的无情，才能换来对大多数学生的有情。只有校长真正地做到依规治校，才能做到有令则行，严格管理才能不是一句空话。

这也正是虽然南洋学堂当时非常难进，但是考生的家长还是想尽办法让孩子通过招生考试的原因。学校的校长执行严厉的教考制度，招收进来和教育出去的都是优秀的人才，换来的是家长的放心，社会的赞誉。

在我们大多数人看来，南洋公学的教师因为一个小小的字母没有大写就在钱学森的水利试卷上扣掉3分，似乎对一个平时成绩出众的学生有点过分严格了。

但是，正是盛宣怀设立的这种一视同仁的严格的教考制度，使到南洋公学来求学的学子能够受到严格的管理，从而能够严于律己地在未来的工作和生活上都能始终保持严谨的态度。

南洋公学的邹韬奋是我国著名的新闻记者、报纸编辑。他所从事的工作是对大众的思想负责，因此，半点马虎不得。他能在新闻事业中做到少出错或是不出错，以至后来名满天下，不能不说是得益于盛宣怀校长设立的严厉的管理制度。

听信"莫管，莫管，一管就出问题"的校长不是在爱学生，而是在害学生。学生之所以要进入学校学习，是因为他们在知识有所欠缺，在心智上还不成熟，因此他们要进入学校进行学习和磨炼。

校长给予他们的爱应是理智的爱，绝不是姑息迁就。而严格就是莫大爱心的体现。对学生的关心爱护要在严格要求中实现。

严在教育，爱是感化；严在管理，严中注爱；严是形式，爱是内容；严是手段，爱是目的；严是说服，爱是力量。对待学生，校长只有做到宽严适度，严爱统一，才能培养学生良好的思想品质、行为习惯。爱必严，严是爱，爱与严是辩证统一的。

当然这种严中的爱，不是校长每日板着脸训斥学生的"为你好"，也不是不苟言笑的教育教师"一切为了学生，一切为了未来"。

这种严肃的态度仅仅是对校长严格的领导作风片面的理解，真正的严格治校，不是校长那一张冷冷的"法官"面孔，而是能够制订严格的管理制度，秉承严格的工作作风。

因此，一位出色的校长应该是在拥有一颗宽以待人之心与平易近人之态度的同时，也拥有"不通情理"的严格的领导作风。

严格的师爱是师魂的化身，可使学生受益终生。校长的严格管理不但是对学生的爱，也是对教师的爱。因为没有严明的纪律作保障，师生都将失去学习和成长的土壤。

校长严格的领导作风，说到底，是对教师负责，是对学生负责，也是对家长负责，更是对国家的未来负责！

《名师工程》系列丛书

征 稿 启 事

《名师工程》系列丛书是西南师范大学出版社策划、组织出版的大型系列教育丛书。丛书以新课程下的新教学为背景，以促进施教者的教育能力为落脚点，以提高教育质量、提升教师水平为宗旨。

丛书首批推出的"名师讲述""教学提升""教学新突破""高中新课程""教师成长""大师讲坛""教育细节""创新语文教学""教育管理力""教师修炼"等系列，共60余个品种，其余系列也将陆续出版。为了让广大教师有一个交流、借鉴的机会，同时也为了给广大教师提供更多、更好的图书，《名师工程》系列丛书编辑出版委员会特向全国教育工作者征集稿件。

稿件要求：

1.主题鲜明、新颖，有独创性。

2.主题以提升教育能力为主，也可适当外延。

3.主题要有一定规模、有典型案例支撑。

4.案例要贴近教育实际，操作性强。

5.文章、书稿结构清晰，语言精彩。

书稿作者在选题确定之后，请及时与我们做好沟通，具体事宜确定好之后再进行创作；也欢迎用已经完稿的稿件投稿。一线教师如希望参与图书案例的创作，可联系我社策划机构，由策划机构备案，在适合的图书中参与创作。

真诚欢迎各位教师踊跃投稿。

联系方式：

西南师范大学出版社高教分社

电话：023-68254356　　　E-mail：zcj@swu.cn

西南师范大学出版社高教分社北京策划部

电话：010-68403096

E-mail：guodejun1973@163.com

西南师范大学出版社
《名师工程》系列丛书目录

系列	序号	书　　名	主编	定价
教育管理力系列	1	《名校长核心教育力》	陶继新	30.00
	2	《名校长高绩效领导力》	周辉兵	30.00
	3	《名校行政管理细节力》	杨少春	30.00
	4	《名校教学管理提升力》	张　韬　戴诗银	30.00
	5	《名校学生管理教导力》	田福安	30.00
	6	《名校校园文化构建力》	岳春峰	30.00
创新语文教学系列	7	《小学语文：享受对话教学》	孙建锋	30.00
	8	《小学语文：名师教学目标落实艺术》	刘海涛　王林发	30.00
	9	《小学语文：名师魅力教学设计艺术》	刘海涛　王林发	30.00
	10	《小学语文：名师魅力课堂激趣艺术》	刘海涛　王林发	30.00
	11	《小学语文：单元整体教学构建艺术》	李怀源	30.00
	12	《小学作文：名师情趣课堂创设艺术》	张化万	30.00
教师修炼系列	13	《班主任行为八项修炼》	杨连山	30.00
	14	《教师健康心理六项修炼》	李慧生	30.00
	15	《教师专业化五项修炼》	田福安　杨连山	30.00
	16	《课堂教学素养六项修炼》	刘金生	30.00
	17	《教师新师德六项修炼》	王毓珣　王颖	30.00
教育细节系列	18	《名师最具渲染力的口才细节》	高万祥	30.00
	19	《名师最有效的沟通细节》	李燕徐波	30.00
	20	《名师最有效的激励细节》	张利李波	30.00
	21	《名师培养学生好习惯的高效细节》	李文娟　郭香萍	30.00
	22	《名师人格教育的经典细节》	齐欣	30.00
	23	《名师营造课堂氛围的经典细节》	高帆李秀华	30.00
	24	《名师最有效的赏识教育细节》	李慧军	30.00
	25	《名师最有效的批评细节》	沈旎	30.00
大师讲坛系列	26	《大师谈教育心理》	肖川	30.00
	27	《大师谈教育激励》	肖川	30.00
	28	《大师谈教育沟通》	王斌兴　吴杰明	30.00
	29	《大师谈启蒙教育》	周宏	30.00
	30	《大师谈教育管理》	樊雁	30.00
	31	《大师谈儿童人格塑造》	齐欣	30.00
	32	《大师谈儿童习惯培养》	唐西胜	30.00
	33	《大师谈儿童能力培养》	张启福	30.00
	34	《大师谈早恋与性教育》	闵乐夫	30.00
	35	《大师谈儿童情感教育》	张光林　张静	30.00

系列	序号	书　　　名	主编	定价
教师成长系列	36	《学学名师那些事》	孙志毅	30.00
	37	《每天学点教育心理学》	石国兴　白晋荣	30.00
	38	《给新教师的建议》	李镇西	30.00
	39	《教师心灵读本：成为有思想的教师》	肖　川	30.00
	40	《教师心灵读本：教师，做反思的实践者》	肖　川	30.00
高中新课程系列	41	《高中新课程：教师角色转变细节》	缪水娟	30.00
	42	《高中新课程：班主任新兵法细节》	李国汉　杨连山	30.00
	43	《高中新课程：教学管理创新细节》	陈　文	30.00
	44	《高中新课程：更有效的评价细节》	李淑华	30.00
通用识书	45	《好心态成就好学生——学生心理问题剖析与对症教育》	李韦遴	30.00
	46	《教育，诗意地栖居》	朱华忠	30.00
	47	《好班规打造好班级》	赵　凯	30.00
教学新突破系列	48	《把教学目标落实到位——名师优质课堂的效率管理》	冯增俊	30.00
	49	《拿什么调动学生——名师生态课堂的情绪管理》	胡　涛	30.00
	50	《零距离施教——名师和谐师生关系的构建艺术》	贺　斌	30.00
	51	《一个都不能落——名师提升学困生的针对教学》	侯一波	30.00
	52	《让学习变得更轻松——名师最能吸引学生的情境设计》	施建平	30.00
	53	《让知识变得更易学——名师改造难学知识的优化艺术》	周维强	30.00
教学提升系列	54	《方法总比问题多——名师转变棘手学生的施教艺术》	杨志军	30.00
	55	《用特色吸引学生——名师最受欢迎的特色教学艺术》	卞金祥	30.00
	56	《让学生爱上课堂——名师高效课堂的引导艺术》	邓　涛	30.00
	57	《拿什么打开思路——名师最吸引学生的课堂切入点》	马友文	30.00
	58	《没有记不牢的知识——名师最能提升学生记忆效果的秘诀》	谢定兰	30.00
	59	《让学生的思维活起来——名师最激发潜能的课堂提问艺术》	严永金	30.00
名师讲述系列	60	《施教先施爱——名师讲述班主任的核心教导力》	杨连山　魏永田	30.00
	61	《在欢乐中成长——名师讲述最具活力的课堂愉快教学》	王斌兴	30.00
	62	《让学生做自己的老师　　——名师讲述如何提升学生自主学习能力》	徐学福　房　慧	30.00
	63	《引领学生高效学习　　——名师讲述如何提高学生课堂学习效率》	刘世斌	30.00
	64	《教育从心灵开始——名师讲述最能感动学生的心灵教育》	张文质	30.00